DU MÊME AUTEUR

Aux Éditions Gallimard

LA PLUS LIMPIDE RÉGION.

LA MORT D'ARTEMIO CRUZ.

CHANT DES AVEUGLES.

ZONE SACRÉE.

PEAU NEUVE.

LE BORGNE EST ROI, *théâtre.*

CÉRÉMONIES DE L'AUBE, *théâtre.*

LA TÊTE DE L'HYDRE.

TERRA NOSTRA.

UNE CERTAINE PARENTÉ.

LES EAUX BRÛLÉES, Quatuor narratif.

DES ORCHIDÉES AU CLAIR DE LUNE, *théâtre.*

LE VIEUX GRINGO.

CHRISTOPHE ET SON ŒUF.

CONSTANCIA *et autres histoires pour vierges.*

Le Messager

Carlos
FUENTES

Le sourire d'Érasme

Épopée, utopie et mythe dans le roman hispano-américain

ESSAI

Traduit de l'espagnol par Ève-Marie et Claude Fell

nrf

GALLIMARD

Titre original :
VALIENTE MUNDO NUEVO

À ma fille Cecilia, collaboratrice de ce livre, avec gratitude et amour.

Ce livre est en partie fondé sur les cours donnés par l'auteur dans le cadre de la Chaire Simon Bolivar de l'Université de Cambridge (Angleterre) et de la Chaire Robert F. Kennedy à l'Université de Harvard (Cambridge, Massachusetts).

Crise et continuité culturelle

1. LES DEUX VOLETS DE LA CRISE

En écrivant ce livre, deux dates s'imposaient à moi en tant que Mexicain. La première, la fin du XXe siècle, je la partageais avec l'humanité : tous les êtres vivants, en l'an 2001, nous entamerons un nouveau millénaire : ses pages blanches sont écrites à deux mains. L'une est celle de l'espérance, l'autre est celle de la peur.

Mais ici, aux Amériques, l'autre date qui s'impose à nous est celle de 1992, le cinquième centenaire d'une chose, révolue et contemporaine à la fois, que nous ne savons même pas nommer. Découverte de l'Amérique, comme la tradition la plus eurocentriste la nomme ? Rencontre de deux mondes, ainsi qu'une nouvelle tradition, plus avertie, la désigne ? Conquête de l'Amérique, qui se borne à condamner comme un gigantesque crime tout ce qui s'est passé depuis 1492 ? Re-rencontre de l'Ibérie et de l'Amérique ibérique, programme politique plus généreux, qui nous invite à évaluer le passé, à ne passer l'éponge ni sur les erreurs ni sur les crimes, mais à comprendre ceci : nous sommes ce que nous sommes parce que nous avons un passé commun et nous ne serons quelque chose dans le futur que si nous agissons dans l'unité pour l'avenir ? Invention de l'Amérique, désir européen d'un nouvel espace où se serait investi le surcroît d'énergie de la Renaissance ? Mais aussi, alors, invention de l'Europe par l'« expression américaine » qui se reconnaît comme une fraction de l'Europe, mais qui montre à l'Europe son visage métis, strié d'indigène et de noir. Et par-dessus tout, peut-être, imagination de l'Amérique, affirmation que le continent n'en finit pas d'être découvert par ses hommes et par ses femmes. Et qu'il ne peut être imaginé, c'est-à-dire perpétué qu'à partir des postulats suivants.

Le premier est que nous sommes un continent multiracial et polyculturel. C'est pourquoi, tout au long de ce livre, je n'emploierai pas l'expression « Amérique latine », inventée par les Français au XIXe siècle de façon à s'inclure dans l'ensemble américain, mais l'appellation plus exhaustive d'Indo-Afro-Ibéro-Amérique, ou pour des raisons de brièveté, Amérique ibérique, ou encore, pour des raisons littéraires, quand je me réfère à l'unité et à la continuité linguistiques, Amérique hispanique. Mais en toute hypothèse, la composante indienne et africaine est présente, implicite.

Le second est que la continuité culturelle contraste tragiquement avec la fragmentation politique du continent. La crise que nous vivons résulte, en partie, de nos échecs politiques. Mais en dépit de ces échecs, la crise a révélé, également, la vigueur de la continuité culturelle. Ces deux réalités nous invitent à créer des modèles de développement qui ne soient pas en rupture avec la continuité culturelle et qui, tout au contraire, s'appuyant sur celle-ci, donnent son sens et sa chance à la continuité politique.

Pour l'instant, quels que soient nos mots pour désigner l'événement du cinquième centenaire, nous l'accueillons comme le prélude d'un siècle nouveau et d'un troisième millénaire ; et nous l'accueillons à nouveau en voyageurs du wagon de queue de cette modernité que nous avons tellement appelée, ou discutée, ou répétée, à chaque étape des cinq derniers siècles. L'envers de ce débat sur la modernité est le débat sur la tradition. Tous deux se confondent dans nos interrogations actuelles.

Nous sommes un continent en proie à la quête désespérée de sa modernité. Mais trop souvent, nous avons réagi violemment contre cette même quête, et nous avons préféré préserver le poids mort de sociétés anachroniques, « patrimonialistes », comme dirait Max Weber, où la volonté du chef, les intérêts de son clan et les récompenses dues à ses armées de parasites et de sicaires créent un univers irrationnel de caprice politique et de « violence dans l'impunité », pour employer une expression signée de Romulo Gallegos à laquelle je me référerai souvent dans ce livre.

Une rationalisation habille cette réalité : nous sommes les fils de la Contre-Réforme espagnole, ce rempart dressé contre l'expansion de la modernité. Alors comment pouvons-nous être modernes ? Mais nous sommes — plus profondément encore — les héritiers intellectuels, moraux et politiques, des philosophies de saint Augustin et de saint Thomas d'Aquin, plus que des idées « modernes » de John Locke et de Martin Luther. Avec saint Augustin, nous avons du mal à croire que la grâce divine touche directement l'individu ; à l'inverse de John Locke, nous avons du mal à croire que le propos du gouvernement civil soit la protection de la propriété privée. Nous croyons plutôt aux pouvoirs de la hiérarchie et à ceux de la médiation. Nous croyons, avec saint Thomas, que le bien commun et l'union requise pour y parvenir passent avant les visées individuelles et les intérêts privés.

Ce sont là quelques-uns des paramètres de la tradition ;

mais bien souvent nous avons réagi violemment contre eux et adopté, tout simplement, la dernière version de la modernité occidentale, qu'elle nous convînt ou non. Qu'elle vînt de l'anti-clérical Voltaire et du romantique Rousseau, du libéral Adam Smith, d'Auguste Comte le positiviste, de Karl Marx le socialiste, de Wilfredo Pareto le corporatiste. La substance du capitalisme nord-américain, le communisme soviétique et le fascisme italien ont irrigué la vie, la littérature et la politique de l'Amérique latine.

L'imitation extra-logique, comme l'appela Antonio Caso paraphrasant Gabriel de Tarde, nous a marqués tout autant que les plus fatales hérédités. Nous n'avons transcendé l'imitation ou la fatalité que par la critique. Et la critique a surmonté les options contradictoires grâce à la continuité. Des poèmes épiques et des chroniques de la conquête à la poésie de Pablo Neruda et aux romans d'Alejo Carpentier. Des traditions multiples de l'Espagne médiévale — arabe, juive et chrétienne — à leurs avatars dans les fables de Jorge Luis Borges. Des traditions mythiques orales des maquis et des forêts aux récits contemporains de Gabriel García Márquez. Des mythes et des constructions solaires du monde indigène aux manifestations actuelles de tous ordres, le cinéma d'Eliseo Subieta et d'Héctor Babenco, la musique d'Eduardo Mata et de Mario Lavista, l'art de Jacobo Borges et de José Luis Cuevas, les romans de César Aira et de Nélida Piñón, les essais de Julio Ortega et de José Miguel Oviedo, la poésie de Rosario Ferré, de José Emilio Pacheco, de Raúl Zurita, d'Arturo Carrera et de Coral Bracho. Une telle continuité, robuste et vivace en pleine crise des modèles de développement, contraste avec la désagrégation de notre vie politique et nous interpelle : pouvons-nous transférer à la vie politique la force de la vie culturelle et, en les conjugant, inventer des modèles de développement mieux accordés à notre expérience, à notre être, à notre projection probable dans le monde à venir ?

Pour l'heure, plongés dans le désastre de l'économie et la fragilité du politique, laminés par les érosions physiques aussi bien que psychiques, nous nous sentons désarmés devant les nouveaux défis de la nouvelle modernité, celle qui a le visage de l'interdépendance économique, des communications instantanées, des percées technologiques. Cette modernité, à l'instar des précédentes, nous dépassera-t-elle aussi ? Sommes-nous condamnés à perpétuité, comme le déplore Alfonso Reyes, à ramasser les miettes du banquet de la civilisation ?

Or cette question devrait en entraîner une autre : avons-nous notre propre banquet, pouvons-nous manger, à tout le moins, à notre propre table ?

Je crois que la réponse dépend de notre capacité ou de notre incapacité à passer toute la dramatique complexité de notre société, de notre économie et de notre politique précédentes, si confuses et parfois si contradictoires, au crible de la culture. Car si la crise actuelle a révélé quelque chose, c'est que, tandis que les modèles politiques et socio-économiques s'effondraient l'un après l'autre, seul reste debout ce que nous avons créé avec le plus grand sérieux, la plus grande liberté et aussi le plus grand bonheur : nos productions culturelles, le roman, le poème, la peinture, l'œuvre cinématographique, la pièce de théâtre, la composition musicale, l'essai — mais aussi le meuble, la cuisine, l'amour et la mémoire, car tout ceci est culture, y compris ce que José Ortega y Gasset appelle « un ensemble d'attitudes devant la vie ».

2. EST-CE LA FIN DE LA NATION ?

Contrairement aux grandes élucubrations des faiseurs de miracles économiques au cours des décades qui suivirent la Deuxième Guerre mondiale, la modernité ne nous a pas donné le bonheur, pas plus que les artistes n'acceptèrent de dire que le progrès et le bonheur étaient, fatalement, le reflet l'un de l'autre. Hégéliens le jour et épicuriens la nuit, les gouvernants de nos *booms* économiques ont cru que la marche dialectique de l'histoire vers la perfection et le progrès nous apporterait, à parts égales, la liberté, le bien-être et le bonheur. Leurs politiques — la croissance pour la croissance, la concentration de la richesse au sommet dans l'espoir fallacieux que tôt ou tard, goutte après goutte, elle rejaillirait en bas, ce reaganisme à la mexicaine — nous ont condamnés, malgré les apparences et dans une conjoncture internationale inédite, à prolonger le drame de la dépendance dénoncé par Claudio Vélez dans son étude sur la tradition centraliste ibéro-américaine. Depuis l'Indépendance, notre dépendance *a dépendu* d'un mirage : la prospérité de l'Amérique « latine » découlait de la prospérité des classes supérieures. Par malheur, ces classes ont été très rapides à copier les modèles de consommation européens mais très lentes à s'adapter aux modes de production européens et nord-américains.

Les romanciers, les poètes, les peintres, les musiciens, plus nietzschéens qu'hégéliens, nous ont permis de comprendre qu'il est impossible d'intégrer complètement l'être humain dans un projet rationnel. Hommes et femmes, nous objectons trop de visions, esthétiques, érotiques, irrationnelles, à toute tentative d'harmonisation intégrale avec l'État, la corporation, l'Église, le parti, ou encore avec la fiancée légitime de toutes ces restitutions, « l'Histoire ».

Créateurs d'une *autre* histoire, les artistes sont cependant immergés dans *notre* histoire. D'elles deux naît la véritable Histoire, sans guillemets, qui est toujours le résultat d'une expérience et non d'une idéologie antérieure aux faits.

L'idéologie exige une coïncidence entre ses postulats et les faits : elle proteste et crie à la trahison quand cette coïncidence ne se produit pas. Mais comme la coïncidence ne se produit jamais, la trahison porte, pour l'idéologue, le nom de la vie ; mais comme l'idéologie ne peut pas dénoncer la vie, elle préfère dénoncer l'œuvre littéraire et artistique qui trahit l'identité idéologique.

Les miracles, forgés par les magiciens capitalistes, marxistes ou économiquement mixtes, furent autant de mirages. Ils se sont dissipés. Par contre, la vie urbaine de l'Amérique latine est le reflet fidèle d'une situation d'injustice économique et de distorsion sociale généralisées.

Le *boom* économique l'a masquée. Le *boom* littéraire a contribué à la révéler. Les acteurs hégéliens de la politique ont voulu regarder aussi bien devant eux que derrière eux pour donner son sens au seul lieu qui est authentiquement nôtre : l'ici et le maintenant.

Cet *ici* et ce *maintenant* sont ceux de la crise. Les illusions perdues de la classe moyenne, le dépérissement de la paysannerie traditionnelle, l'angoisse de la masse des travailleurs urbains nous offrent le tableau foisonnant de la désorientation et de l'anonymat : villes, individus, espérances. Nos fragiles démocraties ont du mal à soutenir de tels assauts ; mais le renforcement de la démocratie est le seul moyen d'harmoniser culture et politique et de permettre qu'un jour nous sortions de la crise. Ceci dit, toute démocratie nouvelle doit s'assigner un objectif que jusqu'à présent les révolutions ont été seules à envisager sérieusement : la croissance dans la justice.

Une démocratie qui prend l'engagement révolutionnaire d'écarter la fatalité de l'injustice doit reposer sur deux pactes. L'un, économique, est celui-là même qui a permis l'énorme développement du monde industriel : assurer avant tout un niveau de vie en croissance pour les masses.

Ni le capitalisme ni le socialisme ni l'éventuelle démocratie de l'autogestion ne sont viables sans un nombre croissant de consommateurs bien nourris, bien vêtus et bien éduqués. On n'y parvient pas en attendant que la richesse accumulée au sommet descende, un beau jour et spontanément, jusqu'à la base. On y parvient par des programmes de justice sociale qui accompagnent chaque avancée du développement économique ; des programmes élaborés par un État national soumis à la vigilance et au débat démocratiques, à travers les partis, la presse et les parlements.

Mais le second, le pacte de civilisation, consiste à reconnaître que nous sommes une aire polyculturelle, dotée d'une immense variété de traditions susceptibles de fournir des éléments pour un nouveau modèle de développement, sans que rien ne nous condamne à une solution unique. Notre patrimoine ne nous contraint pas à choisir entre les Chicago Boys et les Marx Brothers. Nous appartenons à ces Amériques où cohabitent une tradition indigène et une tradition médiévale, augustinienne et thomiste. Le monde anglo-saxon en est dépourvu ; son projet démocratique est différent du nôtre ; l'Amérique espagnole, elle, a eu une civilisation pré-européenne et une culture politique médiévale.

Toutes deux confèrent à notre démocratie des traits originaux. Les traditions de l'humanisme séculier engagé dans le débat de la modernité démocratique nous appartiennent en propre : garanties individuelles, équilibre et renouvellement des pouvoirs. Mais la pratique a démontré que ces conquêtes restent lettre morte si elles ne s'associent pas à d'autres héritages plus anciens tels que les traditions communautaires du monde rural préhispanique, la tradition scolastique qui oriente la politique vers la recherche du bien commun, et les traditions de la démocratie médiévale espagnole : l'indépendance de la justice, les libertés municipales et les assemblées populaires en conflit avec une tradition d'autoritarisme séculaire. Notre démocratie est née et naîtra de l'antagonisme de ces traditions, non de leur oubli au profit d'un projet utopique de plus, qu'il soit capitaliste ou marxiste.

La base pour une culture démocratique en Amérique ibérique est la continuité culturelle dont la démocratie et la littérature sont autant de manifestations. Toutes deux créent la dimension de la société civile, malgré les obstacles historiques immenses qu'impliquent les traditions aristocratiques des empires indigènes et de l'empire espagnol dans ses deux phases successives : le paternalisme des Habsbourg et l'activisme centralisateur et modernisateur des Bourbons. L'Église, l'armée et l'État impérial espagnol ont été nos plus anciennes institutions — la société civile est notre réalité la plus récente. L'Indépendance a expulsé l'État espagnol. L'Église et l'armée se sont parfois révélées plus puissantes que les jeunes États nationaux, mais elles l'ont toujours emporté sur les fragiles sociétés civiles. Le résultat a pour nom anarchie et dictature, en alternance accablante dans la majorité de nos pays.

La première réponse à cette crise permanente de la société fut la création d'États nationaux. Nous n'avons pas écouté, personne n'a écouté le conseil du comte d'Aranda, ministre de Charles III : créons une communauté de nations hispaniques, souple, composée à parts égales d'unité, d'autonomies et d'identifications culturelles. Échec aussi, pour le rêve unitaire de Simón Bolívar. En revanche, nous avons dressé la façade d'un pays légal en dissimulant les misères et les injustices du pays réel. Entre les deux, comblant le vide, l'« homme fort » s'est installé. Mais entre les deux — pays réel, pays légal — les écrivains, les artistes et les penseurs de l'Amérique ibérique ont lutté pour dessiner le visage de la continuité culturelle ; lutte qui les divisa parfois en de fécondes contradictions. L'Argentin Domingo Sarmiento préférait la rénovation civilisatrice à la fidélité au passé — comme si la civilisation de l'avenir pouvait se désintéresser des créations antérieures. Le Mexicain Lucas Alamán appelait à la continuité avec le passé espagnol et colonial, à l'encontre d'une rénovation qu'il jugeait aliénante — comme si les valeurs du passé pouvaient se maintenir sans une création nouvelle qui les sauvegarde en les contredisant.

La synthèse entre Alamán et Sarmiento était annoncée par la culture elle-même, prolongement de tout ce que nous avons été : indiens, noirs, créoles et métis ; autoritaristes et démocrates ; libéraux et conservateurs ; modernisants et archaïsants.

Le temps des miracles a méprisé cette continuité parce qu'elle implique l'obligation d'associer la mémoire au désir, enracinés tous deux — passé et futur — dans le présent. L'impatience progressiste apparaît comme un chapitre supplémentaire de l'histoire des ruptures politiques et économiques de l'Amérique « latine ». Par contre, la persévérance culturelle a montré que l'imagination du passé était inséparable de l'imagination du futur ; un avenir imparfait, peut-être, mais vivable pour l'Indo-Afro-Ibéro-Amérique.

Nous vivons aujourd'hui. Demain nous aurons une image de ce que fut ce présent. Nous ne pouvons l'ignorer, comme nous ne pouvons ignorer que le passé fut vécu, que l'origine du passé est le présent.

Nous nous souvenons ici, aujourd'hui. Mais nous imaginons aussi cet ici, cet aujourd'hui. Et nous ne devons pas séparer ce que nous sommes capables d'imaginer de ce que nous sommes capables de nous rappeler.

3. LA DEUXIÈME NATION

Imaginer le passé. Se rappeler le futur. Un écrivain conjugue les temps et les tensions de la vie humaine dans son économie verbale.

Tout se rappeler et tout écrire : depuis l'époque coloniale, l'Amérique espagnole a vécu la double réalité de lois humaines, progressistes et démocratiques (les lois des Indes, les constitutions des républiques indépendantes) en contradiction avec une réalité inhumaine, rétrograde et autoritaire. Nous habitons, simultanément, un pays légal et un pays réel, le second occulté par la façade du premier. L'autre nation, au-delà des espaces urbains, le monde archaïque, patient, peuplé de ceux qui n'ont pas encore accès à la modernité mais qui continuent à en supporter les abus, était là pour commenter, parfois avec ironie, la rage au cœur d'autres fois, notre progrès relatif, dans les fictions mythiques de Miguel Angel Asturias au Guatemala, dans la rencontre avec la nature primordiale du Vénézuélien Romulo Gallegos, dans les constructions baroques du Cubain Alejo Carpentier et dans l'épure des mythes ruraux du Mexicain Juan Rulfo.

La nature, vaste et hyperbolique, du Nouveau Monde est présente dans les œuvres de tous ces écrivains, mais dans les romans de Carpentier s'affirme la recherche d'une utopie temporelle, qui se dévoile à mesure que le narrateur avance dans l'espace, en quête de la source de la musique, du verbe et de la vie. Rulfo, quant à lui, s'adresse à nous de l'autre rive de la nature. *Pedro Pâramo* se déroule dans un cimetière rural et nous n'y percevons que les murmures des morts : leurs souvenirs deviennent notre histoire commune. La nature est morte, le pouvoir l'a tuée.

Dans *Cent ans de solitude* de Gabriel García Márquez, le vaste champ naturel du Nouveau Monde a finalement été conquis par un temps humain, c'est-à-dire né de l'imagination et tout aussi vaste. García Márquez parvient à combiner l'émerveillement des premiers découvreurs et l'ironie des derniers : nous-mêmes. La réussite de ce grand roman est de donner une présence aux temps personnels et historiques de l'Amérique indienne, noire et espagnole, dans l'espace intemporel de cet immense continent. Il nous fait sentir l'appétit d'histoire que conserve notre immense espace. Mais quand cette histoire se manifeste, elle le fait avec une force épique qui subjugue et dompte la nature et les hommes. Entre la nature et l'histoire García Márquez échafaude la réponse du mythe, du récit, de l'art. Pour García Márquez, tout est souvenir et donc désir. La condition est de tout écrire pour conquérir une chose : la parcelle de réalité qu'il nous est donné de vivre.

C'est aussi ce que fait le grand narrateur argentin Julio Cortázar, tout en adoptant un point de vue opposé, celui d'une contrenature urbaine qu'il dote de mythes contemporains mettant en question notre aptitude à communiquer, à écrire et à parler de la façon habituelle. Cortázar se propose de doter notre conflictuelle modernité, moins d'un langage que d'un contrelangage inventé de concert par l'écrivain et le lecteur, pour combler toutes les lacunes et toutes les insuffisances de langages fragmentaires, mensongers, à bout de souffle.

Or l'entreprise ultra-moderne de Julio Cortázar s'ajoute à l'entreprise permanente de ce que son ami, José Lezama Lima, a appelé la contre-conquête. A la conquête du Nouveau Monde, nous dit Lezama, a succédé la création d'un continent dont la civilisation est multiraciale et polyculturelle : européen, indien et africain, maître d'un style de vie et d'un goût qui s'affirment aussi bien dans la cuisine que dans le syncrétisme religieux, dans le sexe que dans l'architecture baroque. La contre-conquête se lit sur les autels chrétiens décorés par des artisans indigènes, en accord avec l'idée mythique du paradis aborigène, au Pérou, au Guatemala, en Équateur et au Mexique, et dans les cérémonies catholiques imprégnées de rite africain, dans les Caraïbes. La révolte nationaliste des deux Martín Cortés, le fils du conquérant et de son interprète et amante indienne la Malinche, ainsi que son frère Martín, le fils légitime, aux côtés de la première génération de métis mexicains, tout comme la rébellion millénariste de Tupac Amaru, vers la fin de la Vice-Royauté, au Pérou, font partie de l'histoire de la contre-conquête. Celle-ci comprend à la fois les chroniques de l'empire perdu de l'Inca Garcilaso au Pérou et celle du moine franciscain Bernardino de Sahagún au Mexique. Et elle inclut également l'observation, mi-laudative mi-sarcastique, de la société coloniale en formation par Bernardo de Balbuena, dans la ville de Mexico, ou par Rosas de Oquendo à Lima.

L'univers de foi et de sensualité créé par Lezama Lima dans son grand roman, *Paradiso*, constitue la plus haute version littéraire des conflits de notre tradition catholique, perçue comme une tradition érotique et morale de type conflictuel ; moins comme une obligation de choix entre le bien et le mal que comme une alternative de valeurs : la foi chrétienne et la sensualité païenne, l'histoire visible et l'histoire invisible, le savoir et les sens, le naturel et le surnaturel.

J'arrête, pour l'instant, cette évocation du meilleur des mondes de la prose narrative hispano-américaine aux figures de Lezama et de Cortázar, membres de la génération qui a précédé la mienne, suivie à son tour de deux nouvelles générations littéraires. Je fais ce choix car, pour autant qu'on puisse discerner clairement un processus dynamique et constamment modifié par une nouvelle lecture du passé et les nouvelles lectures d'un présent transitionnel, Cortázar et Lezama, nés tous deux au début de la Grande Guerre européenne de 14 et morts dans les années 80, lorsque les États-Unis font au Nicaragua une guerre misérable, sont ceux qui affrontent avec la plus grande lucidité les défis probables de notre continuité narrative et de sa relation profonde, verbale, imaginaire, à l'histoire. Sous ses deux faces : tradition et modernité.

4. APPARITION DE LA VILLE

Il y a quelques années, j'ai publié un petit livre sur le nouveau roman hispano-américain où j'examinais les sources urbaines de notre roman le plus récent, lié à la croissance explosive de nos villes, à l'émergence de classes sociales modernes et aux activités d'une intelligentsia à vocation internationaliste.

Jorge Luis Borges est à la source de cette modernité narrative : l'Argentin a dû inventer tout ce qui n'existait pas : l'Aleph où convergent « sans se confondre, tous les lieux de l'univers vus sous tous les angles » ; le jardin aux sentiers qui bifurquent, où le temps est une série infinie de temps, « un réseau croissant et vertigineux de temps divergents, convergents et parallèles ».

L'auteur de *Fictions* a atteint une maîtrise narrative où l'imagination littéraire s'approprie toutes les traditions culturelles afin de nous offrir un tableau plus achevé de ce que nous sommes, grâce au souvenir actualisé de tout ce que nous avons été. L'héritage arabe et juif de l'Espagne, mutilée par l'absolutisme royal et sa double légitimation : la foi chrétienne et la pureté du sang, fait une merveilleuse réapparition, fraîche et vive, dans les contes de Borges.

Borges dépasse les pesanteurs du psychologisme en dessinant un horizon nouveau de figures probables et non de personnages véristes. Au-delà d'un psychologisme réaliste galvaudé, il élève au rang de protagonistes le jardin et le labyrinthe, le livre et le miroir, les temps et les espaces. Il nous rappelle que notre culture est plus vaste que toute définition réductrice, qu'elle soit littéraire ou politique. Au-delà de ses dettes évidentes et fécondes : la littérature fantastique des Uruguayens Felisberto Hernández et Horacio Quiroga ou la liberté linguistique des Argentins Macedonio Fernández et Roberto Arlt, Borges est le premier écrivain qui nous ait vraiment délivrés du naturalisme et qui ait su redéfinir le réel en termes littéraires, c'est-à-dire imaginatifs, et non psychologiques ou statistiques.

Tout ceci est ce que j'ai appelé, ailleurs, la constitution borgésienne : confusion de tous les genres, résurgence de toutes les traditions, création d'un terrain nouveau sur lequel peuvent s'inscrire l'ironie, l'humour, le jeu ainsi qu'une résolution profonde qui renvoie dos à dos la liberté et l'imagination et s'en sert pour créer un langage nouveau.

Mais notre modernité urbaine s'est aussi manifestée dans l'aptitude à tout désirer à partir de ce que nous sommes et avons été. Si Borges conjugue mémoire et désir, ce dernier domine, sous la forme d'une espérance critique, chez les romanciers spécifiquement urbains. Pour la première fois dans son histoire, l'Amérique ibérique constitue une civilisation essentiellement citadine. La narration critique de la modernité se manifeste dans les enfers prolétariens et intellectuels de la ville de Mexico, tels que les décrit José Revueltas, et dans la vague libérée de mes jeunes compatriotes, José Agustín et Gustavo Sainz, qui voient la ville plutôt comme un purgatoire qui serait à la fois cabaret, bordel et débit de hamburgers. Le titre d'Arturo Azuela — *La dimension de l'enfer* — dit tout.

La modernité latino-américaine, dans toutes ces fictions,

se présentait dans la hâte, comme si elle cherchait à compenser son absence depuis la Contre-Réforme espagnole. Modernité de l'horrible Lima de Mario Vargas Llosa, de la Caracas égarée de Salvador Garmendia et d'Adriano González León et de La Havane nocturne, idylle et cauchemar à la fois, de Severo Sarduy et de Guillermo Cabrera Infante.

La modernité, que nous avions recherchée si désespérément depuis l'indépendance, dans l'adaptation hâtive des lois occidentales à notre réalité coloniale, était là, rachetée, critiquée, dans un Santiago du Chili peuplé de fantômes en survie par José Donoso et de « figures de cire » par Jorge Edwards, dans la mémoire lucide de notre passé immédiat offerte par le Mexicain Sergio Pitol, dans le tango métaphysique et sans musique du romancier de Buenos Aires, Ernesto Sábato, et par-dessus tout, dans l'invention des « cités insaisissables », dans la conscience lucide de la distance entre réalité et désir, au cœur des romans de l'Uruguayen Juan Carlos Onetti.

La transcription, populaire ou savante, de cette modernité trouvait son expression dans la combinaison du cinéma et de la narration chez l'Argentin Manuel Puig, et du roman et de la musique populaire chez le Portoricain Luis Rafael Sánchez. Mais le Mexicain Salvador Elizondo transforme l'expérience esthétique moderne en un acte narratif immédiatement gratifiant, fût-ce au prix de la cruauté et de la mort. Tout se rappeler, tout désirer, mais à la stricte condition de tout écrire. La souffrance d'un désir qui va au-delà des limites de la vie ou de l'écriture sous-tend les romans d'un autre écrivain mexicain, Juan García Ponce. Par contre, l'humour de cette même situation est traduit en toute ironie par le Péruvien Alfredo Bryce Echenique. La déchéance dans la surconsommation et la fange est présente et angoissante dans les romans d'un autre Mexicain, Fernando del Paso, et la persistance de la racine provinciale étriquée, est magistralement décrite par Sergio Ramírez dans sa comédie de crimes villageois, *Châtiment divin*.

Le roman de la ville élargit sans cesse sa thématique mais seulement parce qu'il opère, individuellement, une libération croissante. Libéré, au premier chef, de la dictature de certains genres, désireux de créer de nouvelles formes, il donne libre cours à des intuitions et à des préoccupations personnelles aussi variées et aussi contradictoires que celles qui jaillissent de la vie urbaine à Buenos Aires, Lima, Mexico ou San Juan. María Luisa Puga peut vivre, en parallèle, son expérience de femme jeune dans deux villes : Mexico et Nairobi. Isaac Goldenberg peut nous révéler les destinées de vies juives à Lima et Luis Zapata le monde de l'homosexualité mexicaine. Les Argentins Osvaldo Soriano, David Viñas, Luisa Valenzuela et Elvira Orphée, enfin, peuvent voir leur vie personnelle convulsée par l'horreur politique de la disparition : les personnes disparaissent comme la nation disparaît et Ariel Dorfman, Antonio Skármeta et Daniel Moyano peuvent entretenir, de leur point de vue d'exilés, la plus lucide des espérances.

5. SYNTHÈSE ET CONTINUITÉ CULTURELLES

Seymour Menton, de l'Université d'Irvine, en Californie, voit dans la vocation historique la spécificité du roman hispano-américain le plus nouveau, à savoir la réflexion sur le passé comme un signe du récit pour le futur. Dans cette tendance essentielle que Menton décèle dans notre roman, je vois s'affirmer la capacité de la fiction à dire une chose que peu d'historiens sont aptes à formuler : le passé n'est pas terminé ; le passé doit être réinventé à chaque instant pour ne pas se fossiliser entre nos doigts.

Je suggère de lire nos romans historiques dans cette perspective, qu'il s'agisse de la minutieuse reconstruction du bref règne mexicain de Maximilien et de Charlotte dans *Des nouvelles de l'empire* de Fernando del Paso ; des grands romans d'Abel Posse où, dans un glissement tragique, découvrir l'Amérique revient à la recouvrir : dévoilement d'une occultation qui nous impose le devoir de la découvrir véritablement, grâce à l'imagination littéraire ; ou qu'il s'agisse des rapports secrets entre l'histoire publique et l'histoire privée dans *Ansay* de Martín Caparrós, qui met en scène la révolution d'indépendance en Argentine.

Le filtre de l'humour nous révèle aussi la véridique et possible histoire, dans le récit picaresque de Reynaldo Arenas sur le personnage le plus picaresque de l'indépendance, Fray Servando Teresa de Mier, *Le monde hallucinant* ; et la caricature littéraire s'avère être le plus réaliste des portraits dans *Les éclairs d'août* de Jorge Ibargüengoitia. Mais grâce à l'humour, un jour, le passé immédiat que Tomás Eloy Martínez définit dans *Le roman de Perón* sera un passé humainement présent et malléable.

Le général dans son labyrinthe de Gabriel García Márquez a réussi à fermer, de sa cicatrice historique, les plaies saignantes du soi-disant « réalisme magique » qui, inventé par Alejo Carpentier, a été appliqué comme une étiquette indifférenciée à de trop nombreux romanciers hispano-américains, bien qu'il soit devenu la marque personnelle d'un seul : Gabriel García Márquez. Ce qui surprend d'abord, quand on commence à lire *Le général dans son labyrinthe*, c'est précisément l'absence des ingrédients associés au « réalisme magique ». Cette fois, le récit de García Márquez est direct, historiquement situé, mais les prémices linéaires ne tardent pas à jaillir, dans toutes les directions, telle une inflorescence, historique, triste et vibrante, de l'illusion du pouvoir et de la trahison du corps.

Quand il suit Simón Bolívar le Libertador dans son voyage vers la mort, García Márquez ne se contente pas de désacraliser la statue. Il fait de Bolívar un être reconnaissable et souffrant dont la plus haute mission fut peut-être de libérer le continent de son obsession fondatrice, l'utopie. Mais cette lecture ne nous est intelligible qu'aujourd'hui où nous pouvons enfin concevoir la cohabitation d'un corps malade et d'un rêve politique avorté. Tous deux trahissent l'intelligence et l'impatience têtue entraînées par ce corps vers la tombe.

Cette façon de romancer l'histoire répond de surcroît à un besoin très précis dans le monde moderne — ou plutôt dans le monde de ce qu'il est convenu d'appeler la postmodernité. Jean Baudrillard nous assure que « le futur est arrivé, tout est arrivé, tout est déjà là... ». C'est pourquoi on assiste à l'épuisement de ce que Jean-François Lyotard appelle « les métarécits de libération » de la modernité éclairée. Mais la fin du métarécit, abstrait et arbitraire, absolutiste par définition, n'est-elle pas le gage de la multiplication des multirécits dans un monde polyculturel, au-delà du règne exclusif de la modernité occidentale ? L'« incrédulité devant les métarécits » peut être remplacée par la crédulité devant les polyrécits qui nous parlent de projets de libération multiples, et pas seulement occidentaux. L'Occident de l'aigreur et de l'incrédulité peut recevoir, de son autre moitié indo-afro-ibéro-américaine, un message que Baudrillard aussi bien que Lyotard accepteraient peut-être : celui d'« activer les différences » (Lyotard). Les romans historiques de Posse, Caparrós, Del Paso, García Márquez, Ibargüengoitia, et d'autres écrivains contemporains de chez nous, remplissent cette fonction de façon exemplaire. A leur manière, ils contribuent à la sauvegarde historique de la continuité culturelle du continent.

En ce sens, le roman historique en Amérique hispanique n'est ni une nouveauté de plus ni une tradition labile, mais le signe de la présence constante du multirécit opposé au métarécit ; il englobe dans la modernité aussi bien la spectaculaire fondation du genre par Arturo Uslar Pietri dans *Les lances rouges* (1931) que l'actualité la plus immédiate évoquée par Héctor Aguilar Carmín dans *La mort à Veracruz* (1987). Uslar peut traiter l'histoire des cavaliers de la plaine dans la guerre d'indépendance vénézuélienne ; Aguilar Carmín nous informer sur les manigances du Syndicat des pétroles mexicains. Mais *Les lances rouges* sont un récit aussi actuel que ce dernier et *La mort à Veracruz* nous livre la promesse historique qu'aujourd'hui nous possédons le témoignage actuel capable de se changer en passé vivant.

Mais là où l'histoire urbaine atteint un niveau narratif plus intense, de façon éclatante quoique paradoxale, c'est en Argentine. Éclatante, parce que Buenos Aires a été le conglomérat urbain le plus achevé et le plus conscient de son urbanité de toute l'Amérique ibérique : la ville la plus ville de toutes, et, à partir de 1900, la plus moderne. Toutefois, l'évidence d'une architecture narrative urbaine aussi classique que celle de l'*Adán Buenosayres* de Leopoldo Marechal me paraît moins révélatrice de la relation ville-histoire que des œuvres porteuses d'une absence radicale : visions de civilisation absente capables d'évoquer précisément un vide bouleversant, une sorte de fantôme parallèle qui rend compte de la ville à travers son spectre, son non-être, son antinomie. Buenos Aires : tête de Goliath ; Argentine : corps de David. Tel est le paradoxe, que relève

Ezequiel Martínez Estrada. Grande ville, courte histoire, mais où s'arrête l'absence ? Le degré de l'absence donne la mesure de la fiction dans le Río de la Plata.

Ainsi, l'absence que Borges comble de constructions fabuleuses, avec ses bibliothèques, ses alephs et ses villes qui ne figurent que dans la mémoire d'autres villes, reste absence pure dans d'autres fictions plus récentes qui ne se hasardent pas à substituer au néant une autre présence que celle des mots. Cependant, bon nombre de ces fictions vont droit à la racine même des absences argentines : la découverte, la colonisation, le destin des Indiens... Dans *Cavernicoles !*, Héctor Libertella lance à la mer, comme une bouteille, le regard de Pigafetta armé de l'unique preuve du voyage de Magellan : une poignée de feuillets rédigés. Juan José Saer, dans *L'ancêtre*, concrétise encore davantage l'absence des Indiens, ou plutôt celle de l'univers tribal hermétique et isolé qui constitue l'autre civilisation américaine. César Aira démontre enfin que tous ces thèmes sont mieux explorés en tant qu'absences qu'en tant que présences : « les Indiens, tout bien considéré, n'étaient qu'absence, mais une absence pétrie exclusivement de présence. D'où la peur qu'ils suscitaient ». Dans ses magnifiques récits — *Moreira, Canto castrato, Emma la Captive* —, Aira entreprend des périples qui n'aboutissent nulle part, car au fond ils se circonscrivent à un lieu unique, celui-là même où Cortázar se demanda : « Allais-je rencontrer la Sibylle ? » Plus qu'un champ verbal, ce lieu est un pont littéraire et moral hésitant entre deux rives. Sur laquelle allons-nous fonder la ville et bâtir l'histoire ? Ce n'est pas un hasard si Buenos Aires fut fondée deux fois. Et naître deux fois c'est avoir deux destins.

L'histoire comme fondation par le mot et dans l'absence est le grand thème de la narration argentine — et parfois, aussi — du tango : « Ancré à Paris. » Et si Aira, Saer et Libertella nous inquiètent tant, leurs prédécesseurs immédiats, Adolfo Bioy Casares et José Bianco, ne nous perturbent pas moins sous prétexte que leurs paysages sont plus immédiatement urbains ou, apparemment, moins solitaires. *L'invention de Morel* de Bioy, *Le songe en théâtre de vent* de Bianco sont des œuvres maîtresses de la meilleure imagination, qui est l'imagination du détail. Mais cette précision dans le détail, qui est le support du grand succès stylistique de Bioy et de Bianco, nous mène à un résultat aussi terrible que la pampa vide d'Aira ou que les tribus perdues de Saer. C'est l'absence comme effet d'un engrenage mental ou scientifique, implacable chez Bioy, ou comme réalité parallèle, troublante et spectrale, sans le terme réconfortant de la mort, chez Bianco. Dans les deux cas, la *présence* relève de la fiction et l'*histoire* doit recommencer à partir d'une nouvelle *absence*. L'histoire — déconcertante — de l'Argentine est-elle différente ?

Le récit argentin est, dans son ensemble, le plus riche de l'Amérique espagnole ; c'est pourquoi j'y insiste particulièrement. La cause en est peut-être qu'aucun autre pays n'exige plus désespérément qu'on le verbalise. Ainsi les écrivains du Río de la Plata remplissent précisément la fonction que je signale ici : celle de créer une seconde histoire, aussi légitime que la première, si ce n'est davantage.

Ainsi le mouvement de la littérature ibéro-américaine a-t-il assumé une sorte de contrôle de notre histoire, en lui donnant, à côté des autres manifestations de notre culture, sa continuité. Dans cet essai, je le conçois comme un mouvement de l'utopie du vieux monde rêvant le nouveau monde, puis de l'épique qui détruisit, avec la conquête, l'illusion utopique, enfin de la contre-conquête qui répondit à l'épique comme à l'utopie par une nouvelle civilisation de métissages, baroque et syncrétique, polyculturelle et multiraciale.

Ce mouvement va de pair avec quatre fonctions : Dénomination et Voix, Mémoire et Désir. Chacune découvre une constellation de problèmes constants, liés à la création d'une polyculture indo-afro-ibéro-américaine.

Comment t'appelles-tu ? Quel nom désignait autrefois cette montagne et quel nom porte aujourd'hui ce fleuve ?

Quels sont tes mots, comment parles-tu, qui parle pour toi ?

Quels sont tes souvenirs ? D'où viens-tu ? Qui sont ton père et ta mère ? Reconnais-tu tes frères ?

Que veux-tu ?

Il est difficile d'imaginer une grande œuvre littéraire ibéro-américaine qui, d'une manière ou d'une autre, ne formule pas ces questions : hier, aujourd'hui et demain. Questions d'une brûlante actualité, elles sont aussi celles du passé et seront celles de l'avenir tant que nos plus vieux problèmes resteront sans solution.

Italo Calvino nous dit une chose qui relie toutefois l'expérience universelle de la littérature à l'expérience particulière du nouveau monde américain. Parlant des usages corrects de la littérature politique, Calvino écrit que la littérature est nécessaire à la politique quand elle prête une voix à qui n'en a pas ou qu'elle donne un nom à ce qui est encore anonyme.

Nom et voix : il n'est rien qui définisse mieux l'écriture propre au continent ibéro-américain. Nom et voix : c'est ce que notre littérature a su donner mieux que tout autre système d'information, parce que ses deux projections ont été la mémoire et le désir. La certitude qu'il n'y a pas de présent vivant avec un passé mort, ni de futur vivant qui ne découle de la force présente de notre désir.

Ce livre propose une rencontre entre nos mouvements fondateurs — épopée et mythe ; utopie et baroque — et les manifestations modernes du roman hispano-américain. Il y parvient par un entrecroisement constant du mouvement et de ses fonctions : donner un nom et une voix ; se rappeler et désirer.

Mais ce triple mouvement et ces quatre fonctions révèlent, par ailleurs, des dynamiques et des formes d'expression littéraire universelles, telles que le mythe, l'épopée et la tragédie, en alternance cyclique dans le monde antique ; le roman, héritier parodique et linéaire de l'épopée dans le monde moderne ; et la poésie, manifestation identique au verbe, où se fondent l'origine et le présent narratifs.

Pour conjuguer ces facettes de la culture littéraire universelle et la tradition de la littérature hispano-américaine, il faut une méthode qui puisse sous-tendre les différents chapitres de ce livre, implicitement, sans interrompre le fil des idées mais tout en leur apportant une structure souterraine, une assise. Je m'en remets pour cela à deux penseurs : Gianbattista Vico et Mikhaïl Bakhtine. A travers eux je me propose, dans les pages qui suivent, d'articuler une conception générale de la littérature et de l'histoire, et l'examen des œuvres concrètes de notre littérature retenues dans ce livre.

Temps et espace du roman

1. VICO ET L'HISTOIRE

Une des premières tentatives pour organiser la connaissance de l'antiquité américaine est due à un observateur italien, le chevalier Lorenzo Boturini, qui, vers le milieu du XVIIIe siècle, voyagea à travers le Mexique, l'Amérique centrale et les Caraïbes. En 1746 il exposa ses observations dans un livre intitulé *Idée d'une Nouvelle Histoire générale de l'Amérique septentrionale*. En effet, dans son livre Boturini réussit à appliquer le système de son compatriote Gianbattista Vico, qu'il avait longuement lu, à l'étude de l'univers des indigènes américains vivant au nord de l'isthme de Panama. Le disciple étendit au Nouveau Monde la même démarche intellectuelle que le maître avait utilisée pour le Vieux Monde : le relativisme historique, la conviction que la valeur de l'histoire réside dans sa variété concrète et non dans son uniformité abstraite.

Gianbattista Vico est né en 1688 à Naples, qui appartenait alors à la Couronne espagnole, et il y est mort en 1744. Dans son livre *La science nouvelle ou Des principes d'une nouvelle science relative à la nature commune des nations* (1725), Vico s'oppose aux critères du rationalisme, en particulier à la distinction cartésienne des idées « claires et distinctes », objectives et scientifiques, comme la seule voie menant à la vérité. Ces idées cartésiennes existent indépendamment de leur développement historique ou de leur contexte culturel. Elles sont le fondement d'une connaissance démontrable : une science de la nature humaine enfin libérée du mythe, de la superstition, de la fable et autres salmigondis voisins de la sorcellerie.

Mais Vico, critique radical du rationalisme, voit plutôt la supercherie et l'imposture dans la croyance en un ensemble objectif, clair et invariable d'idées comme préalable à la connaissance. Pour Vico, connaître une chose, la connaître vraiment et pas seulement la percevoir, implique que la connaissance elle-même crée ce qu'elle veut connaître. Nous ne connaissons vraiment que ce que nous avons nous-mêmes créé. Les mathématiques remplissent cette condition : « Nous démontrons la géométrie parce que nous la faisons », écrit Vico. La littérature la remplit à son tour. Et l'histoire aussi. La nature non, car elle a été créée par Dieu. Le monde naturel n'est pas une création humaine ; mais le monde social et historique — « le monde des nations » — en est une et par conséquent on peut le connaître.

Comment connaissons-nous l'histoire qui est notre propre création ? Très à propos, Vico a fait la critique d'un rationalisme qui pouvait conduire — et qui a conduit — au concept d'une nature humaine uniforme, invariable, correspondant fidèlement à l'ensemble invariable des idées objectives nécessaire à la connaissance. Il a redouté l'exclusion de cultures variées et fécondes, créées par des hommes et des femmes à des moments historiques très divers, révolus et adversaires de la conception de l'universel et du permanent érigée en dogme par le rationalisme européen.

Vico a rejeté le concept purement linéaire de l'histoire, perçue comme une marche inexorable vers le futur, qui découlait du présupposé rationaliste. Il a conçu l'histoire, en revanche, comme un mouvement de *corsi e ricorsi*, un rythme cyclique en vertu duquel les civilisations se succèdent, toujours différentes, mais portant chacune la mémoire de sa propre antériorité, des acquis comme des échecs des civilisations précédentes : problèmes irrésolus, mais aussi valeurs assimilées ; temps perdu, mais aussi temps retrouvé.

Les *corsi* et *ricorsi* (cours et recours) s'élèvent en spirale. Ils ne relèvent pas exactement d'un temps circulaire comme celui qu'a imaginé Borges ni de l'éternel retour évoqué par Carpentier, mais du présent constant des fictions de Cortázar — le « présent continu » dont a parlé Gertrude Stein : le présent propre à la littérature, à la musique, à la peinture et à la science contemporaines, inclusif et fluide. Dans chacun de nos actes présents, nous portons, globalement, tout ce que nous avons fait. La philosophie de l'histoire de Vico est une conception inclusive, mais, au premier chef, c'est une conception humaine : nous ne pouvons connaître que ce que nous avons nous-mêmes fait ; l'histoire est notre propre œuvre ; nous devons la connaître parce qu'elle nous appartient et que nous devons continuer à la faire et à nous la rappeler. Si nous sommes créateurs de l'histoire, la maintenir est notre devoir.

Vue comme la tâche fusionnelle de l'humanité, l'histoire, pour Vico, est l'histoire de la culture, car seule la culture intègre les multiples facettes de l'existence humaine dans un tout compréhensible même s'il n'est pas abstrait. Au XVIIIe siècle, Vico fut détesté par les hommes des Lumières parce qu'il révéla leurs prétentions eurocentristes, leur fiction d'une universalité qui ne serait saisissable qu'en termes européens. Et comme le dit Isaiah Berlin dans son incomparable étude sur Vico et Herder, « la notion selon laquelle l'histoire peut être jugée d'après des normes morales, esthétiques et sociales absolues, en vertu desquelles la totalité du passé humain est dans une large mesure une histoire d'erreurs, de crimes et de duperies — telle est la pierre angulaire de la vision des Lumières — est le corollaire absurde de la croyance erronée en une nature humaine fixe, achevée et immuable ».

Pour Vico, la nature humaine est une réalité variée, liée à l'histoire, éternellement changeante, mouvante mais portant le bagage des créations culturelles de sa propre histoire. Les hommes et les femmes font leur propre histoire, leur première création est leur langage et aussitôt après, à partir du langage, leurs mythes, puis leurs œuvres d'art, leurs coutumes, leurs lois, leurs manières de table, leurs modes, leurs organisations politiques, leurs codes sexuels, leurs sports, leurs systèmes éducatifs, tout cela, dit Vico, dans un flux perpétuel, tout cela dans la pérennité.

Le caractère vraiment universaliste, antithèse de l'eurocentrisme de l'époque, apparaît dans cette vision généreuse de Vico : « Dans les épaisses ténèbres de la nuit qui recouvre les temps les plus reculés [...] brille la lumière éternelle et constante d'une vérité indubitable : le monde de la société civile a été créé par les hommes et par conséquent ses principes se trouvent dans les modifications de notre propre esprit humain. »

Une telle conception de l'histoire humaine ne pouvait, ainsi que l'indique Berlin, trouver grâce auprès des philosophes triomphalistes des Lumières. L'idée, qui est celle de Vico, d'une histoire faite et partagée par de nombreuses races et civilisations à des étapes diverses de leur développement matériel, était incompatible avec l'idée de David Hume, selon laquelle « nos facultés rationnelles, nos goûts et nos sentiments sont parfaitement uniformes et invariables ; il sous-tendent et conditionnent tout changement historique ».

Ce sophisme repose sur la théorie qui veut que la nature humaine soit constante et identique à elle-même, toujours et partout, alors qu'en réalité ce qui est affirmé comme universel n'est autre que la nature humaine, historiquement déterminée, de quelques Européens éclairés du XVIIIe siècle, le passé étant aboli parce que irrationnel. Puisqu'elle est toujours la même, la nature des Lumières ne peut être historique. Mais puisqu'elle est toujours la même, elle doit être universelle.

Cette conviction devait être exportée dans l'enthousiasme, en Inde par Clive, en Afrique noire par Rhodes, en Indochine par Napoléon III, et par le « destin manifeste » nord-américain au Mexique, en Amérique centrale et dans les Caraïbes. Elle met en évidence le besoin qu'éprouve une classe politique, industrielle et marchande en pleine ascension de s'appuyer sur une identité ; à l'évidence, elle nous montre une classe précise revendiquant une essence universelle, un rôle mondial, tout en le refusant aux cultures opposées à l'Occident, assujetties à l'Occident ou, simplement, étrangères à l'Occident : l'autre de l'Occident. Comment peut-on être persan ? se demande un personnage de Montesquieu. En effet, comment peut-on être vietnamien, mexicain, hindou ou congolais, dans l'optique de celui qui nie l'humanité de l'autre pour affirmer sa propre universalité ? Dès 1650, John Locke avait écrit : « Nous pensons que l'entendement humain est partout le même, quoique imparfaitement développé chez les idiots, les enfants et les sauvages. »

Dépourvus d'histoire et d'universalité — tout ce qui est différent est illusoire, dirait Voltaire — nous, les peuples de l'hémisphère occidental — sauvages, enfants ou idiots —, avons toutefois préféré, dans l'enthousiasme de l'indépendance, la religion du progrès et la négation du passé, nous unir à qui nous niait. Nous avons voulu, cette fois, arriver à l'heure au banquet de la civilisation : dépasser d'un coup ce que nous percevions comme des retards indiens, noirs, métis, espagnols, coloniaux, contre-réformistes. Nous avons rejeté ce que nous avions fait — un monde polyculturel et multiracial en développement — et nous avons proclamé ce que nous ne pouvions être — des Européens modernes — sans assimiler ce que nous étions déjà — indo-afro-ibéro-américains. Le prix à payer, politique et culturel, a été très élevé. Nous aurions mieux fait de lire Vico que Voltaire.

L'heure de Vico devait arriver au XXe siècle, quand la richesse d'un passé pluraliste, vécu concrètement par nombre de nations et de races, devint patente. Il importe d'ajouter que Vico retrouva droit de cité en Europe à travers James Joyce dans la mesure où le philosophe napolitain reste une présence vigilante dans une bonne partie de l'œuvre du romancier irlandais, particulièrement *Finnegans Wake*, que son auteur définit comme un *vicocyclomètre* ou mesureur des cycles de Vico, les *corsi e ricorsi*.

Joyce replace Vico au centre de la culture occidentale, comme il convient, car Joyce, au même titre que Vico et à travers Vico, cherche un monde qui n'est pas extérieur aux événements mais qui vit en eux, dans la substance même de l'histoire, comme Leopold Bloom vit sa journée au cœur de Dublin. De plus, l'expérience du XXe siècle fut rapidement perçue par Joyce en des termes qui, pour l'essentiel, sont ceux de Vico : l'histoire n'est pas un progrès ininterrompu, mais un mouvement en spirale où les avancées alternent avec les facteurs récurrents, négativement régressifs pour certains.

Finalement, s'appuyant sur Vico — *vicus of recirculation* — Joyce préfère parier sur l'identité culturelle plutôt que sur le développement. Et l'identité culturelle, pour le philosophe comme pour le romancier, a une racine présente, ce que Vico appelle « la logique aurorale » du langage. Vico et Joyce : un philosophe qui se refuse à n'embrasser rien moins que la totalité de l'histoire humaine, qui n'est autre que l'histoire des créations culturelles de l'humanité ; et un romancier qui s'interdit de n'embrasser rien moins que l'épopée totale de l'Occident, dans le but d'en rire et de la recréer comme langage non officiel, non consacré.

Tous deux parviennent à leur fin — une philosophie de l'histoire, dans le cas de Vico ; un roman historique au sens le plus profond, dans le cas de Joyce — grâce à une combinaison de langages pluralistes, variés, hétérogènes et centrifuges.

C'est-à-dire exactement le rôle que Mikhaïl Bakhtine assigne au langage romanesque.

2. BAKHTINE ET LE ROMAN

Né à Orel, au sud de Moscou, en 1895, et mort à Moscou même, en 1975, Mikhaïl Bakhtine a déployé son éblouissante œuvre de critique dans les pires conditions matérielles, privé de la possibilité d'enseigner et de publier à cause d'un manque d'enthousiasme évident face au dogme préétabli et de son infatigable quête de sens pluralistes dans la société et dans l'art. Appauvri, physiquement diminué, Bakhtine a été la victime paradigmatique du stalinisme. N'ayant jamais été accusé de rien, il n'a même pas pu être réhabilité à l'époque du dégel khrouchtchévien.

Bakhtine distingue deux types de roman : le roman monologique, où domine une seule voix, et le roman dialogique ou polyphonique où dominent un dialogue avec le monde et une parole orientée vers la parole de l'autre.

Pour Bakhtine, en effet, le roman est un champ d'énergie délimité par la lutte incessante des forces centripètes qui dédaignent l'histoire, résistent au changement, appellent la mort et prétendent maintenir les choses jointes, unies, identiques contre les forces centrifuges qui aiment le mouvement, le devenir, l'histoire, le changement et qui opèrent pour que les choses restent diverses, différentes, éloignées les unes des autres.

L'identification de ce combat amène Bakhtine à trouver dans l'écriture et la lecture des romans une méthode de connaissance fondée sur la compréhension des rapports entre le moi et l'autre, rapports comparables à ceux qui unissent auteur et personnage, écrivain et lecteur.

Ma voix, nous dit Bakhtine, signifie peut-être quelque chose, mais en tout cas, mes mots parviennent sous un habillage contextuel déterminé par les voix des autres et par la pluralité des langages qui habitent tout système social. Le langage est lui aussi soumis à des forces centrifuges et centripètes, et tout mot, s'il veut avoir une signification, doit avoir deux visages. De qui vient le mot, oui, mais aussi à qui s'adresse-t-il ?

Territoire occupé par qui parle et qui écoute, par qui écrit et qui lit, le mot est toujours partage. Au niveau verbal, nous sommes tous participants, nous dépendons les uns des autres et nous sommes partie prenante d'une entreprise dynamique et perpétuellement inachevée, qui consiste à créer le monde en créant l'histoire, la société, la littérature.

Dans cette dynamique, note Bakhtine, l'autre est mon ami. Seul l'autre peut m'octroyer mon moi. Et c'est ma relation à l'autre, ma façon de le voir, sa façon de me voir, qui me fait comprendre que je ne suis pas encore, que je suis en train d'être. Ainsi, pour Bakhtine, tout sens est limité par son contexte, mais paradoxalement, ce contexte est sans limites. Le nom d'une telle *illimitation* est pour Bakhtine l'*hétéroglossie*, c'est-à-dire la diversité et la pluralité des langages. Dans le monde moderne, le roman est le lieu privilégié où se réunissent les langages pluriels, où moi et l'autre nous nous rencontrons et nous proposons une histoire inachevée.

Pour Bakhtine, le roman a opéré une révolution radicale dans le discours humain, une libération fondamentale des intentions culturelles et émotionnelles soumises autrefois à l'hégémonie d'un langage unitaire. De la pluralité de contextes inhérente au langage, le texte narratif extrait et combine une série de confrontations dialogiques qui permettent au romancier de donner aux mots des sens nouveaux et, par-dessus tout, problématiques. Le roman est instrument du dialogue au sens le plus large : pas seulement dialogues entre personnages mais aussi entre langages, genres, forces sociales, périodes historiques distantes et contiguës. Le roman, dit Bakhtine, est l'expression « galiléenne » du langage. Plus qu'un genre parmi d'autres, il les utilise tous pour placer l'auteur comme le lecteur dans une aire de langages compétitifs, conflictuels.

Narration où tout possède un sens de rechange. Construction non littéraire, non réaliste, qui coordonne la confrontation dialogique entre langages divers. Forme ouverte, forme incomplète qui atteste que « tant que l'homme vit, il vit en qualité d'être incomplet, qui n'a pas dit son dernier mot ». Les caractéristiques du roman d'après Bakhtine conviennent magistralement à une étude du roman hispano-américain : forme incomplète, arène où peuvent se fondre histoires lointaines et langages conflictuels, dépassant l'orthodoxie d'un langage unitaire ou d'une seule cosmovision, qu'il s'agisse des langages et des visions de la théocratie aztèque, de la Contre-Réforme espagnole, du rationalisme des Lumières ou de l'hédonisme post-industriel.

Je voudrais réunir dans ce livre les idées émises par Vico et par Bakhtine : selon Vico, c'est nous qui faisons l'histoire ; le passé fait partie du présent et le passé historique fait acte de présence dans la culture, en nous dévoilant la variété de la créativité humaine. Les idées de Vico rejoignent celles de Bakhtine : le roman comme production culturelle qui traduit dans sa dynamique les conflits du rapport entre l'être soi et l'être d'autrui, l'individu et la société, le passé et le présent, le contemporain et l'historique, l'achevé et l'inachevé, grâce à une absorption constante de la pluralité et de la diversité, dans le langage et dans la vie.

3. LA CHRONOTOPIE DE BORGES

Bakhtine observe que le processus d'assimilation historique et littéraire passe par la définition d'un temps et d'un espace. A cette définition le critique russe donne le nom de « chronotope », de *cronos* : temps et *topos* : espace.

La chronotopie est le centre organisateur des principaux événements narratifs d'un roman. C'est d'eux que relève le sens qui organise le récit. Le chronotope rend visible le temps dans l'espace et permet la communication de l'événement : il est le véhicule de l'information narrative.

D'où, à nouveau, l'importance de Borges dans la prose narrative hispano-américaine. Son légendaire dépouillement rhétorique n'est à mes yeux une valeur en soi que dans la mesure où il révèle clairement, au prix d'inévitables sacrifices dans le domaine de la densité et de l'ampleur romanesques, la chronotopie comme protagoniste de la narration. Dans *L'Aleph* et *Tlön, Uqbar, Orbis, Tertius*, l'*espace* est un protagoniste au même titre qu'un héros de roman réaliste, tout comme l'est le temps dans *Funes ou la mémoire*, *L'Immortel* ou *Le jardin aux sentiers qui bifurquent*. Borges, dans ces récits, désigne un temps et un espace absolus, qui ne peuvent être saisis que par une connaissance totale. Avec un clin d'œil, l'auteur enferme cette connaissance totale dans la bibliothèque totale, mais seulement pour nous faire sentir que le monde des livres est libéré des exigences de la chronologie ou de la succession linéaire : un auteur, une bibliothèque, un livre, signifient tous les auteurs, toutes les bibliothèques et tous les livres, présents ici, maintenant, contemporains les uns des autres non seulement dans l'espace (la Bibliothèque de Babel, l'Aleph), mais aussi dans le temps : Kafka aux côtés de Dante aux côtés de Shakespeare aux côtés de Kafka aux côtés de Borges.

Ceci dit, qui perçoit cela, qui peut avoir simultanément entre ses mains un livre de Borges et un livre de Cervantès ? Qui est à la fois un et plusieurs ? Qui possède cette liberté ? Qui, même si le poème n'est qu'un et universel (Shelley) et son auteur l'auteur unique de tous les livres écrits (Emerson), les lit : lit le livre et lit l'auteur ?

La réponse est claire : vous, les lecteurs. Nous. Un livre, un temps, un espace, une bibliothèque, un univers, mais nombre de lecteurs, lisant en nombre de lieux et de temps. Car la condition de cette unité de la littérature est la pluralité des lectures. Borges crée sans doute des totalités hermétiques, de temps et d'espace, comme cadre initial et ironique du récit, mais il les trahit aussitôt avec des accidents comiques, singularisants. Funes, la victime de la totalité hermétique, se souvient de tout. Il sait toujours quelle heure il est. Son problème, à défaut de se changer en un petit dieu involontaire, est de réduire ses souvenirs à un nombre utilisable — disons environ soixante-dix mille. C'est-à-dire qu'il doit sélectionner et représenter. Ce qui revient à dire qu'il doit devenir artiste ; un relativiste et non un absolutiste. Il peut concevoir un temps, un espace et un savoir idéaux, mais le pouvoir sur de tels absolus est aux mains de ceux qui les ont conçus, et ce sont toujours des êtres pluriels, imparfaits, mortels : nous-mêmes, les gardiens de la mémoire et du désir, de la tradition et de la création, dans l'ordre historique de Vico.

La chronotopie absolue se relativise à travers la lecture. Chaque livre est une entité inépuisable et changeante pour la simple raison que, constamment, il est lu. Le livre est un miroir qui reflète le visage du lecteur. Le temps de l'écriture peut être fini et pourtant créer une œuvre totale, absolue : mais le temps de la lecture, quoique infini, crée à chaque relecture une œuvre partielle, relative. Dans *Le jardin aux sentiers qui bifurquent*, le narrateur conçoit chaque possibilité temporelle, mais il se voit contraint de noter que « toutes les choses nous arrivent, juste maintenant. Des siècles et des siècles et c'est toujours au présent que tout se passe... » Ainsi, c'est toujours au présent que nous lisons l'histoire, et même si l'histoire se présente elle-même comme l'unique version des faits, nous, les lecteurs, nous brisons cette tentative d'unité. De façon significative le narrateur du *Jardin aux sentiers qui bifurquent* lit deux versions du « même chapitre épique ». Non pas la version orthodoxe, unique, mais une deuxième version, hétérodoxe : non seulement la Réforme, mais la Contre-Réforme ; non seulement la conquête, mais la contre-conquête.

Quand Pierre Ménard se dispose à écrire le *Quichotte*, il nous dit que chaque écrivain crée ses propres devanciers. En littérature, une loi fondamentale de la physique et de la logique est constamment violée : la cause suit l'effet. Le temps littéraire est réversible parce qu'à tout instant, la totalité de la littérature reste offerte à notre lecture : en le lisant, nous devenons la cause de Cervantès ; mais à travers nous, leurs lecteurs, Cervantès (et Borges) deviennent nos contemporains — et aussi contemporains l'un de l'autre. Pierre Ménard est l'auteur de *Don Quichotte* parce que chaque lecteur est l'auteur de ce qu'il lit.

C'est ainsi que dans les récits de Borges s'accomplissent pleinement les postulats de Vico et de Bakhtine : nous créons l'histoire parce que nous lisons l'histoire, et la laissons ouverte à de nouvelles lectures par « les portes du chronotope ».

4. VERS UNE CHRONOTOPIE IBÉRO-AMÉRICAINE

Chronotopie totale, celle de Borges a permis à nos écrivains de comprendre, simultanément, trois réalités. La première était la réalité universelle du temps et de l'espace modernes, relativistes quoique inclusifs. Dans la chronotopie borgésienne se retrouvent, littérairement vivants, Einstein et Heisenberg. La position des objets dans l'espace ne peut être définie que dans leur rapport *relatif* à d'autres objets dans l'espace. L'ordre temporel de deux événements n'est pas indépendant de la personne qui les observe. L'observateur ne peut se départir d'un point de vue. Il doit être considéré comme une partie du système. Il ne peut y avoir de systèmes fermés car chaque observateur décrira le phénomène de façon différente. Il a besoin, pour le faire, d'un langage. L'espace et le temps sont donc des éléments d'un langage utilisé par un observateur pour décrire son environnement. L'espace et le temps sont des noms dans un système descriptif ouvert et relatif. Si cela est vrai, le langage peut inclure différents temps et différents espaces : précisément les « temps divergents, convergents et parallèles » de Borges.

Un de ces temps, exemplaire, est celui de l'Amérique espagnole. Polyculturelle et multiraciale, notre aire se caractérise par son héritage d'une grande variété de traditions. Celles-ci incluent, pour le moins, le monde mythique des civilisations préhispaniques et le legs méditerranéen transmis par l'Espagne au Nouveau Monde : tradition gréco-latine vivante dans les dilemmes temporels : demeurer ou s'écouler ; dans l'attachement au droit écrit et à la philosophie stoïcienne ; immersion dans la philosophie chrétienne, ses dogmes, ses hiérarchies et ses promesses. Renaissance et Contre-Réforme, conquête et contre-conquête, survivance juive, apport africain ; nouvelle civilisation métisse, créole, indigène et noire. Les tentatives de modernisation, à partir du XVIIIe siècle, ont échoué quand elles ont négligé la puissante tradition polyculturelle qui les précédait. Les Lumières, la réforme libérale, le positivisme, le marxisme et les philosophies du marché — d'Adam Smith à Ronald Reagan — n'ont pas survécu aux temps et aux thèmes les plus anciens de notre cohabitation culturelle. Ou plus exactement : ils ne survivent que dans la mesure où ils opèrent sur ce fonds culturel. Le nier, c'est retomber dans l'erreur la plus funeste que commit au XIXe siècle l'Indépendance, anti-espagnole, anti-indienne et anti-noire.

La dialectique du relativisme et de la polyculture nous fait comprendre, à nous les Ibéro-Américains, que la modernité sous ses différentes modalités, telles que les Lumières bourboniennes, la Révolution française, le romantisme rousseauiste, le libéralisme et le positivisme, le marxisme et le capitalisme, est, à chaque fois, le langage relatif d'un observateur qui, au seul prix d'énormes risques, nie ce que, de son point de vue relatif, il ne peut voir : la polyculture indo-afro-ibéro-américaine. A partir de Borges, le roman hispano-américain assume le paradoxe de la relativité pour rendre compte de la totalité. Parfois celle-ci est invisible. Mais une conception inclusive du temps, ou plutôt des temps « divergents, convergents et parallèles », englobe également les langages capables d'en figurer la variété. L'épopée, le drame, la poésie, le roman, le mythe sont des genres qui modèlent divers langages, lesquels à leur tour représentent une pluralité de temps.

Le roman hispano-américain s'inscrit à l'évidence dans une approche universalisée du phénomène narratif, compris comme une incontournable chronotopie. La relation/relative de l'observateur/lecteur/narrateur dans le temps et dans l'espace est érigée dans le roman occidental contemporain en principe créatif. L'axe temporel domine dans le roman européen et nord-américain écrit entre 1910 et 1930. Gide, Proust, Mann, Virginia Woolf, Döblin, Broch, Hesse, Kafka, Joyce, Faulkner, Dos Passos se montrent soucieux de créer, de nier, de combiner le temps. Simultanéité et séquence, synchronisme, temps progressif et temps mythique, sont, pour chacun d'entre eux, des éléments essentiels de composition, à des degrés divers. Le temps comme oubli : Kafka. La libération de l'ordre du temps : Proust. Le temps comme création narrative : Faulkner. L'incapacité à dominer le temps : Dos Passos. La révolution dans le roman moderne est, dans une large mesure, une rébellion contre la conception successive et discrète du temps, et, par extension, contre la notion d'un seul temps, d'une seule civilisation, d'un seul langage. Joyce, au nom de Vico, porte le coup de grâce au temps des Lumières.

Or l'espace littéraire subit une révolution comparable. Mieux que personne, Joseph Frank l'a fait remarquer, surtout dans le domaine de la poésie. Eliot et Pound juxtaposent les éléments du poème dans la page afin que le poème puisse être *vu* pleinement et, en même temps, compris, quand la lecture s'achève, comme une présence dans l'espace, inséparable de la temporalité du poème. Pour Pound, « une image présente un complexe intellectuel et émotionnel dans un instant de temps ». Le lecteur doit appréhender l'œuvre en un moment du temps, beaucoup plus que comme une séquence. Et cette instantanéité exige un déploiement spatial approprié, une *chronotopie*.

Borges rend explicite, pour la narration hispano-américaine, cette chronotopie moderne. Ses récits sont incompréhensibles sans l'intelligence d'une diversité de temps et d'espaces qui révèlent une diversité de cultures. Peut-être un Argentin — verbalisateur éperdu d'absence — était-il seul à pouvoir assumer aussi complètement la totalité culturelle de l'Occident pour démontrer, peut-être malgré lui, le parti pris d'un eurocentrisme nié par la révolution de la conscience culturelle moderne. Il n'y a plus de centres exclusifs ou isolés de la culture. Les excentricités de Herder — seule l'Europe est historique — ou de Hegel — l'Amérique est un pas encore, un *nondum* — ont cessé d'être centrales quand la violence historique généralisée du XXe siècle a établi que nous sommes tous excentriques et qu'être excentrique est la seule manière d'être central.

Cette nouvelle distribution, où la *Kultura* absolue et centrale disparaît au profit de la somme, dynamique et fertile, de cultures variées, implique aussi un temps nouveau, où on ne refuse pas le présent au passé puisque ce dernier peut être, en effet, l'unique présent d'une culture vivante. Nous assistons, en d'autres termes, à la fin de ce qui, depuis le XVIIIe siècle, passa pour la modernité. La négation sauvage du passé, considéré par Voltaire comme le sombre décor de la barbarie, et l'intronisation du futur comme fin quasi paradisiaque de l'histoire chez Condorcet, refusaient les fruits des Lumières, à qui ne relèverait pas d'une universalité exclusivement définie par la réalité historique de la classe moyenne, intellectuelle et sociale, de l'Europe éclairée et révolutionnée. Nous joindre à ce projet parut être, aux yeux des Latino-Américains du XIXe siècle, la seule planche de salut. Les Lumières et la Révolution française nous offraient, en échange de notre adhésion idéologique, ce que l'Europe était sûre d'obtenir en identifiant son salut à la marche vers le futur : le bonheur et le progrès. La conviction qu'il nous suffirait de transférer les lois progressistes de l'Occident au Venezuela, à la Bolivie ou au Guatemala, fut à l'origine d'un terrible divorce entre la nation légale et la nation réelle.

Il était évident, même si ce n'était pas fatal, que notre adhésion à un seul temps — la soi-disant universalité européenne, messagère du progrès et du bonheur — sacrifierait nos temps. L'Amérique indépendante a renié son passé, indien, africain, ibérique, parce qu'elle l'identifiait au retard dénoncé par les Lumières ; elle a adopté les lois d'*une* civilisation tout en anéantissant celles de *nos* civilisations multiples ; elle a créé des institutions pour la liberté qui ont échoué faute d'institutions pour l'égalité et pour la justice. Nous avons encouragé, dans le meilleur des cas, un essor éducatif — Sarmiento, Bello, Lastarria — généreux, mais mutilé par sa négation, implicite ou explicite, de la polyculture afro-indo-ibérique. Et, dans le pire des cas, nous avons résolu la contradiction entre liberté et justice en succombant aux extrémités de l'anarchie ou du despotisme. Ayant tari les sources du présent que sont le passé comme mémoire et l'avenir comme désir, nous n'avons pu écrire d'extraordinaires romans. Une grande promesse, complexe, conflictuelle et contradictoire — *El Periquillo Sarniento* de Fernández de Lizardi — resta comme fiction latente, suivie de la montée sentimentale et romantique des récits d'Esteban Echeverria, José Mármol et Jorge Isaacs ; le correctif naturaliste de Blest Gana, Rabasa et Gamboa ; et le divertissement feuilletonesque de Payno, Inclán et Riva Palacio. A nouveau, ce sont deux livres argentins — verbalise-moi, Argentine ! — qui ont le plus d'envergure : la chronique passionnée de Sarmiento, *Facundo*, et le poème gauchesque d'Hernández, *Martín Fierro*. Célébration de l'avenir civilisé, dénonciation de la barbarie historique, Sarmiento, libéral éclairé, reconnaît du moins clairement ce passé et établit un lien entre ce que nous sommes et ce que nous avons été. Et le *Martín Fierro* est un poème de l'errance, du déplacement, de la vie populaire précaire, indispensable pour comprendre ce qui se passe lorsqu'un peuple en armes dévoile, dans la révolution, la présence des temps du passé.

L'Amérique indo-afro-ibérique n'a, au XIXe siècle, qu'un seul grand romancier : le Brésilien Machado de Assis, qui eut la chance de lire et l'intelligence d'assimiler l'autre face des Lumières du XVIIIe. Non la face idéologique, eurocentriste et, au bout du compte, monotone et dogmatique de Voltaire — combien de fois le patriarche de Ferney aura-t-il écrit son *slogan* obsessionnel, *Écrasez l'infâme* ; combien de fois aura-t-il pontifié sur le salut par l'élite philosophique ; combien de fois aura-t-il méprisé toute initiative venue d'en bas, de la plèbe sans éducation ? — Machado connaît et retient, au contraire, la face curieuse, dialectique, ouverte à toute réalité, de Diderot. Machado est lecteur du roman achevé de la réalité offerte comme un éventail de possibilités : *Jacques le Fataliste*. Machado connaît un XVIIIe siècle libre, créateur, doué d'humour, et l'introduit au Brésil. *Les Mémoires posthumes de Braz Cubas* sont le plus grand roman ibéro-américain du siècle dernier et ses leçons de liberté ne seront comprises, sur le continent hispanophone, que très tard dans notre siècle. C'est à partir de là que le roman hispano-américain manifeste qu'il n'y a pas de récit sans un temps et un espace conscients, critiques. Que temps et espace sont des concepts relatifs et des créations du langage. Que si les espaces et les temps sont nombreux, nombreux sont aussi les langages qui les nomment. Que le passé a une présence et que la littérature est la forme potentielle où temps et espaces se convoquent fictivement, se reconnaissent et jouent ensemble. Variété de temps — divergents, convergents, parallèles ; variété d'espaces — Tlön, Uqbar, Orbis tertius ; variété de cultures — aztèque, quechua, gréco-romaine, médiévale, renaissante ; et variété de langages pour figurer cette même variété de temps, d'espaces et de cultures. Variété de genres, également pour ouvrir à la variété linguistique : épopée, drame, roman, poésie, mythe.

Le rapport saute aux yeux chez Miguel Angel Asturias — mythe préhispanique et roman moderne —, chez Alejo Carpentier — utopie renaissante et roman moderne —, chez José Lezama Lima — culture du baroque et roman moderne — et chez Gabriel García Márquez — mythe, utopie et épopée réunis dans le langage narratif moderne. La rencontre des premiers chroniqueurs, Cabeza de Vaca, Bernal Díaz del Castillo, Cieza de León, Poma de Ayala, Orellana, Fernández de Oviedo, et des romanciers contemporains constitue un des faits les plus saillants de notre roman contemporain. Il signifie que notre véritable modernité — si critique, si contradictoire et si controversée actuellement — passe par une rencontre avec la vigueur de notre passé. Sinon, c'est tout le problème de l'orphelin : ni Maman ni Papa.

Nom et voix, mémoire et désir sont les liens qui unissent profondément nos origines, notre présent et notre avenir.

Dans des romans comme *Le partage des eaux* et *Cent ans de solitude*, on est ébloui par la rencontre directe, affective, de la chronique du XVIe siècle et du roman du XXe. Né de l'empathie et de la reconnaissance mutuelles, le fait nous montre aussi le pouvoir à peine exploité qu'a le roman de rapprocher ce qui était éloigné. Pas seulement des personnages, mais, comme le pensait Bakhtine, des époques historiques, des civilisations : temps, espaces. Le roman hispano-américain se connaît (lui-même, à travers les autres) quand il se reconnaît dans ses textes fondateurs : les Chroniques des Indes. Et dans ses visions fondatrices, qui sont celles de la Renaissance qui nous apporte l'héritage méditerranéen et médiéval, repousse les mythologies indigènes, projette une mythologie européenne : l'âge d'or, l'utopie, et les écrase toutes sous la logique implacable de l'exigence épique, en laissant malgré tout un espace pour la réflexion ironique et l'aspiration à la liberté, et en sauvegardant la culture de ceux-là mêmes qui étaient vaincus. Chroniques des Indes, oui, mais aussi More, Machiavel et Érasme. *Popol Vuh*, oui, mais aussi *Utopie*, *Le Prince* et *Eloge de la folie*.

5. IMAGINATION, MÉMOIRE ET DÉSIR

Nous nous regardons dans les miroirs originels que nous présente le roman ibéro-américain, et nous comprenons que toute découverte est un désir et tout désir, une nécessité. Nous inventons ce que nous découvrons ; nous découvrons ce que nous imaginons. L'étonnement vient nous récompenser. Nous décrivons le merveilleux comme Bernal Díaz del Castillo décrit la capitale lacustre des Aztèques déployée à ses pieds : « On aurait dit les ensorcellements qu'on raconte dans le livre d'Amadis [...]

et même quelques-uns de nos soldats se demandaient tout haut si ce qu'ils voyaient n'était pas un songe... »

Celui qui découvre est celui qui désire, celui qui se souvient, celui qui nomme et celui qui parle. Il ne veut pas seulement découvrir le réel ; il veut aussi le nommer, le désirer, le dire et se le rappeler. Parfois, tout cela se réduit à un autre propos : l'imaginer.

Tout désir a un objet et cet objet, comme le suggère Buñuel, est toujours obscur, parce que nous voulons non seulement le posséder mais transformer l'objet de notre désir. Il n'est pas de désir innocent ; il n'est pas de découverte immaculée ; il n'est pas de voyageur qui, secrètement, ne se repente d'avoir quitté sa terre et ne craigne de ne jamais revoir son foyer.

Le désir, malgré tout, nous entraîne parce que nous vivons seuls. Tout désir est imitation d'un autre désir que nous voulons partager et posséder bien à nous, tout en supprimant la différence entre l'objet et nous. Le voyage, la découverte débouchent sur la conquête : nous voulons le monde pour le transformer.

Colomb découvre sur les îles l'âge d'or et le bon sauvage. Ce dernier, il l'envoie enchaîné en Espagne ; et l'âge d'or se change en âge de fer. La mélancolie de Bernal Díaz est celle d'un pèlerin qui entrevoit l'image du paradis et tout aussitôt doit détruire ce qu'il aime. L'émerveillement devient douleur mais tous deux sont sauvés par la mémoire. C'en est fini du désir menant au voyage, à la découverte, à la conquête ; à présent nous nous souvenons pour ne pas devenir fous et pour trouver le sommeil.

L'histoire dépourvue d'imagination n'est rien d'autre que la violence qui, comme Macbeth, tue le songe. La gloire terrestre dépend de la violence et révèle, démasquée par l'imagination, le visage de la mort. Bernal Díaz, le chroniqueur, l'écrivain, ne peut que se souvenir. Là la découverte reste merveille, le jardin est intact, la fin est une renaissance et la destruction guerrière coexiste avec l'apparition d'un monde nouveau, né de la catastrophe.

La catastrophe qui se détruit elle-même est dépourvue de sens. La tragédie, écrit María Zambrano, est ce qui sauve la destruction de l'insignifiance. Mais elle ajoute que la tragédie, pour exister, exige du temps. Ce temps est défini par Max Scheler comme le délai nécessaire pour que la catastrophe devienne connaissance.

Ce délai n'a pas existé dans le drame historique de l'Amérique indienne et espagnole. Le déferlement de l'époque conquérante a détruit l'utopie renaissante, mais celle-ci a survécu comme l'idéal, restauré bien des fois, sous les noms divers d'art, de progrès, de révolution ou de tradition, du retour aux origines ou de l'accélération du futur, au long de notre histoire.

L'utopie a été l'aile qui plane sans cesse dans notre firmament, mais elle a été également la plus lourde pierre de nos travaux de Sisyphe. Tel l'albatros de Coleridge, si elle vola un temps, à ce jour elle serait plutôt le fardeau qui courbe nos épaules.

La conquête fut affaire d'utopie pour les uns, d'évangélisation pour d'autres, de lucre, de pouvoir politique et d'affirmation individualiste pour la plupart. La tragédie n'avait pas sa place dans sa spirale. Nous avons suppléé à son absence et à toutes nos contradictions en préservant le droit de donner nom et voix, de nous rappeler et de désirer. Nom et voix, mémoire et désir nous permettent de voir aujourd'hui que nous vivons entourés de mondes perdus, d'histoires englouties. Ces mondes et ces histoires sont notre responsabilité : ils ont été créés par des hommes et des femmes. Nous ne pouvons les oublier sans nous condamner nous-mêmes à l'oubli. Nous devons maintenir l'histoire pour avoir une histoire. Nous sommes les témoins du passé pour rester les témoins du futur.

Alors nous comprenons que le passé dépend de notre souvenir ici et maintenant, et le futur de notre désir, ici et maintenant. Mémoire et désir sont imagination présente. Tel est l'horizon de la littérature.

Espace et temps du Nouveau Monde

I

L'historien mexicain Edmundo O'Gorman suggère que l'Amérique n'a pas été découverte mais inventée. Et elle a été inventée, certainement, parce qu'elle était nécessaire. Dans son livre, *L'invention de l'Amérique*, O'Gorman parle d'un Européen qui était prisonnier de son monde. La prison médiévale était faite des pierres du géocentrisme et de la scolastique, deux visions hiérarchiques d'un univers archétypique, parfait, immuable quoique fini, puisqu'il était le lieu de la Chute.

La nature du Nouveau Monde confirme l'appétit d'espace du Vieux Monde. Ayant perdu les structures stables de l'ordre médiéval, l'homme européen se sent diminué et déplacé de sa position centrale d'antan. La terre se rétrécit dans l'univers de Copernic. Les passions — la volonté surtout — se déploient pour compenser cette diminution. Les deux commotions trouvent leur exutoire dans le désir d'élargir les domaines de la terre et de l'homme : on désire le Nouveau Monde, on invente le Nouveau Monde, on découvre le Nouveau Monde ; on le nomme.

Ainsi, tous les drames de l'Europe de la Renaissance

vont se jouer dans l'Amérique européenne : le drame machiavélien du pouvoir, le drame érasmien de l'humanisme, le drame de la nouvelle perception de la nature.

Si la Renaissance a pensé que le monde naturel était enfin dominé et que l'homme, en vérité, était la mesure de toutes les choses, y compris la nature, le Nouveau Monde apparut immédiatement comme une nature disproportionnée, excessive, hyperbolique, incommensurable. C'est une sensation constante dans la culture ibéro-américaine, qui naît du sentiment de stupeur des premiers explorateurs et qui se prolonge dans les explorations d'une nature sans bornes dans des livres comme *Os Sertões* d'Euclides da Cunha, *Canaima* de Rómulo Gallegos, *Le partage des eaux* d'Alejo Carpentier, *Diadorim* de Guimarães Rosa et *Cent ans de solitude* de Gabriel García Márquez. Mais éloquemment, cette même stupeur, cette même peur face à une nature qui échappe aux limites du pouvoir humain soufflent sur le désert du roi Lear et sa « nuit glacée ». Elle nous « changera tous en idiots et en fous », gémit Lear.

Le Nouveau Monde est découvert (pardon : inventé, imaginé, désiré, exigé) dans un moment de crise européenne : il la confirme et la reflète. Pour le christianisme, la nature est la preuve du pouvoir divin. Mais elle est aussi une tentation : elle nous séduit et nous éloigne de notre destin ultra-terrestre ; la tentation de la nature consiste à répéter le péché et le plaisir de la Chute.

En revanche, l'esprit rebelle de la Renaissance perçoit la nature comme la raison de tout ce qui existe. La nature est l'ici et le maintenant chantés par les créateurs de l'humanisme renaissant : le poète Pétrarque, le philosophe Ficin, le peintre Léonard de Vinci. La Renaissance naît — si l'on peut dire — quand Pétrarque évoque la substance du jour, de l'heure, de la saison fleurie où il vit pour la première fois Laure — une amante de chair et d'os, pas une allégorie — traverser le pont sur l'Arno :

Béni soit le jour, le mois et l'an
et la saison et le temps, l'heure et le moment,
le beau pays et le site où j'ai rencontré
deux beaux yeux qui m'ont captivé...
Sonnet XXIX

En l'an 1535, Gonzalo Fernández de Oviedo, le conquérant espagnol gouverneur de la forteresse de Saint-Domingue, écrivit une merveilleuse *Histoire naturelle des Indes* et fut rapidement confronté à ce problème, qui est au cœur des relations entre l'Ancien et le Nouveau Monde. D'après son biographe italien, Antonello Gerbi, l'attitude d'Oviedo face aux terres récemment découvertes renvoie autant au monde chrétien qu'à la Renaissance. Elle renvoie au christianisme parce que Oviedo se montre pessimiste devant l'histoire. Elle renvoie à la Renaissance parce qu'il se montre optimiste devant la nature. Ainsi, si le monde des hommes est absurde et marqué par le péché, la nature est la raison même de Dieu et Oviedo peut chanter le dithyrambe de ces nouvelles terres car ce sont des terres sans histoire : des terres sans temps. Ce sont des utopies intemporelles.

L'Amérique devient l'Utopie de l'Europe. Une utopie inventée par l'Europe, comme l'écrit O'Gorman. Mais aussi une utopie désirée et donc une utopie requise. Nécessaire, également ?

En tout cas, l'Utopie américaine est une utopie projetée dans l'espace, parce que l'espace est le véhicule de l'invention, du désir et de la nécessité des Européens dans cette transition entre le Moyen Âge et la Renaissance. La rupture de l'unité médiévale se manifeste d'abord dans l'espace. Les cités fortifiées perdent leurs enceintes, leurs contreforts se lézardent, leurs ponts-levis s'écroulent à jamais et les nouvelles cités ouvertes — cités de Don Juan et de Faust, cité de la Célestine — accueillent la horde épidémique du scepticisme, de l'orgueil individuel, de la science empirique et du crime contre l'Esprit Saint : les taux d'intérêt. Voici venir l'amour et l'imagination sans Dieu, comme les conçoivent la Cléopâtre de Shakespeare et le Quichotte de Cervantès.

Avant d'être temps, l'histoire moderne a été espace, parce que rien ne fait une aussi claire différence que l'espace entre le vieux et le neuf. Colomb et Copernic révèlent un appétit d'espace qui, dans sa version proprement latino-américaine, culmine ironiquement dans l'histoire contemporaine avec *L'aleph* de Jorge Luis Borges : l'espace qui les contient tous (l'aleph) n'est pas dépendant d'une description minutieuse et réaliste de tous les lieux de l'espace ; il n'est visible qu'en un instant gigantesque et simultané : tous les espaces de *l'aleph* occupent le même point, « sans superposition et sans transparence » : « chaque chose était un nombre infini de choses [...] parce que je la voyais clairement de tous les points de l'univers. Je vis la mer populeuse, je vis l'aube et le soir, je vis les multitudes de l'Amérique, je vis une toile d'araignée argentée au centre d'une pyramide noire, je vis un labyrinthe rouge (c'était Londres). [...] je vis tous les miroirs de la planète et aucun ne me réfléchit... »

L'ironie de cette vision est double. D'une part Borges doit énumérer ce qu'il a vu dans la simultanéité, parce qu'une vision peut être simultanée, mais sa transcription doit être successive, comme l'est le langage. Et d'autre part, cet espace de tous les espaces, une fois perçu, est totalement vain à moins d'être le cadre d'une histoire personnelle. En l'occurrence, l'histoire personnelle d'une femme, belle et morte, Beatriz Viterbo, « longue, fragile » et dotée d'« une sorte de gracieuse maladresse, un début d'extase » dans la démarche.

Une histoire personnelle. Et l'histoire est temps.

Ce n'est pas un hasard si Borges, en guise d'exergue, ouvre le conte sur une citation d'*Hamlet* : « Oh Dieu, je pourrais m'enfermer dans une coque de noix et me sentir roi de l'espace infini... »

Cervantès et Shakespeare, inventeurs du monde moderne, font de la réjouissante et dérisoire découverte de l'espace un fait problématique. Cervantès, le baladin de l'imagination humaine, envoie Don Quichotte au-delà de son espace — le village anonyme de la Manche — qui est l'espace limité et protégé du Moyen Âge, vers le vaste espace de la Renaissance : les chemins ouverts du « meilleur des mondes ». Là, Don Quichotte découvre, dans la douleur comme dans la joie, que l'espace du monde a changé pour toujours et que sa mission principale est d'accepter la diversité et la métamorphose de l'univers sans sacrifier l'aptitude de l'esprit à l'analogie et à l'unité, afin que ce monde mouvant ne devienne pas un monde dénué de sens.

Et Shakespeare, le dramaturge de la volonté humaine, emplit le nouvel espace de l'humanisme de questions, de conjectures et de craintes irrationnelles, comme si toutes les choses avaient perdu leur harmonie changée en « bruit et en fureur ». A l'aube de son affirmation individualiste, au sommet de sa découverte personnelle, à l'instant même où il réclame le monde comme centre de toute chose et lui-même comme centre du monde, l'homme se sent diminué par la rapide expansion de l'univers et par les applications cruelles, destructrices, fragmentaires et vindicatives que peuvent trouver sa raison, son orgueil et son pouvoir à peine affranchis. Est-il un cri plus terrible que celui de Lady Macbeth ?

> *Désexualise-moi à l'instant*
> *et couvre-moi de la tête aux pieds*
> *de la plus effroyable cruauté*
>
> Unsex me here
> And fill me from the crown to the toe top full
> Of direst cruelty (I, v. 46)

Le dramaturge anglais et le romancier espagnol sont fondateurs du monde moderne. L'un, le monde anglais de Shakespeare, s'adaptera à la modernité et la fomentera plus qu'aucune autre nation. L'autre, le monde espagnol de Cervantès, récusera la modernité et lui opposera les plus grands obstacles. Mais à leur origine, les deux mondes partagent le même désir d'espace et le découvrent en l'inventant.

C'est pourquoi les voyages d'exploration sont à la fois cause et reflet de cet appétit d'espace. Les découvreurs et les conquérants sont des hommes de la Renaissance. José Antonio Maravall, historien espagnol, décrit même la découverte de l'Amérique comme un grand exploit de l'*imagination* renaissante.

Ces hommes, confiants en eux-mêmes parce qu'ils se savaient acteurs de leur propre histoire, même si cela impliquait d'être aussi victimes de leurs propres passions, n'arrivèrent pas seuls. La *Pinta*, la *Niña* et la *Santa María* ont été suivies de la nef des fous, la *navis stultorum* du célèbre poème satirique de Brandt. La vigie avait nom Machiavel, Thomas More était le pilote de notre embarcation des simples et le cartographe courbé était le vigilant Érasme de Rotterdam. Leurs consignes respectives, les étendards de leur nef étaient, respectivement, *ceci est, ceci doit être* et *ceci peut être*.

Machiavel venait de l'Italie atomisée des cités-États et de leurs conflits : un monde de violence pour lequel Machiavel réclamait un chef réaliste, concret, mais aussi habité de l'idéalisme nécessaire à la construction d'une nation et d'un État. More venait d'une Angleterre qui perdait son innocence agraire et capitulait devant les exigences de l'*enclosure*, la partition des anciennes terres communales et leur abandon à l'exploitation et à la concentration capitalistes. Érasme, enfin, était l'observateur ironique de la folie historique, témoin à la fois de Topie et d'Utopie, de la raison et de la déraison, de la foi traditionnelle comme du nouveau réalisme. Toutes les deux — la raison et la foi —, Érasme les somme d'être raisonnables, c'est-à-dire relatives. L'humanisme érasmiste signifie l'abandon des absolus, qu'ils relèvent de la foi ou de la raison, au profit d'une ironie capable de distinguer le savoir du croire et de mettre en question n'importe quelle vérité, car « toutes les choses humaines ont deux versants ». Cette raison relativiste de l'humanisme est perçue comme une folie par rapport aux absolus de la Foi et de la Raison. Érasme, dans ses lettres, trace un chemin médian entre la *realpolitik* et l'idéalisme, entre topie et u-topie : son ironie implique un compromis souriant entre la foi et la raison, entre le monde féodal et le monde commercial, entre l'orthodoxie et la réforme, entre le rite extérieur et la conviction intime, entre l'apparence et la réalité. Il ne désire sacrifier aucun terme : il est le père de Cervantès et des fictions ironiques qui, chez nous, trouvent leur perfection chez Borges et Cortázar. D'où l'éloge de la folie, dont le titre latin est *Moraei Encomium*, qui est aussi, par là même, l'éloge de More.

Dans le Nouveau Monde, More cherchait une société

fondée à nouveau sur le droit naturel et non sur l'expansion désordonnée du capitalisme. Il était préférable d'imaginer une utopie qui partageât les vertus et les défauts des sociétés pré-capitalistes, chrétiennes ou sauvages.

Le réalisme politique et l'énergie de Machiavel ; le rêve d'une société humaine juste de Thomas More ; et l'éloge érasmien de la posture ironique qui permet aux hommes et aux femmes de survivre à leurs folies idéologiques. Tous les trois feront escale au Nouveau Monde.

Mais souvent il leur est difficile — et même impossible — d'arriver à bon port, parce que la nef des fous s'échoue sur les hauts-fonds de l'individualisme stoïcien que l'Espagne hérite de Rome et transmet à l'Amérique ; ou bien elle s'immobilise sur la mer des Sargasses de l'organicisme médiéval ; ou bien elle est mise à mal par les orages sévères de l'autocratie impériale.

Érasme, More et Machiavel, malgré ces péripéties, parviennent jusqu'au Nouveau Monde ; ils y parviennent parce qu'ils font partie, non de l'héritage romain et médiéval de l'Amérique, mais de « l'invention de l'Amérique ».

J'ai dans mon bureau les reproductions des portraits de Thomas More et de Desiderius Érasme peints par Holbein le Jeune, et ils se regardent mutuellement tandis que je les regarde. Je confesse ma crainte d'avoir auprès de moi un portrait de Machiavel. Son visage impénétrable a quelque chose du rapace, le regard affûté et affamé que Shakespeare attribue à Cassius dans son *Jules César*. Et Shakespeare d'ajouter, comme s'il décrivait le Florentin : « Il pense trop. De tels hommes sont dangereux. »

Érasme et More, au contraire, montrent aussi bien de la gravité dans leurs attitudes qu'une étincelle d'humour dans leurs regards ; ils semblent rejouer leur première rencontre de l'été 1499, à Hertfordshire :

« Tu dois être More ou personne.

— Et toi tu dois être Érasme, ou le Diable. »

Si Nicolas Machiavel s'était joint à eux, qu'aurait-il ajouté ? Peut-être seulement ceci : « Tous les prophètes qui ont surgi armés ont eu du succès tandis que les prophètes désarmés ont connu la déchéance. »

Cette grande triade de la Renaissance a écrit ses minces et puissants volumes au cours de la même décade : l'*Éloge de la folie* d'Érasme paraît en 1509 ; l'*Utopie* de Thomas More en 1516 ; et Machiavel termine son *Prince* en 1513, même si le livre ne connaît qu'une édition posthume en 1532.

A des dates différentes, les trois livres font leur apparition dans le Nouveau Monde. L'*Utopie* de More, comme nous l'a montré Silvio Zavala, est le livre de chevet de l'évêque de Michoacán, Vasco de Quiroga, et il lui sert de modèle pour la création de ses fondations utopiques, à Santa Fe et dans le Michoacán, en 1535. C'est aussi la lecture du premier évêque de Mexico, Fray Juan de Zumárraga. L'*Éloge de la folie* figurait dans la bibliothèque d'Hernando Colomb, le fils du Découvreur, en 1515, et l'œuvre la plus influente en Espagne du Sage de Rotterdam, l'*Enchiridion*, est traduite en 1526 et devient l'évangile d'un christianisme intérieur et personnalisé, par opposition aux formes purement extérieures du rituel religieux. *Le Prince*, enfin, est publié en version castillane en 1552 et inclus dans l'*Index Prohibitorum* par le cardinal Gaspar de Quiroga en 1584.

C'est ainsi qu'ils parviennent jusqu'à nous, « en dépit de » et non « grâce à ». Comme le continent lui-même, ils sont, d'une certaine manière, des figures inventées, désirées, exigées et nommées par le « nouveau monde » qui fut d'abord imaginé et plus tard trouvé par l'Europe.

La dissolution de l'unité médiévale par la fin du

géocentrisme et la découverte du Nouveau Monde fonde les réponses de Machiavel, de More et d'Érasme : *Ceci est. Ceci doit être. Ceci peut être*. Mais ces réponses du temps européen sont des répliques à des questions sur l'espace américain. Il n'y a pas de jugement réel. Comme le Nouveau Monde manque de temps, il manque d'histoire. Ce sont des réponses à un point d'interrogation sur la nature de l'espace du Nouveau Monde et elles transforment ce dernier en utopie. D'où le contresens, car Utopie, par définition, est le lieu impossible : le lieu qui n'est pas. Et cependant, bien que ce lieu n'existe pas, l'histoire de l'Amérique s'obstine à croire qu'il n'y a pas d'*autre* lieu. Ce conflit territorial, historique, moral, intellectuel, artistique, n'est pas encore clos.

L'invention de l'Amérique est l'invention d'Utopie : l'Europe désire une utopie, la nomme et la trouve, et en fin de compte la détruit.

Pour l'Européen du XVIe siècle, le Nouveau Monde représentait la possibilité de régénération du Vieux Monde. Érasme et Montaigne, Vivès et More annoncent le siècle des guerres religieuses, un des plus sanglants de l'histoire européenne, et lui opposent une utopie qui finalement, paradoxalement, a un lieu : l'Amérique, l'espace du bon sauvage et de l'âge d'or.

Dans l'espace, les choses sont *ici* ou *là-bas*. Il se fait que l'âge d'or et le bon sauvage sont *là-bas* : ailleurs : dans le Nouveau Monde. Colomb, dans ses lettres à la reine Isabelle la Catholique, lui dépeint un paradis terrestre : Utopie est l'objet d'une confirmation et, aussitôt après, d'une destruction. Si ces aborigènes que Colomb trouve aux Antilles sont si dociles et accordés aux choses de la nature, pourquoi l'Amiral se sent-il tenu de les asservir et de les envoyer en Espagne chargés de chaînes ?

Ces faits portent Colomb à présenter l'âge d'or, non

comme une société idéale mais comme un lieu d'or : non un temps heureux mais, au sens littéral, un espace doré, une source d'inépuisable richesse. Colomb insiste sur l'abondance des bois, des perles, de l'or. Le Nouveau Monde n'est que nature : c'est une u-topie a-historique, idéalement déserte ou, à la fin, désertifiée par le génocide aborigène et réhabilitée grâce à l'immigration européenne. La civilisation ou l'humanité n'y sont pas présentes.

Mais Colomb croit, malgré tout, qu'il a trouvé un monde ancien : les empires de Cathay et de Cipango : la Chine et le Japon. Amerigo Vespucci, par contre, est le premier Européen à dire que celui-ci est, en vérité, un Monde Nouveau : il est juste que nous portions son nom. C'est Vespucci qui, fermement, jette les bases de l'utopie en Amérique. Utopie est une société, les habitants d'Utopie vivent en communauté harmonieuse et méprisent l'or : « Ces peuples vivent au rythme de la nature et nous les rangerions plus volontiers parmi les épicuriens que parmi les stoïciens... Ils n'ont aucun bien personnel, mais tout est à tous. » Comme ils n'ont rien en propre, ils n'ont pas besoin de gouvernement : « Ils vivent sans roi et sans aucune sorte de souveraineté et chacun est son propre maître. »

Tout ceci impressionne beaucoup les lecteurs contemporains de Colomb et de Vespucci, explique Gerbi, car ils savaient que Christophe était un bohémien fiévreux, originaire de Gênes, un port mal famé, et doté d'une cupidité visionnaire et de passions concrètes et têtues ; tandis qu'Amerigo était un Florentin sceptique et froid.

Aussi, quand cet homme si *cool* dit à ses lecteurs que le Nouveau Monde est nouveau, non seulement dans son espace mais dans sa matière : plantes, fruits, bêtes et oiseaux, que c'est véritablement le paradis sur terre, les Européens sont disposés à le croire, car ce Vespucci est comme saint Thomas. Il ne croit que ce qu'il voit et ce qu'il voit c'est qu'Utopie existe et que lui y a vécu, témoin de cet « âge d'or et son état de félicité » *(l'ettã dell'oro e suo stato felice)* chanté par Dante, où « c'est toujours le printemps et les fruits abondent » *(qui primavera e sempre, ed ogni frutto)*. L'Amérique, donc, ne fut pas découverte : elle fut inventée. Toute découverte est un désir et tout désir, une nécessité. Nous inventons ce que nous découvrons ; nous découvrons ce que nous imaginons. Notre récompense est l'étonnement.

Car le découvreur ne veut pas seulement découvrir la réalité ; il veut aussi découvrir la fantaisie. Le bestiaire des Indes nous parle de lamantins aux tétons de femme, de requins mâles aux membres virils dédoublés, de requins femelles qui, fabuleusement, n'engendrent qu'une fois dans toute leur vie ; de poissons volants, de léviathans couverts d'écailles qui pondent des frais de six cents œufs de gaze légère, de plages aux perles immenses baignées par la rosée, de vaches marines et de vaches gibbeuses, de salamandres, de licornes, de sirènes, d'amazones... Eldorado.

Voyages, découvertes, conquêtes : les livres qui renferment ces mots évoquent pour moi, Mexicain, le flux de divers visages : ceux des dieux en fuite ; ceux des conquérants qui ressemblent à l'ancienne description des dieux et les visages du soleil, de la nature et de la terre, qui, dans les paroles du mythe maya de Chilam Balam, peuvent être mordus par des événements terribles, s'assombrir et s'éteindre.

Recomposer le visage primordial de l'homme, son visage heureux, tel est le propos du voyage en Utopie : l'Amérique apparaît d'abord comme l'Utopie qui lavera l'Europe de ses péchés historiques. Mais, aussitôt, Utopie est détruite par ceux-là mêmes qui vont à sa recherche.

Ils la cherchent dans l'espace : les terres immenses du nouveau monde, la nature infinie, incommensurable. Ceci n'est pas possible : Utopie est le lieu qui n'est pas : *U-Topos*. Il n'y a pas d'utopie dans l'espace. Y en a-t-il une dans le temps ? C'est ce que pensent tous les voyageurs utopiques, de Thomas More au XVIe siècle à Alejo Carpentier au XXe siècle. Ils ne restent pas au temps d'Utopie ; ils reviennent nous parler de son existence et jamais ne trouvent le chemin du retour. C'est le voyage le plus mélancolique de tous. C'est la voie de l'Utopie.

II

L'Europe trouve en Amérique un espace où se déverse l'excédent d'énergie de la Renaissance. Mais elle y trouve aussi un espace où purifier l'histoire et régénérer l'homme.

Montaigne n'a pas eu la chance de Vespucci. L'essayiste français n'a pas vécu, comme le cartographe florentin, en Utopie, mais il aurait aimé avoir « la fortune de [...] vivre parmi ces nations, dont on dit qu'elles vivent encore dans la douce liberté des premières et incorruptibles lois de la nature ».

Ce désir naît d'un désespoir, parfaitement exprimé par Alfonso de Valdés, l'érasmiste espagnol secrétaire de l'empereur Charles Quint : « De quel aveuglement s'agit-il ? Nous nous disons chrétiens et nous vivons pire que des Turcs ou que des animaux stupides. S'il nous apparaît que cette doctrine chrétienne n'est qu'une quelconque sorcellerie, pourquoi ne l'abandonnons-nous pas tout à fait ? »

Avec moins d'emphase mais avec une égale conviction, Érasme demandait au christianisme de croire en lui-même et d'accorder sa foi à sa pratique : le christianisme extérieur devrait être le miroir fidèle du christianisme intérieur. Il préconisait, en effet, la réforme de l'Église *par* l'Église. Comme c'est souvent le cas, tant que rien ne s'est produit, Érasme a joui de l'immense popularité que le malade réserve au médecin qui lui dit : « Tu vas guérir. » Mais quand le barbier s'est présenté, le scalpel à la main, pour extirper la tumeur, l'aimable critique fut expulsé de la cité et invité à rejoindre le redoutable chirurgien de l'Église de Rome, Martin Luther. Érasme récusa cette assimilation, confirma sa fidélité à Rome, mais l'éducateur de la chrétienté était devenu l'hérétique, le réprouvé, l'auteur interdit.

Dans la Cosmographie de Münster se trouve un portrait d'Érasme censuré par l'Inquisition espagnole : les nobles traits de l'humaniste sont brutalement barbouillés à l'encre, ses orbites creusées comme celles d'une tête de mort, sa bouche déformée et sanguinolente comme celle d'un vampire. Le véritable Érasme est l'image de l'intelligence ironique peinte par Holbein, comme Martin Luther est l'image dure, plébéienne, fermée, peinte par Cranach et interprétée par Albert Finney dans la pièce de John Osborne.

Érasme, le premier théoricien de la Réforme, ne s'est jamais joint à la réforme concrète de Luther, non seulement par fidélité à l'Église mais parce qu'il croyait profondément à la liberté humaine. Érasme reprochait à Luther ses idées sur la prédestination et réclamait, au nom de l'Église mais pour la société civile capitaliste encouragée par le protestantisme, « un pouvoir de la volonté humaine [...] applicable en de multiples sens, que nous appelons le libre arbitre ». « A quoi servirait l'homme — médite Érasme — si Dieu le traitait comme le potier traite l'argile ? »

Bien évidemment, le paradoxe de ce débat est que la

sévérité fataliste de Luther devait déboucher sur des sociétés où la liberté civile et le développement économique connaîtraient une expansion constante, tandis que la fidélité érasmiste au libre arbitre dans le cadre de l'orthodoxie chrétienne verrait la paralysie économique et politique imposée au monde espagnol par le Concile de Trente et la Contre-Réforme. Placée entre ces options, l'Europe subit l'hémorragie des guerres de religion, cette époque terrible que Brecht évoque avec la figure de Mère Courage, « vêtue de haillons et de pourritures », pour qui « la victoire ou la défaite » est « un désastre pour tous ». Mais adieu les illusions : « On fait les guerres pour le commerce. A la place du beurre, on vend de la mitraille. Et nos enfants meurent. » *Dulce bellum inexpertis*, écrit Érasme : la guerre n'est douce qu'à ceux qui ne la vivent pas.

Thomas More a réagi à ces réalités avec son idée d'utopie. Dans la société excentrique d'Utopie, une société fondée non sur le christianisme mais sur le droit naturel, les vices comme les vertus du paganisme et du christianisme vont être observés avec plus de clarté. More écrit son *Utopie* comme une réponse à l'Angleterre de son temps et à la question économique qui passionnait ses contemporains : la fin de l'ancienne communauté agraire et son remplacement par le système capitaliste de l'*enclosure*, qui supprima au XVIe siècle les terres communales en les clôturant et en les livrant à l'exploitation privée.

Invoquant dans l'*Utopie* une société fondée sur le droit naturel, More a conçu la rencontre du Vieux Monde et du Nouveau Monde non seulement comme la rencontre du christianisme et du paganisme, mais comme la création d'une nouvelle société qui finirait par partager les vertus et les défauts des sociétés chrétiennes et aborigènes.

L'utopie de More n'est pas la société parfaite. Les traits de cruauté et les exigences autoritaires y sont légion. Par contre, la cupidité en a été extirpée et la communauté y est restaurée. Mais les traits négatifs menacent sans cesse les positifs : *Utopie* n'est pas un livre ingénu, et grâce à sa dynamique de clairs-obscurs et de choix constants, c'est une œuvre qui laisse en suspens deux questions infinies, qui sont toujours au cœur de notre héritage et de nos préoccupations.

La première est la question des valeurs de la communauté et de leur place entre les valeurs individuelles et les valeurs de l'État. More place les valeurs communautaires au-dessus de l'individu et de l'État, parce qu'il considère qu'individu et État ne sont qu'*une partie* de la communauté. En ce sens, *Utopie* est un prolongement de la philosophie thomiste qui donne la préférence au bien commun sur le bien individuel. La scolastique, appuyée par l'utopie, sera l'inspiratrice triséculaire de la politique ibéro-américaine.

La seconde, qui découle de la précédente, est la question de l'organisation politique. Si la communauté est supérieure à l'individu et à l'État, alors, nous dit More, l'organisation politique doit être constamment ouverte et prête à se rénover pour mieux refléter et mieux servir la communauté. Ainsi, *Utopie* peut se lire comme une anticipation démocratique des Lumières du XVIIIe et de la philosophie de l'Indépendance.

Il y a là des valeurs utopiques positives qu'il convient de garder à l'esprit tandis que nous façonnerons notre histoire et notre culture contemporaines. Mais il y a plus : la modernité de More se trouve avant tout dans son exaltation du plaisir du corps et de l'esprit.

L'*Utopie* de Thomas More est un livre hautement personnel : comme presque tous les grands livres, c'est un débat entre l'auteur et lui-même : un débat entre More et More, car comme l'a dit William Butler Yeats, des débats avec les autres nous faisons de la rhétorique, mais du débat avec nous-même nous faisons de la poésie. Il nous permet de voir More et sa société sur le point d'entrer dans l'âge laïc. En effet, ce que More fait dans l'*Utopie* c'est explorer la possibilité de la vie séculière pour lui-même et pour tous. Il explore le thème, infiniment fascinant, du rapport de l'intellectuel au pouvoir : un homme sage doit-il servir le roi ? Il explore la combinaison d'éléments qui pourraient créer une société juste. En permettant aux habitants d'Utopie de vivre comme lui-même aurait aimé le faire, More présente un idéal de vie très personnel. Les aspects désagréables, disciplinaires et misogynes d'Utopie sont, finalement, des valeurs pour Thomas More, car il aurait bien aimé être un prêtre marié qui déplace le cloître à la cour. Mais sans doute l'aspect le plus intéressant du livre est-il que More propose cette image d'un monde peut-être plus heureux ou le plus heureux possible, tout en la soumettant à une vision critique qui ne renie jamais l'ambiguïté et le paradoxe comme instruments d'analyse.

Retenons ces leçons tandis que nous envisageons l'arrivée de Thomas More dans le Nouveau Monde, sous l'égide de son lecteur le plus fervent, le moine dominicain Vasco de Quiroga.

Les moines humanistes sont arrivés au Nouveau Monde sur les talons des conquérants. En 1524, ceux qu'on a appelés les Douze Apôtres de l'ordre de Saint-François ont débarqué au Mexique d'Hernán Cortés, suivis en 1526 par les dominicains parmi lesquels Quiroga. Ils venaient s'assurer que la mission civilisatrice du christianisme — le salut des âmes — ne se diluait pas dans le tohu-bohu de l'ambition politique et la précipitation de l'affirmation machiavélienne.

Bartolomé de Las Casas fut l'accusateur suprême de la destruction d'Utopie par ceux-là mêmes qui avaient inventé et désiré l'utopie. Quant à Vasco de Quiroga, il n'était pas venu accuser mais transformer l'utopie en histoire.

Il arrive le livre de Thomas More sous le bras. La lecture de More ne fait que renforcer la conviction de l'évêque dominicain : *Utopia* devrait être la Carta Magna, la concrétisation de la coexistence pacifique entre le monde dévasté des Indiens et le monde triomphaliste de l'homme blanc dans le Nouveau Monde. Quiroga, affectueusement appelé « Papa Vasco » par les Indiens Purépechas, est habité par la vision du Nouveau Monde comme Utopie : « Car ce n'est pas en vain mais à très bon escient que ce monde d'ici est dit Nouveau Monde, et il est réellement Nouveau Monde, non parce qu'il vient d'être trouvé nouvellement mais parce que ses gens et presque tout ici ressemblent au premier monde de l'âge d'or, qui depuis, par la faute de notre malignité et de la grande cupidité de notre nation, s'est changé en fer ou en pire » (Vasco de Quiroga cité par Silvio Zavala).

L'influence de More et le labeur de Quiroga en Nouvelle Espagne ont été l'objet d'études aussi brillantes qu'exhaustives, réalisées par Silvio Zavala. Je rappelle également qu'Alfonso Reyes a appelé Quiroga un de ces « prêtres gauchistes d'Amérique ». Ces hommes d'Église ont posé le pied sur des terres où les anges n'osaient marcher, mais les conquérants y étaient bien entrés, marchant lourdement et même foulant tout aux pieds.

Voraces conquérants, décrits par Pablo Neruda dans un passage de ses Mémoires : « Dévorant tout, patates, œufs frits, idoles, or, mais nous laissant en retour leur or : notre langue, la langue espagnole. »

Bruyants conquérants, dont les voix rudes et sonores contrastaient avec les voix d'oiseau des Indiens. Un jour j'ai entendu un Mexicain à la voix douce et discrète demander au poète espagnol León Felipe : « Pourquoi vous autres Espagnols parlez-vous aussi fort ? »

Et León Felipe lui fit cette réponse impérative : « Parce que nous avons été les premiers à crier : Terre ! »

Cruels conquérants : les humanistes les ont accusés de piétiner les terres d'Utopie et de les renvoyer à l'âge de fer. Les religieux, qui étaient humanistes, les ont également dénoncés. Le meilleur des mondes nouveaux et son bon sauvage étaient réduits en esclavage, jetés aux fers et assassinés par les hommes d'armes du vieux monde qui avaient découvert et proclamé que cette terre était la terre d'Utopie, la terre de l'Âge d'Or.

Pour « Papa Vasco », seule Utopie pouvait sauver les Indiens du désespoir. Les « hospices » ou communautés utopiques fondées par Vasco de Quiroga à Santa Fe et au Michoacán appliquaient à la lettre les enseignements de l'Utopie de More : propriété communale, journée de travail de six heures, prohibition du luxe, magistratures familiales et électives, et distribution équitable des fruits du travail.

Quiroga fonda ces communautés en 1536. La même année, Thomas More fut décapité en Angleterre sur ordre d'Henry VIII. Comme le dit Eugenio Imaz dans son magnifique essai sur le sujet, *Topie et Utopie*, More est un authentique martyr de la philosophie, témoin de la raison face à la raison d'État, de l'*utopie* face à la *topie* : le pendant de Socrate. Peut-être savait-il aussi — ajoute le philosophe espagnol — à quel point « tournait mal la grande chance de l'Amérique, telle que la voyait l'utopique Quiroga ».

La grande chance de l'Amérique !

Entre 1492 et 1640, la population indigène du Mexique et des Antilles tombe de vingt-cinq millions à un million et celle de l'Amérique du Sud de trois millions et demi à un demi-million. Le bon sauvage est asservi par la mine, le travail forcé et le grand domaine. L'âge d'or était devenu l'âge de fer. L'utopie avait vécu. Et cependant, le problème de l'utopie persiste. Pourquoi ?

Mircea Eliade parle du substrat mythique de la littérature et de l'histoire pour nous dire qu'à l'évidence l'homme ne peut échapper au temps, parce que jamais il n'y eut et jamais il n'y aura un temps sans temps. La fonction du mythe est de proclamer que le temps existe et qu'il doit être dominé si nous voulons récupérer le temps originel. Mais pourquoi sommes-nous voués à désirer cette reconquête du temps originel ? Parce que notre mémoire nous dit qu'alors nous étions heureux : nous vivions à l'âge d'or.

L'art a parcouru une longue route en quête de la terre bienheureuse de l'origine, de l'île de Nausicaa chez Homère à la visite ironique de Luis Buñuel dans une île peuplée de squelettes et d'excréments dans son film *L'Âge d'Or*, en passant par les arcadies insouciantes d'Hésiode, l'âge de la vérité et de la foi chez Ovide, le printemps chrétien de Dante, l'âge des ruisseaux de lait chez le Tasse, et, finalement, son dénouement amer dans le poème de John Donne : « Les lois dorées de la nature sont enfreintes... » et son souvenir désenchanté chez Cervantès : « Heureux temps et heureux siècles que les Anciens ont qualifiés d'âge d'or, non pas parce que l'or, qu'on estime tellement à notre époque de fer, pouvait y être acquis sans fatigue aucune, mais parce qu'en ce temps-là, ceux qui y vivaient ignoraient les deux mots de tien et de mien. En ce saint âge, tout était à tous ; personne n'avait d'autre obligation pour obtenir sa subsistance ordinaire que de lever la main et de la cueillir sur les robustes chênes qui prodiguaient leurs fruits suaves et mûrs à point. Les claires fontaines et les rivières coulaient en une opulente abondance, offrant leurs eaux délicieuses et fraîches... Alors tout n'était que paix, amitié et concorde. »

L'évocation de Cervantès est celle de l'évêque Quiroga : et toutes deux, à leur tour, renvoient à celle d'Ovide dans les *Métamorphoses* :

« Au début fut l'Âge d'Or, quand les hommes, de leur propre volonté, sans crainte du châtiment, sans lois, œuvraient de bonne foi et en toute justice [...] La terre [...] produisait toutes choses spontanément [...] C'était la saison du printemps éternel. [...] Les fleuves charriaient laits et nectars. [...] Mais alors apparut l'âge de fer et avec elle toutes sortes de crimes ; la modestie, la vérité et la loyauté se sont enfuies, remplacées par la trahison et le traquenard, la fourberie, la violence et la cupidité criminelle. »

Tous parlent d'un temps, non d'un lieu, *U-Topos* signifie : *un tel lieu n'est pas*. Mais la recherche d'Utopie se présente toujours comme la recherche d'un lieu et non d'un temps : l'idée même d'Utopie en Amérique semble marquée par l'appétit d'espace qui est propre à la Renaissance.

Le monde nouveau devient ainsi une contradiction vivante : L'Amérique est le lieu où vous pouvez trouver le lieu qui n'est pas. L'Amérique est la promesse utopique du Nouvel Âge d'Or, l'espace réservé au renouvellement de l'histoire européenne. Mais comment un espace peut-il tenir dans le lieu qui n'est pas ?

Le monde indigène, le monde du mythe, répond à cette question avant même d'être conquis. L'utopie ne peut s'inscrire que dans le temps. Le lieu qui n'est pas ne peut avoir un territoire. Il ne peut offrir que l'histoire et la culture, qui sont les manières de conjuguer le temps. Origine des dieux et de l'homme ; temps révolus, temps nouveaux ; augures ; réponses du temps à une nature menaçante, à un cataclysme naturel imminent.

Thomas More décrit l'ironie de cette vérité lorsqu'il expédie son voyageur utopique, Raphaël Hythlodée, à nouveau vers Europe. Mais lui même ne serait pas revenu, nous dit More, et le lecteur non plus : « Si vous aviez été en Utopie avec moi et si vous aviez vu ses lois et ses gouvernements, comme moi qui y ai vécu cinq ans, époque si heureuse que jamais je n'y aurais renoncé si ce n'avait été pour faire découvrir un tel monde nouveau aux Européens... »

Dans son roman *Le partage des eaux* l'écrivain cubain Alejo Carpentier conçoit sa fiction comme un voyage dans l'espace, en amont de l'Orénoque, vers les sources du fleuve, mais aussi comme un voyage dans le temps. La dynamique du roman est une conquête de l'espace mais aussi une reconquête du temps. Le voyageur de Carpentier, à la différence de celui de More, passe des villes modernes aux fleuves de la conquête puis aux forêts vierges antérieures à la Découverte, enfin à « la nuit des temps » où « tous les temps se rejoignent dans le même espace ».

Voyageant à rebours, vers « les rythmes de la Genèse », le narrateur de Carpentier s'arrête au bord de l'intemporalité et c'est là qu'il trouve l'utopie : un *temps* où *tous les temps* coexistent, comme Borges avait trouvé *L'Aleph*, l'*espace* où *tous les espaces* coexistent. Son narrateur, tel celui de Thomas More, a résidé en Utopie et il a vécu son temps parfait, un éternel instant, un âge d'or qu'il n'est nul besoin de mémoriser ou de prévoir.

Tant More que Carpentier voudraient rester en Utopie. Mais tous deux succombent à la rationalisation de leurs cultures modernes : ils doivent revenir et parler d'Utopie afin, selon More, de « faire découvrir un tel monde nouveau aux Européens » ; afin, selon Carpentier, plus de quatre siècles après, de faire connaître l'existence d'Utopie à « un jeune homme quelque part », qui « attendait peut-être mon message pour trouver en lui même, en découvrant ma voix, le chemin libérateur ».

Car si l'utopie est le *souvenir* du temps heureux et le désir de le retrouver, elle est aussi le *désir* du temps heureux et la volonté de construire.

« Ne pas revenir » est le verbe de l'utopie de l'âge d'or originel.

« Revenir » est le verbe de l'utopie de la cité nouvelle où régnera la justice.

Les narrateurs, celui de Thomas More et celui d'Alejo Carpentier, sont divisés par cette double utopie : ils balancent entre retrouver le bonheur perdu et le garder, ou alors revenir, raconter, réformer, libérer. Le personnage du *Partage des eaux* commet à la fin « l'irréparable erreur... ».

Jean Bodin, l'auteur des *Six livres de la République* qui fondent la théorie et la pratique de la monarchie centralisatrice française, offre une variante typiquement hexagonale du thème de l'utopie dans le Nouveau Monde.

Il écrit en 1566 pour contester, tout simplement, que l'utopie puisse se trouver parmi des peuples « primitifs » ou que ceux-ci soient en mesure de régénérer l'Europe corrompue. Il se pourrait bien que les nobles sauvages vécussent eux aussi « dans un âge de fer » et non dans un âge d'or. D'après Bodin, ce que le Nouveau Monde avait à offrir était une vaste géographie, non une histoire heureuse : un futur, pas un passé.

Avant que cette prophétie originale de l'Amérique-comme-futur ne tourne à l'optimisme excessif, Bodin nous a remis les pieds sur terre en faisant l'éloge, simple mais élégant, de la réalité : le Nouveau Monde est extraordinaire pour l'élémentaire raison qu'il existe.

L'Amérique est, et le monde, enfin, est complet.

L'Amérique n'est pas Utopie, le lieu qui n'est pas. Elle est Topie, le lieu qui est. Ce n'est pas un lieu merveilleux, mais c'est le seul que nous ayons.

Un tel réalisme, malgré tout, ne parvient pas à dissiper le rêve du nouveau monde, l'imagination de l'Amérique. Car si la réalité c'est l'Amérique, l'Amérique a d'abord été un rêve, un désir, une invention, une nécessité. La « découverte » prouve simplement qu'on ne trouve jamais que ce que l'on a d'abord désiré.

Irving Leonard affirme que les conquérants arrivèrent au Nouveau Monde armés de ce que le chercheur nord-américain appelle « les livres des braves », les épopées de chevalerie qui enseignaient les normes de la vaillance et de l'honneur. A qui ? Sûrement pas aux aristocrates espagnols qui en étaient pétris, mais aux acteurs de l'épopée espagnole en Amérique : hommes issus d'une classe moyenne montante, bacheliers baroudeurs comme Hernán Cortés, nouveaux chrétiens ayant des liens douteux avec la cour, comme Gonzalo Fernández de Oviedo, (alias) *Valdés* ; membres de la petite noblesse andalouse, comme Alvar Núñez Cabeza de Vaca ; mais aussi plébéiens illettrés comme les frères Pizarre, et quidams comme Diego de Almagro dont le chroniqueur Pedro de Cieza de León nous dit que sa naissance était si obscure et son lignage si récent qu'il commençait et finissait avec lui ; corsaires comme Hernando de Soto, qui fit fortune avec le butin de l'Inca assassiné, Atahualpa, et la perdit ensuite dans son expédition vers la Floride ; ou vieux routiers, comme Pedro de Mendoza, le fondateur de Buenos Aires, qui finança sa propre entreprise dans le Río de la Plata avec le butin du sac de Rome par Charles Quint :

A la conquête des païens
avec l'argent des Romains.

Des riches comme Alfonso de Lugo, le gouverneur des Canaries, et des débiteurs en fuite comme Nicuesa. Venus dans leur majorité d'Andalousie et d'Estrémadure, ils fondaient les scintillements d'utopie et de topie, de la gloire et de la richesse, dans la chimère de l'Eldorado.

Fils d'un échevin, lecteur d'*Amadis de Gaule* et autres « livres de braves », Bernal Díaz del Castillo est le prototype de l'homme neuf qui se risque à faire le voyage des Indes poussé par deux desseins : l'intérêt et le rêve, l'effort individuel et l'entreprise collective : l'épopée et l'utopie. C'est notre premier romancier.

L'épopée hésitante de Bernal Díaz del Castillo

I

Bernal Díaz del Castillo naquit à Medina del Campo, Valladolid, en 1495 — trois ans après le premier voyage de Colomb dans le Nouveau Monde ; il arriva en Amérique en 1514 et se joignit en 1519 à l'expédition mexicaine d'Hernán Cortés. Après la conquête, il se fixa au Guatemala où il écrivit son *Histoire véridique de la conquête de la Nouvelle-Espagne*. Conçue comme une réplique à l'histoire d'Antonio López de Gómara, publiée en 1552, Bernal n'a terminé la sienne qu'en 1568, à l'âge de soixante-treize ans, et il fit parvenir en Espagne un brouillon qui fut utilisé, finalement, pour la première édition de 1632. Auparavant, en 1584, Bernal était mort au Guatemala, à l'âge de quatre-vingt-neuf ans, sans avoir vu la publication de son œuvre. La version complète du livre n'a paru qu'en 1904, au Guatemala.

Mais en 1519, lorsqu'il débarque au Mexique avec Cortés, Bernal, le jeune soldat, n'a pas plus de vingt-quatre ans. Il a un pied en Europe et l'autre en Amérique et il comble le vide dramatique entre les deux mondes d'une manière littéraire et spécifiquement moderne. Il fait, en effet, ce que Marcel Proust avait fait en rappelant le passé. Sauf qu'à la place des madeleines trempées dans le thé, les ressorts de sa mémoire sont les noms des guerriers, le nombre de leurs chevaux, la liste des combats :

« Je veux noter ici pour mémoire tous les chevaux et juments qui passèrent... »

« ... je dis que je ferai ce récit [...] et qui furent les capitaines et les soldats qui avons conquis et peuplé... ».

« Vint un certain Martín López ; ce fut un très bon soldat... »

« Et vint un certain Ojeda [...] et il perdit un œil dans l'affaire de Mexico... »

« Et vint un certain de la Serna [...] il avait au visage une balafre qu'on lui avait faite à la guerre ; je ne me rappelle plus ce qu'il advint de lui. »

« Et vint un certain Morón, grand musicien... »

« Et vinrent deux frères qui devaient s'appeler Carmonas, originaires de Jérez ; ils moururent de leur belle mort. »

Ce monde a disparu au moment où Bernal le décrit.

Il cherche le temps perdu : c'est notre premier romancier. Et le temps perdu est, comme chez Proust, un temps qu'on ne peut retrouver que dans un instant délivré de l'ordre du temps : délivré par le mot dans la page. De surcroît, Bernal, comme Proust, a *déjà* vécu ce qu'il va raconter, mais il doit donner l'impression que *ce qu'il raconte* se produit au moment même de l'écriture : la vie fut vécue, le livre doit être découvert.

C'est une nouvelle manière de vivre : de re-vivre, bien sûr, mais aussi de vivre pour la première fois l'expérience rappelée comme expérience écrite. D'où l'extraordinaire et perpétuelle fraîcheur de l'œuvre.

Bernal n'est pas le poète épique de faits révolus, comme dirait Ortega à propos de l'épopée, mais le romancier de faits à découvrir : un passé qui se change en présent dans le livre.

A mesure qu'avance le récit, la volonté épique chancelle. Et une épopée chancelante n'est pas une épopée : c'est un roman. Et un roman est une œuvre contradictoire et ambiguë, annonciatrice du fait qu'en vérité nous ne savons pas qui nous sommes, d'où nous venons ou quelle est notre place dans le monde. C'est la messagère de la liberté au prix de l'insécurité.

C'est, sans nul doute, une réflexion sur le prix que nous devons payer pour obtenir le progrès matériel. Ce prix est la perte de nos prémisses traditionnelles, morales et philosophiques. C'est le prix de Prométhée. Don Quichotte sera le plus parfait exemple espagnol de ce drame de la modernité, mais Bernal Díaz le préfigure dans son épique chancelante. Il y a un défaut dans la cuirasse de ce guerrier chrétien en lutte contre les païens aztèques ; il laisse voir l'éclat d'un cœur blessé, tristement épris de ses ennemis.

Telle est la source secrète de la littérature hispano-américaine conçue comme une réponse permanente à l'énigme du monde historique. Bernal Díaz écrit une mystérieuse lamentation sur les chances perdues des hommes et de l'histoire : une épopée angoissée, un roman essentiel.

Bernal dépeint avec une admiration, et même avec amour, la noblesse et la beauté de bien des aspects du monde indien. Ses descriptions du grand marché de Tlatelolco, du palais de l'empereur et de la rencontre entre Cortés et Moctezuma comptent parmi les pages les plus émouvantes de la littérature. Et le portrait de Moctezuma est sans égal dans l'art de considérer généreusement son ennemi.

Mais l'épopée de Bernal déborde d'échos lointains de tambours et de mort, de torches et de sacrifices : sang et fumée, une tonalité dominante de menace, de désastre imminent, et la peur que la vaillante compagnie de moins de cinq cents soldats, sa retraite coupée par la décision de saborder les navires, risque à tout instant d'être facilement écrasée par la puissance supérieure des armées aztèques.

Quand, au terme de cette épopée, la capitale des Aztèques tombe en 1521, et que ses habitants pleurent la mort du guerrier, le sang de l'enfant, le viol de la femme et la fin de l'empire, le conquérant se joint à ses victimes dans une grande élégie : le requiem pour tout ce qui, selon Bernal Díaz, est *abattu, balayé et perdu pour toujours*. Bernal chante l'épopée de la conquête — mais ensuite il entonne l'élégie et nous ne savons pas si ce qu'il pleure, c'est le triomphe ou la défaite : ou si, peut-être, les deux ne font qu'un.

En toute hypothèse, il est peu banal que le chroniqueur épique du Moyen Âge et de la Renaissance aime ce qu'il est obligé de détruire. En fait, note Simone Weil dans son essai sur *L'Iliade*, cette attitude ne s'est pas retrouvée depuis le chant homérique. Bernal en est proche. Il rédige une page glorieuse de l'histoire incarnée par un groupe d'hommes, braves et endurcis, en parfait accord avec leurs consciences individuelles et leurs desseins (et moyens) politiques.

Ces hommes sont là pour gagner gloire et profit personnels mais aussi, avec moins d'élan, pour accomplir les volontés de la Providence, sauver les païens et élargir les possessions de la couronne espagnole. Ainsi, les principaux motifs qui lancent les hommes d'Espagne vers le monde nouveau sont présents dans la conquête du Mexique : l'ambition individualiste militante, l'armée des croisés, l'Église militante et la couronne militante.

Une telle coïncidence entre ce qui est raconté et la conscience qui préside à la narration est propre au thème épique. Mais Bernal, en écrivant la première épopée européenne du Nouveau Monde, introduit une nouveauté générale, peut-être parce qu'il décrit la nouveauté elle-même — la Découverte — tandis que l'épopée, comme notent aussi bien le philosophe espagnol Ortega y Gasset que le critique russe Mikhaïl Bakhtine, s'occupe du déjà vu.

II

Je m'arrête un moment sur le problème générique de la *Véritable chronique de la conquête de la Nouvelle-Espagne*, parce que je crois que toute grande œuvre littéraire — et celle de Bernal en est une — n'est pas seulement un dialogue avec le monde mais aussi avec elle-même. Il y a des œuvres qui naissent en chantant leur propre gestation, se contemplant et s'interpellant elles-mêmes. Cervantès fonde le roman moderne parce qu'il met en question tous les genres, il les concentre dans l'aventure quichottesque et (selon les mots de Claudio Guillén) il organise le dialogue entre les genres — pastorale, chevalerie, picaresque, prison d'amour, roman byzantin —, engendrant l'immense dynamique du roman fondateur de la modernité européenne. Sterne et Diderot, Stendhal et Flaubert, Balzac et Dostoïevski, James Joyce, Virginia Woolf et Hermann Broch : tous redéfinissent leur propre genre pour nous dire : le roman est le genre des genres, le territoire le plus vaste de la littérature, le plus dynamique, le palais inachevé du mot : une construction sans fin.

Pour Ortega, roman et épique sont « exactement l'opposé ». Le domaine de l'épique c'est le passé « en tant que passé ». On y parle « d'un monde qui fut et s'acheva... le passé épique fuit tout présent » parce que son sujet est « le passé idéal, la parfaite antiquité ». Le poète épique ne parle que de ce qui est révolu : de ce que son auditoire sait déjà : « Homère ne prétend raconter rien de nouveau. Ce qu'il sait, le public le sait déjà, et Homère sait qu'il le sait. »

Le roman, par contre, est l'entreprise littéraire qui se fonde sur la nouveauté, comme l'indique Bakhtine. L'épopée, nous dit le grand critique russe, repose sur une cosmovision unique et unifiée, « obligatoire et indubitablement certaine » pour les héros, les auteurs et l'auditoire. Comme Ortega, Bakhtine considère que l'épique traite les catégories et les implications d'un monde global, révolu et compris (ou compréhensible) à partir de ses propres prémisses.

Si l'épopée est complète, le roman est incomplet : « Il reflète les tendances d'un nouveau monde qui est encore en gestation », explique Bakhtine : c'est le monde dont l'unité épique a été « pulvérisée » par l'histoire.

Hegel, pour sa part, avait attribué une *autre* fonction à l'épique dans le discours littéraire : celle de pulvériser, précisément, le monde précédent, celui du mythe. Pour Hegel, l'épopée est l'*acte humain* qui perturbe la tranquillité de l'être et son intégrité mythique : une sorte de coup de griffe qui nous pousse hors du monde paternel, loin du foyer mythique, et qui nous envoie à la guerre de Troie et sur les pas d'Ulysse : l'épique est l'accident qui blesse l'essence mythique.

Quant à Simone Weil, elle attribue à l'épopée homérique l'opposé de ce qui la définit pour Ortega : *L'Iliade* est un mouvement inachevé dont le message moral vise à s'accomplir dans notre propre temps. Ce n'est pas un poème passé mais *à venir.*

Je crois que Bernal appartient davantage à cette épopée *en mouvement* que décrivent Hegel et Simone Weil qu'à l'épopée *révolue* qu'évoquent Ortega et Bakhtine, mais si nous acceptons les prémisses du philosophe espagnol et du critique soviétique, il est également certain que Bernal écrit un roman en fonction de sa nouveauté face à l'épique antérieure, qui est celle du roman de chevalerie. Il produit, pour ainsi dire, un *roman épique*, avec autant de mouvement et de nouveauté que l'*épopée* selon Hegel et Simone Weil, et autant de nouveauté et de dynamisme que le *roman* selon Bakhtine et Ortega.

Je choisis donc cette nouveauté romanesque dans l'épopée de Bernal pour décrire un livre qui est tout à la fois chronique, histoire vécue, biographie, autobiographie, mémoire, roman de chevalerie violemment transposé dans le réel, et chant narratif proclamant sa propre et novatrice gestation. A nouveau, comme Cervantès, mais avant Cervantès et une fois encore à partir de Cervantès, le dialogue générique occupe un espace dans le livre de Bernal.

III

Bernal, qui écrit très tard, en 1568, pour contester la biographie de Cortés rédigée par Gómara, en 1552, nie que la conquête ait été une épopée individuelle, mais bien plutôt une entreprise collective menée par la classe moyenne espagnole, populaire et émergente, à laquelle Bernal appartenait.

Bernal ne rabaisse pas Cortés, qu'il admire énormément. En revanche, il établit le droit du guerrier banal et ordinaire, du cavalier, de l'artilleur, du fantassin, face au culte de la personnalité du conquérant. C'est une épopée collective, non l'épopée de grands héros, de chevaliers et de monarques, mais celle d'hommes simples résolus à forger leur propre destin : les gens du peuple sont les acteurs de l'histoire, dit Bernal Díaz, trois siècles avant Michelet et sa retentissante théorie de l'*Histoire de la Révolution française* : la convocation des États Généraux de 1789 a appelé le peuple entier à exercer ses droits : à cet instant, l'histoire a commencé, dit Michelet, à être faite par tous : « Tous se réunissent pour élire [...] toutes les villes élurent [...] la campagne élut, et pas seulement les villes. »

« Tous voulurent la même chose », explique Michelet, et ainsi naquit la conception du peuple comme acteur de l'histoire : la Révolution française eut un protagoniste collectif, les figurants devenaient les étoiles : « Grande scène, scène étrange, prodigieuse ! Voir tout un peuple qui en un instant passait du néant à l'existence et qui, silencieux jusque là, gagnait d'un coup une voix. »

La grande chronique populaire de Bernal Díaz del Castillo est une prémonition de ces paroles. De plus, comme toute grande narration, elle transforme le *fait* en *événement* et ce faisant, elle va au-delà de ses propres intentions et nous parle de la rencontre de la geste populaire et des destins individuels : ceux de Cortés, Moctezuma et La Malinche.

En second lieu, cette chronique n'est pas relatée à mesure que les faits se déroulent mais *avec* le recul de presque cinquante ans et la perspective du grand âge. Bernal, résident au Guatemala, rompt son long silence dans le but de rendre justice aux soldats de la conquête. Il n'a aucune prétention littéraire : il écrit son livre pour ses enfants et ses petits-enfants et le leur laisse comme une sorte de testament.

Il n'a pas pu voir son œuvre imprimée. Mais au soir de sa vie, aveugle et sourd, il n'a « d'autre richesse à laisser à mes enfants et à mes descendants que cette véridique et remarquable relation » et il sent que là est sa « bonne fortune ».

Cette perspective donne au livre un ton d'étrange mélancolie. La nostalgie de la jeunesse et du temps perdu ; le souvenir attristé et vibrant des promesses du courage récompensé.

Sous le signe du roman épique — les références à Roland le Paladin, à Amadis de Gaule et aux romans de chevalerie, « les livres des braves » comme les a appelés Irving Leonard —, le livre de Bernal est écrit avec la complétude et l'harmonie morale propres au poème épique. Bernal intégrera tout en d'impressionnantes litanies : soldats, chevaux, batailles, le butin produit par la prise de la ville.

Mais en se rapprochant de stratégies narratives plus modernes, il se montrera novateur dans sa concision et son goût pour la tangente romanesque. Il nous dit dans un paragraphe qu'il ne perdra pas davantage de temps avec le thème des idoles ; il nous pressera de laisser de côté le thème du trésor ; il laissera l'interprète Melchor se perdre dans la nature, tout en lui souhaitant bien du malheur, afin de revenir le plus vite possible à « notre histoire ». La chronique minutieuse de l'épopée coexiste avec l'art de l'ellipse propre au roman.

L'adhésion de Bernal aux idéaux de la foi chrétienne n'est jamais défaillante, pas plus que sa fidélité à la couronne d'Espagne. Et pourtant, il est capable d'émettre certaines notes dissonantes, sinon hérétiques, du moins sèchement humoristiques.

Gómara avait dit que la bataille de la plaine de Tabasco avait été gagnée grâce à l'intervention physique des apôtres Jacques et Pierre. Mais Bernal écrit qu'étant pécheur, lui ne fut pas *digne* de voir ces saints.

Ce qu'il observe, ce sont les prouesses d'Hernán Cortés

et de sa clique. Son génie narratif consiste à user des pouvoirs de la mémoire ; à évoquer les faits tout en préservant leur fraîcheur.

La surprise et l'effroi sont les prémisses de son écriture : celle-ci abonde en merveilles dignes d'être contemplées, en lieux merveilleux, en merveilleuses visions : tout était si merveilleux, nous informe-t-il, qu'il ne saurait comment décrire ces « choses jamais ouïes, ni même rêvées, que nous voyions... ».

La mémoire sera le réceptacle de cette pluie de merveilles. Les événements semblent survenir à l'instant de la lecture parce que *la mémoire* est ce qui leur arrive : Bernal nous avertit ainsi qu'il transcrit de mémoire les noms des soldats, mais que plus tard, en temps et en lieu appropriés, il écrira les noms de tous ceux qui prirent part à l'expédition de Cortés, dans la mesure où le chroniqueur pourra les reconstituer.

La mémoire de Bernal, je l'ai dit, est la mémoire moderne du romancier et elle plonge dans divers *affects* narratifs inséparables du roman au moment de sa gestation.

Le premier est l'amour de la *caractérisation*. Bernal nous fait savoir qu'il se réfère à un certain et simple Rojas, fils d'un villageois, et non pas à Rojas le fortuné ; ou bien à Juan de Nájera, mais non au sourd du même nom qui jouait à la pelote à Mexico. Il s'agit bien d'individus concrets, non de guerriers allégoriques : ils ne peuvent ni ne doivent être confondus avec d'*autres* individus ou des êtres génériques. Ceci dit, les figures de Bernal, parfois, sont aussi excentriques dans leur caractérisation que certaines ombres de Shakespeare ou de Melville : par exemple Cervantès le fou, le bateleur qui précède et annonce le défilé de soldats et d'administrateurs ; ou Juan Milán, l'astrologue et devin de l'expédition.

Le second affect est le goût du détail, tout particulièrement le détail qui désacralise les figures épiques. Cortés perd une sandale à Champotón et débarque dans la boue, un pied déchaussé, pour livrer sa première grande bataille au Mexique. Moctezuma et Cortés jouent aux dés pour tuer le temps, et l'empereur accuse Pedro de Alvarado de tricher au jeu.

Le troisième est l'*amour du potin* sans lequel, sans doute, il n'y aurait pas de roman moderne ni même de récit épique : de la séquestration d'Hélène de Troie à la séquestration d'Albertine dans le *XVIe arrondissement*, d'Homère à Proust, Defoe, Dickens ou Stendhal, tous sont, en ce sens, « potiniers ». Bernal aussi. Il nous raconte que Cortés vient de se marier avec une femme nommée la Marcaida : « [...] et à ce que j'ai compris, et d'autres que moi le disaient, il l'épousa par amour, mais cette histoire de mariage plutôt expéditif vient d'autres personnes qui en furent témoins, et c'est pourquoi je n'insisterai pas... ».

Il suffit à Bernal de semer la graine de la médisance avec autant de subtilité qu'Henry James et de s'abstraire d'un « sujet aussi délicat » après nous avoir appris que, si pour certains ce fut un mariage d'amour, pour d'autres, proches observateurs, il y aurait eu beaucoup à dire sur ce point.

Chez Bernal, la littérature épique va à la rencontre de l'histoire, de la psychologie et de la sociologie. L'auteur se *souvient*, mais il y a une constante qui a survécu à la mémoire elle-même, et c'est la tradition hispano-américaine de l'hidalgo comme type social et politique. Bernal Díaz est un maître du portrait littéraire. Il nous laisse une extraordinaire peinture de Cortés à Cuba, au moment où il vient de recevoir sa nomination de général : « Il commença à orner et à accoutrer sa personne bien davantage qu'auparavant, et il mit son panache de plumes avec sa médaille et une chaîne en or, et un habit de velours parsemé de faveurs d'or... » Mais ce « brave et énergique capitaine » n'est pas assez fortuné « pour faire face à ces dépenses dont, comme je l'ai dit, il n'avait pas les moyens, car à cette époque il était pauvre et endetté puisque [...] tout son argent passait aux soins de sa personne et aux toilettes de son épouse... ».

Luxe, diversion, prodigalité : le magnifique gaspillage des clans patrimoniaux de l'Amérique espagnole va de la dette de l'Invincible Armada à la dette du Fonds monétaire international. Ces ambitions seigneuriales, passées et récentes, sont déjà décrites par Bernal à travers les figures de Cortés et des conquérants.

Mais, dans le cas de Cortés, il n'y a là que les signes extérieurs d'un profond *amour de la théâtralité et de l'intrigue*, qui deviennent des particularités essentielles dans la poursuite de ses buts politiques : par exemple, Cortés impressionne les envoyés de Moctezuma par l'artifice, presque cinématographique, de faire galoper les chevaux sur la plage à marée basse.

Le conquérant adore la duplicité et utilise même des doubles. Le sien est l'Indien Quintalbor, dit « l'autre Cortés ». Mais il y a aussi un vieux Basque, couturé et aveugle, nommé Heredia : il est plus laid que les idoles et il est envoyé pour effrayer les idoles elles-mêmes. L'imagination de la conquête — choc de deux mondes — commence à se dessiner dans le spectre du double. Et le double appelle à la rencontre avec son contraire : le syncrétisme initial sera une marque de la culture indo-afro-ibéro-américaine.

Cortés séduit ses ennemis potentiels. Il s'arrange pour que les chevaux sentent les juments en rut et se cabrent et que les canons crachent le feu à certaines heures, tout ceci comme une mise en scène destinée à stupéfier et à honorer les émissaires indiens. Mais aussi il écoute, il s'informe, il entend les doléances, il se saisit des collecteurs d'impôts, il libère les peuples du tribut de Moctezuma et s'emploie à faire connaître ces nouvelles : la politique machiavélienne de Cortés transforme le roman de Bernal, qui est déjà en lui-même l'avatar de l'épopée de Bernal, en *histoire politique* de Bernal : une histoire, en fin de compte, de colonisation, d'impérialisme, de génocide et de cupidité. Depuis le moment où les Espagnols reçoivent à Cempoala leurs cent premiers *tamemes* ou porteurs indiens jusqu'au moment où les premiers Indiens sont asservis et mis aux fers, la violence envahit le lieu de l'enchantement, puis l'espace de l'émerveillement est ravagé par la cupidité, la corruption et le fantôme de l'autoritarisme bureaucratique.

La description des démêlés à propos de l'or de Moctezuma est une vilaine histoire de tromperie, de suspicion et de spoliation ; les fantassins ne verront pas un sou du butin. La précocité des manigances politiques ourdies par la bureaucratie espagnole est effarante : avant même la chute de Mexico, les principaux postes administratifs ont été octroyés par anticipation et déjà les avocats, les secrétaires, les notaires, toutes l'épaisse et sombre nuée des forces patrimonialistes tourbillonne et complote par-delà le sang et la fumée de Tenochtitlán. Mais dans le livre de Bernal Díaz del Castillo, la mémoire se replie sur elle-même comme sur un sein maternel, et de là elle redit l'image mélancolique des prouesses épiques « que nous accomplîmes en ce temps-là » : la destruction des navires, la décision de marcher sans crainte sur Mexico, l'audace de la capture de Moctezuma : dans le monde entier, quels autres soldats, au nombre de quatre cents à peine, auraient osé ? Telle est la question, voilée d'angoisse, de Bernal.

A présent qu'il est vieux, nous dit-il, son esprit revient souvent sur les actes héroïques de cette époque. Et il lui semble les avoir sous les yeux.

Cette acceptation mélancolique du passé, ce retour à la mémoire à l'aube même du *meilleur des mondes* qui se projette puissamment vers le futur fondent le droit de Bernal à figurer dans notre propre modernité latino-américaine. Nous aussi, nous devrons nous souvenir clairement, ou nous n'aurons pas de futur. Nous aussi, hommes et femmes modernes, devons affronter l'éventualité si admirablement évoquée par Bernal : vivre émerveillés des grands acquis d'une civilisation et, tout aussitôt, être les témoins de leur destruction de nos propres mains.

Comme Bernal Díaz, nous contemplons le jardin, *un lieu merveilleux, une merveille à regarder*, et comme lui, nous pensons qu'on ne trouvera sur la terre entière aucun lieu comparable à celui-ci. Mais aujourd'hui tout ce que nous avons vécu autrefois est désagrégé et anéanti, et plus rien n'est debout.

IV

Les Espagnols entrent dans une ville de Mexico rembrunie par le présage. *Ce Acatl* — l'année du Roseau —, 1519, était l'époque promise pour le retour de Quetzalcóatl, ce dieu bon qui incarnait à la fois la création et la chute dans la cosmographie indigène.

Source de l'agriculture — il a apporté le maïs —, de l'artisanat, de l'architecture et de l'enseignement moral, Quetzalcóatl, le Serpent Emplumé, vivait isolé dans son palais de la cité impériale de Tula.

Sa grandeur excita l'envie des dieux mineurs du panthéon indigène.

Comment provoquer la chute de Quetzalcóatl ?

Un démon nocturne, Tezcatlipoca, dont le nom signifie

« le Miroir de Fumée », dit alors : « Apportons un présent à Quetzalcóatl. »

Sous la houlette de ce sombre Puck, les démons visitèrent Quetzalcóatl et lui remirent un présent, enveloppé dans du coton.

« Qu'est-ce ? » se demanda le dieu en le défaisant.

C'était un miroir.

Le dieu se vit reflété pour la première fois et il découvrit qu'il avait un visage.

Il ne le savait pas. Se sachant divin, il pensait ne pas avoir de visage.

Se découvrant un visage humain, il craignit d'avoir aussi un destin humain et non divin. Il jeta, horrifié, le miroir.

Les démons de Tezcatlipoca s'enfuirent en vociférant. Quetzalcóatl succomba la même nuit aux tentations humaines : il s'enivra, commit l'inceste avec sa sœur, Quetzaltépatl, et le jour suivant, plein de honte, il s'enfuit vers l'orient, par la mer, sur une barque de serpents, promettant de revenir voir si les hommes — ses créatures — avaient entretenu ou négligé la terre, car la terre n'a été donnée que provisoirement aux hommes, pour qu'ils en prennent soin. Nous sommes venus pour rêver, chante le poète aztèque, la vie est éphémère, elle est plus brève que la fleur d'un jardin, vivons en paix.

Il promit de revenir cette année-là : 1519, *Ce Acatl.*

Son apparence — le visage qui l'effraya — était déjà un présage : blond, barbu, les yeux clairs.

Les prodiges pleuvaient sur Tenochtitlán : dès avant l'arrivée de Cortés, la ville était cernée par l'augure.

Pendant de longues heures, les comètes parcouraient les cieux.

Les eaux de la lagune de Mexico se soulevaient en vagues immenses qui abattaient tours et demeures.

Une femme étrange errait à minuit dans les rues,

clamant la mort des enfants et la fin du monde : la Pleureuse.

Même les alliés les plus proches de l'empereur Moctezuma, tel le roi de Texcoco, observaient le firmament nuit après nuit, et ils surent que les prophéties allaient s'accomplir.

Le roi abandonna son trône, dispersa ses armées et conseilla à son peuple de jouir du peu de temps qui restait.

Et les rêveurs, comme à leur habitude, rêvèrent l'Apocalypse.

Quetzalcóatl apparaissait dans bien des songes et il disait aux rêveurs : le temps de mon retour approche. Si Moctezuma me reçoit en paix, ce sera l'abondance. S'il me reçoit en guerre, tous mourront de faim.

Moctezuma réunit les rêveurs en son palais. Il leur fit d'abord répéter leurs songes ; aussitôt, il les fit mettre à mort. Moctezuma croyait qu'en tuant le rêveur, il ferait mourir le rêve. Mais il ne ferait pas mourir, par contre, la prophétie du retour de Quetzalcóatl.

Cortés arriva au Mexique — blanc, blond, barbu — comme un prophète aimé. Les Indiens ne pouvaient affronter le canon et la poudre ni, au début, la monstruosité mythologique d'un centaure à six pattes.

Dans tout ceci, la stupeur est double :

Il y a celle des Espagnols découvrant l'horreur et la magie des royaumes indigènes.

Et celle du monde indigène accueillant ce qu'il n'avait jamais vu auparavant, mais qu'il devait accepter comme élément de l'accomplissement d'une prophétie.

Mais Cortés ne savait pas qu'il était un prophète et il ne voulait pas non plus en être *un*.

Il voulait être *un prince*.

C'étaient les Aztèques qui voulaient voir en lui un dieu, le *Teúl*.

Rarement s'est produit le choc de deux temps aussi différents dans l'histoire.

Cortés, l'homme de la Renaissance européenne, utilise avec un talent supérieur l'amalgame de courage, d'audace et d'habileté que Machiavel nomme *virtú* :

Ce prince du Nouveau Monde intrigue, écoute, et écoute surtout les doléances humaines — trop humaines — des peuples opprimés par Moctezuma.

Le capitaine espagnol noue avec ces peuples une alliance invincible contre le despote théocratique. La conquête du Mexique fut autre chose que la stupéfiante réussite d'une bande de moins de cinq cents soldats européens, comme la dépeint Bernal Díaz.

Ce fut la victoire des *autres Indiens* sur le souverain aztèque.

Ce fut la victoire du monde indigène *sur lui-même*, car le résultat de la conquête a signifié pour la majorité génocide et esclavage.

Mais, en fin de compte, la conquête a signifié la défaite du conquérant.

Un incident raconté, non par Bernal, mais au père Sahagún peu après la conquête, valide l'allusion de Bernal au monde des doubles qui, par extension, est une référence à un thème constant de la culture indo-afro-ibéro-américaine : le syncrétisme masqué.

Moctezuma redoute la rencontre avec Cortés mais il désire mettre à l'épreuve le Teúl. Le monarque indien envoie un double de sa royale personne interrompre la marche des Espagnols de la côte au plateau et persuader Cortés, en lui offrant des objets précieux, de regagner son divin séjour à l'Orient.

L'offre de l'or ne fait qu'augmenter l'appétit de Cortés.

Mais ce qui le divertit franchement, c'est la conduite du double. Le faux Moctezuma est une caricature du vrai : il manifeste le doute, l'orgueil et la peur, mais aucune *noblesse*. Cortés voit à travers cet acteur transparent. Cortés a déjà imaginé un Moctezuma qui n'a rien de cette pâle imitation. Il morigène le double et châtie les Aztèques pour avoir cru que lui, Cortés, peut se laisser tromper aussi facilement.

Le conquérant poursuit sa marche ver le trône de Moctezuma.

L'incident achève de convaincre l'empereur que Cortés est réellement un dieu : il perçoit la supercherie.

Mais Cortés, qui est, en fin de compte, un homme qui réalise ce que ses ancêtres avaient seulement pu rêver (un jeune Espagnol de classe moyenne se hissant jusqu'à revendiquer son pouvoir dans ce monde) démasque tout travestissement imaginable car le travestissement est un destin de comédie et l'habileté suprême, le pouvoir souverain d'Hernán Cortés consiste à définir *son propre* destin, sans travestissement.

Cortés incarne les hommes qui connaissent leur destin. Il est fils de commerçants. Lui même est avocat. Voyons Hernán Cortés non seulement comme un guerrier, mais comme un marchand et un homme de loi.

Il rend verbalement hommage à la Providence, mais son vrai rapport au religieux est celui que Machiavel lui-même évoque, non sans émotion : « Dieu ne saurait tout faire, car cela nous déposséderait de notre libre arbitre et de la parcelle de gloire qui n'appartient qu'à nous. »

Sur ce point, il ne peut y avoir de compromis pour Cortés.

Il doit être fidèle à la parcelle de gloire qui n'appartient qu'à lui.

Il ne peut se poser en Dieu, car il sacrifierait son humanité.

Il ne peut être un instrument de la fatalité divine, car il cesserait d'être un héros de la volonté humaine, un acteur de l'histoire humaine, un fils du destin humain.

Moctezuma n'a plus qu'un recours : la sorcellerie.

Il ordonne à ses sorciers officiels d'arrêter Cortés avec un fil noir tendu sur le chemin du conquérant.

Quand la troupe espagnole franchit le fragile obstacle de la magie, Moctezuma donne l'ordre d'exécuter ses sorciers.

A quoi servent les mages s'ils ne peuvent faire de miracles ?

Alors l'empereur s'avance sur la chaussée de Tenochtitlán pour recevoir Cortés, acceptant l'accomplissement de la prophétie sacrée avec ces mots : « Nous t'avons attendu. Tu es chez toi. A présent repose-toi. »

Moctezuma a imposé à Cortés le masque du dieu qui avait promis de revenir, Quetzalcóatl.

Mais, ce faisant, l'empereur aztèque a perdu le masque qu'il a lui-même usurpé, et qui était le masque défini par son titre impérial : le *Tlatoani*, le seigneur à la grande voix, le maître de la parole.

Les augures avaient prédit l'arrivée de Cortés, et celle-ci s'est produite en parfaite synchronisation avec un calendrier qui régissait au suprême degré les vies et les destins du monde aztèque.

Moctezuma savait que l'univers était né de la catastrophe et aboutirait à la catastrophe

Mais le cataclysme final serait l'œuvre des dieux, comme cela avait été promis dans toutes les eschatologies du monde indigène.

Moctezuma accepterait son destin de la main des dieux, mais non de la main de simples mortels.

Il refusa un destin historique pour sa personne parce qu'il voulut élever l'histoire elle-même jusqu'au destin sans visage des dieux : l'Histoire comme Sacralité.

Les Espagnols devaient être des dieux pour que Moctezuma puisse rester l'empereur masqué.

Le peuple mexicain sut admettre, à la fin, qu'il combattait contre des hommes et non contre des dieux, comme le montrent la résistance finale du jeune empereur Cuauhtémoc et la vaillance et l'intensité de l'ultime combat des Aztèques contre les Européens, finalement perçus comme des envahisseurs étrangers.

Ce fut cette affirmation finale, à l'instant de l'agonie, qui en dernière instance sauva les grandes valeurs de la culture indigène : son sens de la mort, du mythe, de la mémoire, de l'art et du désir : son rappel constant, dans une sculpture, un poème, un jouet, une danse, un songe, de ce que l'Occident avait oublié.

Les Indiens sont devenus les gardiens de notre humanité oubliée.

V

Que l'humanité est belle ! s'exclame Shakespeare dans son grand drame poétique, *La tempête*. Son exclamation est celle de l'humanisme triomphant, inséparable de la vision de l'Amérique : « Le meilleur des mondes, où vivent les meilleurs des hommes ! »

La vision de l'humanisme se superpose à la vision du mythe indigène, mais toutes deux, à la fin, sont terrassées par la nécessité épique de la politique impériale militante.

Il y a une rumeur sardonique dans le livre de Bernal : la rumeur du monde indigène que le chroniqueur espagnol découvre avec stupeur mais qu'il ne comprend pas pleinement, un monde qu'il aime mais aussi qu'il doit détruire. Implicitement, l'*Histoire de la conquête de la Nouvelle-Espagne* dessine les grands thèmes du « meilleur des mondes » que le chroniqueur ignore — c'est son paradoxe —, grâce à une sorte de sympathie poétique et un étonnement qui fait lever sur le monde nouveau l'imagination du vieux monde.

Ces thèmes sont ceux de la solitude de la nature face à la création ; la joie et la douleur de la création ; le sens de l'histoire comme catastrophe, l'origine catastrophique comme antécédent de la naissance de quelque chose de nouveau ; la fin comme nouveau début et la terreur et la destruction de la guerre coexistant avec la naissance d'une nouvelle société, une nouvelle composition raciale, une nation en germe, née de la catastrophe.

A travers les pages de Bernal Díaz s'esquissent divers visages. Ceux des dieux en fuite. Ceux des conquérants ressemblant à l'ancienne description des dieux. Ceux des peuples eux-mêmes, transhumants, à la recherche de leur résidence finale.

Les Aztèques, tribu migrante, n'arrivèrent sur le haut plateau mexicain qu'en 1325, pour s'y fixer et y étendre leur domination. Mais les civilisations antérieures méprisèrent les nouveaux venus, les appelant « le peuple sans visage ». Le pouvoir des Aztèques, le peuple sans visage, culmine en la personne d'un empereur masqué mais maître de la Grande Voix : le Tlatoani, Moctezuma, le Seigneur de la Grande Voix.

Une seule voix pouvait se faire entendre, dans le monde aztèque, entre les lèvres du masque.

Rends-nous notre visage ! clame le peuple.

Rends-nous notre voix !

C'est la grande clameur qu'on entend, encore aujourd'hui, au cœur du Mexique, confondant les visages et les voix de l'histoire et de la littérature.

Ce que Bernal nous dit depuis le XVIe siècle c'est que nous ne retrouverons notre visage et nos mots que si d'abord nous retrouvons notre temps.

Temps perdu : comme les visages, comme les jardins, comme les voix, les temps peuvent se perdre et se retrouver. Bernal Díaz, écrivant cinq décades après les événements, nous offre une aventure de la durée, une résurrection du royaume perdu. Mais ce n'est pas seulement le regard rétrospectif qui permet de comprendre la tristesse et la futilité inhérentes à toute gloire humaine. Bernal possède une vision plus profonde, que nous attribuons généralement aux plus grandes fictions narratives. Son livre résonne de prédictions de péril et de débâcle, mais aucune n'est aussi forte que la prédiction de péril et de débâcle que nous portons dans nos propres cœurs.

Cette sagesse se projette sur les deux protagonistes de cette histoire, l'empereur indien et le conquérant espagnol. Hernán Cortés est le grand personnage machiavélique de la découverte et de la conquête du Nouveau Monde.

Machiavel, évidemment, ne put figurer parmi les lectures de Cortés avant 1519. *Le Prince*, écrit en 1513, fut publié en édition posthume, en 1532. Mais Cortés est la meilleure preuve que le machiavélisme, la figure du prince qui conquiert son propre pouvoir, était dans l'air du temps, représentait une réalité essentielle de l'affirmation politique de l'humanisme ; il ne s'incarnait pas seulement dans les figures que Machiavel invoque dans le Vieux Monde — César Borgia, Ferdinand le Catholique — mais il allait s'incarner, avec une exactitude encore plus frappante, dans les figures des conquérants du Nouveau Monde.

Machiavel est le frère des conquérants. En effet, qu'est *Le Prince* si ce n'est un éloge de la volonté et une condamnation de la providence, un manuel pour l'homme nouveau de la Renaissance qui se prépare à être le nouvel homme d'État, délivré d'obligations excessives envers la fortune incertaine, le droit héréditaire ou la qualité de la naissance ? Le prince gagne son royaume terrestre par le droit de conquête. Le royaume de ce monde, selon le titre d'un des grands romans d'Alejo Carpentier, est le royaume de ce qui est : la négation de l'Utopie qui, par définition, n'a pas de lieu : *U-Topos*.

Fidèle à son destin machiavélique, Hernán Cortés vit cette profonde ironie : toute sa vertu, la vaillance de son bras et l'étendue de sa volonté ne suffisent pas à maîtriser sa fortune, son destin, son sort. Sur ce point, il ressemble, au fond, à sa victime, Moctezuma.

Moctezuma est dominé par le destin : le peuple l'assassine, en le lapidant, en juin 1521.

Cortés maîtrise sa volonté. Il se conquiert lui-même, conquiert les Aztèques, mais à la fin, il est conquis par la couronne d'Espagne. Il est vainqueur de Moctezuma mais il est vaincu par Charles Quint, qui n'est pas disposé à tolérer l'existence, dans le Nouveau Monde, des féodalités, des sphères de pouvoir privé ou des velléités démocratiques qu'il vient d'éliminer dans le Vieux Monde pour consolider le pouvoir absolutiste.

La relecture de Bernal Díaz nous permet, peut-être, de saisir un contrat fondateur aussi dramatique que positif : l'épopée de la conquête a été une défaite partagée. Si on comprend bien cela, peut-être pourrons-nous un jour transformer cette défaite en une victoire également partagée.

L'épopée de la conquête est le drame d'un homme qui avait tout — Moctezuma —, vaincu par un homme qui n'avait rien — Cortés.

Mais qu'a gagné, en fin de compte, le conquérant ?

Son destin ressemble-t-il à celui de sa victime ? Existe-t-il une empathie entre les sorts des deux hommes ?

Une fois achevée la phase militaire de la conquête, Cortés a été nommé gouverneur, puis entouré d'une nuée de bureaucrates intrigants envoyés par la Couronne ; finalement jugé pour des crimes plus ou moins imaginaires, pardonné mais considéré, à présent, comme inutile, comblé de titres mais non de pouvoirs et réduit à écrire des lettres pathétiques au roi, sollicitant des fonds pour payer les gens de sa maison et ses tailleurs. La fortune du marquis del Valle ne se consolide à la fin qu'en proportion de l'infortune politique. Cortés sera riche, mais pas puissant.

Deux dates se rejoignent ici :

La chute de Tenochtitlán, la capitale aztèque, en 1521, et l'échec, la même année, de la révolution des communautés de Castille, battues par Charles Quint à Villalar.

Cette coïncidence nous permet de nous demander si, en croyant avoir triomphé dans le Nouveau Monde, le conquérant ne vient pas d'être défait dans le Vieux Monde : sa classe sociale a été battue, ses valeurs bourgeoises seront soumises à l'orthodoxie contre-réformiste.

Le conquérant voulait être le prince du Nouveau Monde parce qu'il n'avait pas pu l'être dans le Vieux Monde.

La Couronne et l'Église ont écrasé tant le vainqueur que le vaincu.

L'autocratie verticale de Moctezuma a été remplacée par l'autocratie verticale de la maison d'Autriche.

La tension du livre de Bernal est la tension propre aux romans où le destin individuel croise le destin historique.

Mais il y a une autre tension dans la chronique de Bernal, entre la promesse utopique du Nouveau Monde et la destruction de l'Utopie par les exigences militaires et politiques de l'épique.

Bernal nous livre une épopée éprise de son utopie, de son âge d'or, de son paradis perdu, de son jardin dévasté par les fers et les bottes de cette même épique.

Un énorme vide hispano-américain s'ouvre alors entre la promesse utopique et la réalité épique.

Mais le vide fait horreur et exige d'être comblé, et de bien des manières, comme le fut le vide hispano-américain : par le renouvellement de la promesse utopique, par une violence accrue, parfois épique, parfois criminelle et impunie, ou par le syncrétisme religieux et l'art baroque, dispositions psychiques et esthétiques qui comblent des vides et qui s'inscrivent dans ce que Lezama Lima appelle la contre-conquête de l'Amérique : une absorption de la culture européenne et africaine et un maintien de la culture autochtone qui, en se rejoignant, créent la culture hispano-américaine.

VI

Bernal, au premier chef, remplit une double fonction : se rappeler et nommer :

Nom, mémoire et voix : comment t'appelles-tu, qui furent ton père et ta mère, quels sont tes mots, comment parles-tu, qui parle pour toi, de quoi te souviens-tu : toutes ces questions, si actuelles sur le continent hispano-américain, sont déjà formulées chez Bernal et seront les questions de Rubén Darío et de Pablo Neruda, d'Alejo Carpentier et de Gabriel García Márquez.

Ce sont les questions qui s'adressent au nom, à la voix et au souvenir d'une utopie américaine dévastée par une épopée pourtant chancelante. Peut-on penser que le résultat de cette ambiguïté soit la *tragédie* que Max Scheler a décrite comme un conflit de valeurs condamnées à s'exterminer mutuellement ?

Je ne le crois pas. Je me range plutôt à l'avis de María Zambrano, le grand écrivain espagnol, lorsqu'elle observe : « Le conflit tragique n'en serait pas un [...] s'il consistait seulement en une destruction ; si de la destruction ne se dégageait quelque chose qui la transcende, qui la rachète. Et s'il en était autrement, la tragédie ne serait rien de plus que le récit d'une catastrophe. »

Les philosophies du progrès linéaire vers la félicité assurée ont dépouillé l'Occident de la perspective tragique. Nietzsche déplore la mort de la tragédie parce que, sans elle, nous ne comprenons plus que les actes du héros tragique, même s'ils sont source de destruction, créent *également* une aire de conséquences supérieures qui nous permettent de fonder un nouveau monde sur les ruines du vieux monde.

Il en va ainsi parce que le conflit tragique ne se déroule pas entre deux vertus — le bien et le mal — mais entre deux valeurs également importantes : la cité et la famille — Antigone —, l'individu et Dieu — Prométhée — et deux cultures — celle du mythe indigène et celle de l'utopie européenne.

La tragédie du monde moderne a été l'absence de tragédie. L'espace de ce vide a été occupé par le crime : Auschwitz, le Goulag, le Vietnam, pour notre siècle.

Le mélodrame du bien et du mal, dans le nouveau monde, a consisté à nier une des parties, en la chargeant de tous les maux, pour mieux exalter l'autre, parée de toutes les vertus. Cette opération manichéenne, faite au nom de l'Utopie, nous a condamnés à être les destinataires d'une félicité impossible. Car comme cette félicité a tardé à venir, différée par l'absence d'une tension et d'une rénovation tragiques maintenues, souvent la charge utopique nous a condamnés au désespoir. Pourquoi ne sommes-nous pas heureux ?

La relecture de Bernal Díaz nous suggère à l'avance l'idée de Nietzsche, mais elle lui donne un débouché novateur, celui qu'exprime pour notre temps María Zambrano.

Le héros tragique, a écrit Nietzsche, subit, annonce et restaure les valeurs de la communauté.

Ainsi que Bernal en a eu l'intuition pour notre époque, l'auteur narratif ne possède pas les armes pour fermer le cercle tragique, mais il dispose de celles qui sont nécessaires pour laisser ouvertes la faculté poétique et la faculté historique des êtres humains.

Un peuple, a dit Michelet, a droit de rêver son futur.

Je dirais qu'il a également droit à rêver son passé.

Nous sommes tous dans l'histoire parce que le temps des hommes et des femmes n'est pas encore terminé.

Le futur de l'humanité n'est vivant que s'il est inachevé et capable de recevoir les œuvres du temps.

Mais notre passé, lui aussi, est inachevé et il exige constamment que nous l'imaginions à nouveau pour qu'il reste vivant.

L'art nous révèle la nouveauté du passé.

Le roman a occupé la place de la tragédie pour avertir l'épopée comme l'utopie que toutes deux sont insuffisantes si elles ne s'affrontent pas à une histoire ouverte inachevée, où se reflètent les tendances d'un monde nouveau qui est encore en gestation.

Pour nous autres, Espagnols et Hispano-Américains, c'est le monde à bâtir qui doit nous unir.

Nous sommes ce que nous sommes. Nous ne pouvons nier ni les grandeurs ni les servitudes de nos passés : ni la gloire ni la mort.

Mais nous ne continuerons à *être* dans le futur que si

nous l'affrontons unis, avec tout le poids de notre histoire, mais avec toutes ses promesses aussi, car c'est un espoir que de partager la lyrique indigène, la prose de Cervantès, la nuit mystique de saint Jean et le rêve baroque de Sor Juana, les cathédrales de Quito et de Burgos, la Coatlicue et la Dame d'Elche, les grottes d'Altamira et les fresques de Bonampak, Picasso et Tamayo, Neruda et Lorca, le *son* antillais et le *cante jondo*, le *corrido* mexicain et le *romancero* andalou.

Il y a un monde après le cinquième centenaire, un monde de crises et de défis démesurés dans tous les domaines — politique, économique, technologique, culturel — et si ce monde nous trouve désunis, il nous vaincra au nom de ce qui *n'est pas nous*.

Pour être, nous devons être ensemble : Espagnols et Hispano-Américains.

Mais nous ne compterons aux yeux du monde que si d'abord nous comptons à nos propres yeux.

C'est pourquoi je me suis tourné aujourd'hui vers celui qui nous a racontés le premier : Bernal Díaz del Castillo, en nous demandant : que nous rappelons-nous, qu'avons-nous oublié, de quoi sommes-nous responsables ?

Car pour agir ensemble, nous ne devons pas oublier, mais nous ne devons pas non plus nous pétrifier dans la culpabilité, mais au contraire changer la mémoire en responsabilité partagée : la mémoire et le désir dépassent la controverse politique, ils font partie de la dynamique de la culture : l'artiste tente de nous donner une version plus complète de la réalité.

Partager la mémoire de Bernal Díaz c'est partager l'imagination de la création américaine, avec tout son fardeau : courage, rêve, désillusion, volonté et fatalité, sens des limites, ambitions frustrées, cosmogonies vaincues, mais aussi, s'élevant au-dessus des ruines, le profil d'une nouvelle civilisation.

Rómulo Gallegos : la nature impersonnelle

I

Dans *L'Aleph*, Borges reproduit les espaces du monde, pour les réduire à un seul qui les contienne tous ; dans *Le jardin aux sentiers qui bifurquent*, il multiplie les temps du monde, mais en fin de compte il ne peut les enfermer que dans la Bibliothèque de Babel, une bibliothèque qui est infinie *si* elle se condense en un seul livre qui est la somme de tous les autres : Funes se souvient de tout mais Pierre Ménard doit réécrire un seul livre, Don Quichotte de la Manche, afin que nous autres, Hispano-Américains, nous comptions deux histoires universelles. C'est-à-dire : une histoire interne et une histoire externe.

Borges est un des auteurs de l'histoire interne. Rómulo Gallegos, celui d'une histoire externe qui, à la relire, nous donne l'impression de nous trouver devant un véritable répertoire des thèmes que beaucoup de nos narrateurs devront reprendre, peaufiner, amplifier et parfois, par bonheur et par malchance, gâcher.

Le thème central de Rómulo Gallegos est la violence historique et les réponses à cette violence *impunie* : civilisation ou barbarie. Réponse qui peut être individuelle mais qui se heurte aux réalités politiques de l'Amérique hispanique.

Ceci dit, l'armature primordiale des romans de Gallegos, c'est la nature ; une nature primordiale elle aussi, silencieuse avant tout, impersonnelle.

Je m'attacherai à un seul roman de Gallegos, *Canaima*, parce qu'il m'offre, en premier lieu, le meilleur exemple de cette conception de la nature antérieure à tout, hors du temps, sans espace, sans noms : « Immenses régions mystérieuses où l'homme n'a pas encore pénétré [1] », nous avertit Gallegos dans le premier chapitre, « la Guyane des aventuriers » ; une nature autonome, qui avance seule comme l'Orénoque : « Le grand fleuve avance seul. » Du début à la fin, malgré les apparences, malgré les regards différents, « les yeux accoutumés à l'observation méfiante face aux verts abîmes silencieux », la nature de *Canaima* maintiendra sa virginité impersonnelle ; elle sera toujours, désespérément, « l'hydre fascinante dont Marcos Vargas ne pourrait plus se délivrer. Monde abyssal où reposent les clés millénaires. Forêt inhumaine... cathédrale aux milliers de colonnes... Océan de centaines de lieues de forêt compacte sous l'aile du vent qui l'effleure sans y pénétrer... cimetières de villages disparus où maintenant croissent des bois déserts. »

La vie, si jamais elle exista ici, est à peine un souvenir : elle sera, si elle parvient à exister, à peine un souvenir le jour où elle disparaîtra fatalement. Bref, ce sera à jamais ce que Gallegos appelle « l'aube d'une civilisation morte ».

Le royaume de la nature américaine est pour l'auteur vénézuélien celui de la frustration, ou le portrait de l'histoire : « Immenses régions mystérieuses où l'homme

1. Les citations sont extraites de *Canaima*, trad. Paul Verdevoye, Paris, Club Bibliophile de France, 1960 *(N.d.T.)*.

n'a pas encore pénétré... Venezuela dont la découverte et la colonisation restent inachevées. »

Et malgré, ou peut-être à cause de cela, elle est « terre de promesse » : l'espace, le fleuve, la forêt engendrent un temps, même si ce n'est que le temps propre à la nature : « Un paysage inquiétant sur lequel règne encore la printanière épouvante de l'aurore du monde. »

II

La nature classique commence à s'humaniser quand Héraclite affirme que l'univers est sous tension et que cette tension est le résultat d'une conscience et d'une présence : l'homme est dans la nature, il en fait partie mais il ne se soumet pas à elle aveuglément. C'est pourquoi l'univers sait que sa continuité est son changement et son changement sa continuité ; comme dans le grand sonnet de Quevedo, « seul l'éphémère demeure et dure ».

Et c'est seulement à l'origine, sans doute, qu'apparaît cette peur à laquelle se réfère Hölderlin dans ses *Réflexions sur Œdipe* : la peur de cesser de ne faire qu'un avec la nature, l'obligation de se séparer d'elle pour être.

Dans une large mesure, la littérature de l'Occident est ce qu'elle est parce qu'elle se rappelle ou alors oublie cette peur originelle, cette *panique*. Heathcliff et Cathy s'en souviennent dans la passion des *Hauts de Hurlevent*, mais de Rousseau à Thomas Mann, l'Europe tente de domestiquer la nature — une domestication qui ressemble parfois à l'oubli ; Balzac, Stendhal, Flaubert écrivent une littérature d'intérieurs ou de jardins paysagés ; ceci dit, il arrive que dans la littérature européenne la nature soit une violente nostalgie — les poètes romantiques anglais — ou que parfois elle trouve un substitut radical et repoussant : le paysage industriel que les romanciers anglais, de Dickens à Arnold Bennett, sont les premiers à dessiner et les premiers, aussi, à réfuter : D.H. Lawrence, comme Van Gogh, émerge des profondeurs de la suie industrielle pour découvrir à nouveau le soleil dans les midis de Provence ou du plexus solaire/sexuel.

Cependant, il y avait un autre espace, éblouissant pour le promeneur solitaire de Rousseau ou pour ce grand malade des neiges et des monts de la civilisation qu'est Hans Castorp. Dans son magnifique essai, *Tolstoï ou Dostoïevski ?* , George Steiner observe que deux littératures nationales, celles de la Russie et des États-Unis, ont gardé ouverts, depuis le XIXe siècle, ces grands espaces oubliés par la culture eurocentriste. Ce sont, à coup sûr, ces vastes espace où Tocqueville, dans sa célèbre prophétie, a placé le siège des deux premiers États continentaux de l'avenir.

Deux immenses États sur deux immenses espaces. Mais la littérature ne vit jamais d'absolus ni de présupposés monistes ; elle cherche la dualité, la multiplicité, les reflets contradictoires. La tension romanesque russe et nord-américaine, au cours du siècle qui va de 1850 à 1950, réside dans la réciprocité contrastée qui unit l'espace immense des steppes de Tolstoï à l'espace minuscule de la mansarde obscure — jaune comme la fumée de l'été — de Raskolnikov ; les bois illimités de Tourgueniev s'étendent en contraste avec le recoin de la cage d'escalier où atterrissent — sans terre, dans un cadre purement artificiel — et se croisent le prince Muichkine et sa *némésis*, Rogojine. Les océans de Melville, eux aussi, trouvent leur contrepartie dans les cachots, les tombes et les parois murées d'Edgar Allan Poe avec sa légion de morts mal enterrés. Et les prairies de Fenimore Cooper ne peuvent physiquement tenir, sauf comme nostalgie, indicible, dans les salons bostoniens d'Henry James.

Les deux léviathans politiques de notre temps, conquérants de l'espace, craignent, malgré tout, l'espace. L'Union soviétique, héritière de la paranoïa tsariste, s'est construit une forteresse close, de l'Elbe au Pacifique, et de la Sibérie à l'Himalaya. Elle prétendait ainsi barrer la route à toutes les invasions : germaniques et suédoises à l'Occident, mongoles à l'Orient et musulmanes au Sud. L'ouverture actuelle de l'URSS de Gorbatchev est un paradoxe. Si la Russie s'est claquemurée pour être une grande puissance, aujourd'hui elle doit s'ouvrir si elle veut le rester. La *glasnost* n'est pas seulement mentale ; c'est une ouverture physique. Les voisins immédiats de l'URSS menacent plus que jamais la Russie, mais ce n'est pas une menace militaire ; c'est celle du développement économique, de la technologie, de la diversité culturelle, des libertés politiques, mais aussi des intolérances religieuses. L'URSS doit à présent rassembler ses forces à l'intérieur de ses frontières, dans le seul but de s'ouvrir à l'inévitable concurrence de l'extérieur, si elle veut rester au XXIe siècle une grande puissance.

Les États-Unis, guidés par leur « destin manifeste » au XIXe siècle, l'ont essentiellement concrétisé dans l'espace : étendre leur domination physique sur tout le continent américain, de l'Atlantique au Pacifique, tout en s'assurant qu'ils n'auraient que deux voisins, peu redoutables, le Canada et le Mexique. Ce destin manifeste dans l'espace s'est épuisé lorsque le continent, en Californie, a touché ses limites. Zone de tremblements et de glissements de terre, *slide area*, engloutissement du « rêve américain » dans la mer, la Californie a été le berceau d'une littérature limitrophe, où les États-Unis se voyaient eux-mêmes dans un simulacre d'espace parfaitement symbolisé par le décor de carton-pâte, le trompe-l'œil, le *back projection* des studios de cinéma hollywoodiens. La fabrique de rêves a enrichi une partie du rêve américain, celle qui est intimement associée à la conquête de l'espace. Mais une autre partie, insatisfaite, réclamait de voir aussi s'accomplir, à présent, un temps dominé par les États-Unis : le *siècle américain*, selon la formule d'Henry Luce.

A quoi prétendait ce temps ? A s'arroger le droit d'offrir aux civilisations moins bien dotées les valeurs démocratiques et les idéaux de progrès nord-américains, considérés comme universels, y compris la philosophie du marché capitaliste.

Que d'autres nations admirent ces valeurs et ces idéaux, mais ne souhaitent pas les adopter ; ou mieux encore, que les autres nations aient des valeurs et des idéaux propres, définis par leur histoire, nourris de leur culture et dotés d'une dynamique originale, est un fait qui plongeait parfois dans la perplexité et d'autres fois dans la colère les missionnaires politiques et culturels nord-américains. Du Mexique aux Caraïbes, du Vietnam comme, à nouveau, en Amérique centrale, les États-Unis ont tenté de prolonger l'illusion d'un espace épuisé à la faveur d'un temps qui, maintenant, s'épuise aussi. L'optimisme de cette expansion au delà de la Californie a poussé Ernest Hemingway à chercher en Afrique et en Espagne l'espace dramatique que son Illinois natal semblait lui refuser, et Scott Fitzgerald à tirer de la Côte d'Azur le plaisir civilisé que Gatsby, le nouveau riche, au sommet de la réussite nord-américaine, ne pouvait trouver parmi les riches, quelque peu plus anciens, de Long Island. Les assassins attendaient Hemingway au retour : c'étaient les démons intérieurs qu'aucun tourisme sanguinaire ne pouvait exorciser. La Californie attendait Fitzgerald pour le tuer comme Hemingway devait se tuer lui-même. Ambrose Bierce effectua de façon plus opportune et plus ironique le trajet de la Californie à la mort ; il sut la chercher et la trouver dans la révolution mexicaine : dans l'étreinte avec l'étranger, l'autre. « Être un *gringo* au Mexique ; ah, c'est de l'euthanasie », a écrit Bierce avant de traverser la frontière en 1913 et de rallier les forces de Pancho Villa. On n'a plus jamais rien su de lui. En Californie, l'euthanasie devait être remplacée par l'illusion (Hollywood), la comédie burlesque (Nathanael West), le fascisme maquillé (Dashiell Hammett), la violence au néon (Raymond Chandler) et, au niveau le plus lucide, par Joan Didion et sa vision douloureuse d'un pays au bout du rouleau qui se trompe lui-même et s'entête à croire que les autres ont envie ou besoin des oboles nord-américaines.

Cependant, pour rester une grande puissance au cours du siècle prochain, les États-Unis doivent reconnaître les temps, c'est-à-dire les cultures des autres et les respecter. Nul ne sollicite leur intervention ni leur abstention. Tous nous attendons d'eux une coopération, respectueuse, solidaire, débarrassée d'une arrogance qui a toujours été intolérable mais qui est aujourd'hui ridicule car elle ne repose que sur l'auto-duperie. « Le monde entier nous envie », s'est exclamé l'incorrigible Dan Quayle pendant la campagne présidentielle de 1988. Ce n'est pas vrai. Ni un Allemand, ni un Japonais, ni un Italien, ni un Espagnol n'envient les États-Unis : l'Europe incarne un progrès plus démocratiquement réparti et une meilleure qualité de vie sur tous les plans, que les États-Unis. L'Amérique ibérique, avec tous ses problèmes, a découvert qu'elle ne les résoudra qu'à partir de sa propre continuité culturelle, en intégrant sa tension spécifique entre l'histoire — le temps — et la nature — l'espace.

Deux grands écrivains occidentaux indiquent en des termes plus justes et plus dramatiques la position actuelle de la nature dans le roman. En Europe, Albert Camus est capable de regarder vers l'autre rive du *Mare Nostrum* et de savoir ce qu'est la nature pour l'Européen qui se redécouvre dans les yeux aveuglés par le soleil arabe dans *L'étranger* : en réalité, Meursault n'est pas l'étranger, c'est le fils prodigue. Mais peut-être William Faulkner est-il seul, paradoxalement, à renouer tous les fils épars de la nature occidentale sur sa terre excentrique et perdue du Sud nord-américain. Cette terre a pour nom Yoknapatawpha, ce qui veut dire, dans la langue des Indiens Chicsaws dépouillés, terre divisée, *yocana et petopha*. L'homme divise la terre, et qu'il le veuille ou non, il se divise lui-même. La restauration de la communauté — la terre perdue, les hommes vaincus par eux-mêmes plus que par l'histoire, car ils ont divisé leurs âmes comme ils ont divisé leurs terres — est le thème tragique de Faulkner, et sa recherche le mène à travers les méandres du temps et du souvenir à une actualisation verbale qui constitue le destin de l'homme : nous sommes ce que nous faisons, ce que nous disons, ce que nous nous rappelons et ce que nous projetons, *aujourd'hui, ici*. Ce destin reste tragique parce que la volonté ne suffit pas pour identifier la liberté ni pour empêcher de retomber, à nouveau, dans l'erreur.

La saga faulknérienne est le plus haut moment de la réflexion de l'Occident contemporain sur le destin de sa nature changée en espace historique et donc vaincue par le temps. C'est aussi la plus haute réflexion américaine sur le destin de l'espace dans le Nouveau Monde. Réaction d'un homme du Sud, qui sut littéralement concevoir la défaite face au monde du succès propre au Nord des États-Unis, l'œuvre de Faulkner nous ouvre, par la voie d'une sensibilité baroque commune à l'Amérique ibérique et au Sud des États-Unis, la possibilité d'une reconnaissance tragique qui nous fait défaut. Les raisons de cette carence sont multiples. Pour Nietzsche, depuis Socrate, le monde tragique est vaincu par le monde rationaliste. En toute hypothèse, la tragédie propose le dur combat des valeurs, non celui des vertus ; elle ne promet pas que le conflit puisse trouver une solution définitive ; elle offre simplement l'espoir que nos désastres, par catharsis et au fil du temps, se transforment en connaissance de soi et de la collectivité. Le christianisme exige plus de vertu que de valeur et promet le salut final. Le monde industriel et laïc a sécularisé la promesse chrétienne et lui a donné un nom : le progrès. L'Amérique espagnole et portugaise, à partir du XIXe siècle, croit dans le progrès ; mais déjà auparavant elle croyait dans l'Utopie. Nous avons été inventés par l'Europe pour accomplir la promesse utopique. Admettre la connaissance tragique revient à sacrifier la latence utopique de l'Amérique ibérique, confondue en fin de compte tant avec l'espérance chrétienne qu'avec le progrès moderne.

Faulkner, par la voie de l'exception radicale à la philosophie du progrès et du pragmatisme les plus triomphants du monde moderne — celle des États-Unis d'Amérique —, a abordé aux rives de la tragédie : la reconnaissance de la valeur de la défaite et la fraternité avec l'échec, qui est la règle, et non l'exception, de l'humain. Son expérience littéraire, si exemplaire soit-elle, ne peut toutefois se substituer à notre expérience ibéro-américaine ni au sentier que taillent nos haches aveugles pour sortir de la nature primaire, impersonnelle, décrite par Gallegos.

C'est pourquoi Gallegos est si important. Nous savons qu'il y a mieux et plus important, peut-être, que son œuvre, qui paraît rachitique, simpliste et sentimentale face à celle d'un Faulkner. Mais cette œuvre-là est irremplaçable, aussi irremplaçable que notre propre père. Si nous devons parvenir à la conscience tragique, qui est la liberté la plus assurée que les êtres humains soient capables de trouver et de maintenir, nous devrons le faire à travers notre père Gallegos et les misères qu'avec tant de *verecundia* latine

— avec tant de révérence paternelle — nous montre le romancier vénézuélien. Notre Père qui êtes Gallegos. C'est en passant par vous qu'on parvient au *Paradis*, contradictoire, érotique et mystique, païen et chrétien, de Lezama Lima : notre propre seuil tragique si éloigné de la nature impersonnelle de Gallegos, ces « immenses régions mystérieuses où l'homme n'a pas encore pénétré ».

III

Nous pouvons opposer et rapprocher le thème de la nature chez Gonzalo Fernández de Oviedo au XVIe siècle et chez Rómulo Gallegos au XXe siècle. C'est l'une de ces multiples rencontres directes entre les chroniques fondatrices et le roman contemporain dont je parlais. Oviedo, disais-je dans un chapitre précédent, selon l'interprétation de Gerbi dans *La querelle du Nouveau Monde*, est à la fois chrétien et homme de la Renaissance dans sa façon d'envisager la nature américaine. Chrétien parce qu'il se montre pessimiste face à l'histoire, homme de la Renaissance parce qu'il se montre optimiste face à la nature. Donc si le monde des hommes est absurde ou pécheur, la nature est la raison même de Dieu, et Oviedo peut exalter la grandeur des terres nouvelles parce que ce sont des terres sans histoire : c'est-à-dire, *des terres sans temps*, des utopies intemporelles.

Canaima est un roman qui nous montre, quatre siècles après Oviedo, comment fut humanisée cette nature qui avait fondé sa vitalité sur l'intemporalité, sur la contradiction de vouloir être pure Utopie de l'espace, chose matériellement et philologiquement impossible : Utopie est le lieu qui n'est pas, *U-Topos*. Mais c'est aussi le temps qui, *lui*, peut être. Le conflit est fécond lorsqu'il nous fait comprendre, heureusement, que nous ne pouvons nous créer qu'au rebours de nos illusions fondatrices.

Gallegos saisit immédiatement cela et nous parle dans son premier chapitre de la nature *différente* des regards qui se posent sur la nature. La nature est un point de vue et l'homme non seulement voit mais *se voit* différemment selon qu'il regarde uniquement ou d'une certaine manière la nature : Marcos Vargas, comme spectacle ; Gabriel Ureña, comme spectateur.

Quelle histoire Rómulo Gallegos nous raconte-t-il dans *Canaima* ? Comment s'humanise une nature qui est inhumaine de prime abord et qui finira par le redevenir : « la forêt les engloutit » ? Quel intermède terrible est celui des hommes et des femmes sur la terre, dans la nature ? Comment celle-ci acquiert-elle une histoire, ne serait-ce que par un intermédiaire, passant de l'espace au temps tout en finissant pas perdre le temps ? Le mythe, l'utopie et l'histoire contiennent les réponses, parfois sous-jacentes, parfois explicites, chargées de promesses littéraires aussi bien que littérales, pensons-nous, dans l'esprit de Gallegos.

Terre mythique, car l'auteur nous parle des « vieux mythes du monde qui renaissent en Amérique ». Terre utopique, car elle est « la terre promise ». Mais terre historique car l'Utopie ne s'est pas réalisée, et elle ne s'est pas réalisée parce qu'elle a été violée par le crime, par la violence impunie. D'où le caractère inachevé de l'histoire. D'où ce texte : *Canaima*.

La violence historique tranche à la moitié les pages du roman et s'installe, sanglante, au centre même du texte. Le cœur historique de *Canaima* est une date, une nuit où « les machettes rougirent le Vichada » : la nuit du crime de Cholo Parima, l'assassin du frère de Marcos Vargas, lorsque les eaux s'ensanglantèrent et que la violence humaine vint grossir le flot de la violence naturelle d'un fleuve que Gallegos nous décrit comme né du sacrifice : « Un immense territoire contribue à la grandeur de l'Orénoque. »

A ce niveau, Gallegos aborde la question classique de l'origine de la civilisation : comment répondre au défi de la nature, être avec elle mais différent d'elle ?

De la réponse que nous apporterons à cette question dépendra la place que nous assignerons aux êtres humains dans cette même nature sans laquelle aucun individu ni aucun groupe humain ne peuvent survivre. Quand l'homme, dans son arrogance, se dit lui-même « le maître de la Création », il donne un tour religieux à un fait historique : l'homme, maître de la nature. En son sein ? Hölderlin nous prévient qu'elle nous dévorera. A l'extérieur ? Freud nous prévient que nous nous sentirons exilés, expulsés, orphelins. A l'extérieur, mais décidés à nous réconcilier avec elle ? Adorno considère que cette entreprise est vaine. Nous avons trop abîmé la nature et ce faisant nous nous sommes trop abîmés nous-mêmes. Mais peut-être, si nous reconnaissons cette double offense, parviendrons-nous à un point de vue relatif face à la nature. Socialement, dit Adorno, nous ne pouvons cesser d'exploiter la nature. Intellectuellement, nous ne lui permettons pas de parler, nous refusons son point de vue parce que nous craignons qu'il n'annule le nôtre. L'abandon de la différence entre la nature et l'homme serait, tout comme l'abandon de la différence entre l'objet et le sujet, non une libération, mais une catastrophe. Il déboucherait sur un absolutisme destiné à imposer la réconciliation comme valeur suprême. Adorno voit clairement les périls d'un modèle de réconciliation imposée et se méfie des pulsions romantiques qui viseraient à récupérer l'unité. Il a raison : l'unité n'est pas l'être. Et être indifférencié n'est pas être un. Sans doute n'avons-nous d'autre voie que d'ériger en valeur la différence, l'hétérogénéité : ce que Max Weber appelle le polythéisme des valeurs.

Le roman ibéro-américain du XXe siècle, où la donnée naturelle est presque une constante, montre d'abord la nature dans sa démesure dévorante, comme s'écrie Rivera dans *La Voragine* : « La forêt les engloutit ». C'est-à-dire : voici la catastrophe redoutée par Hölderlin. Chez Lezama Lima, nous trouverons en revanche la création de la contre-nature, dont l'artifice autosuffisant, baroque, est semblable à celui de ce jardin métallique inventé par le personnage d'un moment théâtral de Goethe : à nouveau, il s'agit de prouver que nous sommes les maîtres de la Création. Nous pouvons *créer* une nature *artificielle*. Lezama, évidemment, concerte un mouvement baroque qui dépouille l'immobilité statuaire de sa perfection artificielle et la soumet d'abord au mouvement, puis à l'incarnation et la libère de la perfection immobile. Lezama, qui est notre grand romancier catholique, mais aussi un poète païen, néo-platonicien, place ainsi le problème du rapport homme/nature entre deux idéaux : l'approche de Dieu, qui est la non-nature, et l'abandon à l'homme, qui est la passion érotique, faisant partie de la nature, mais distincte d'elle, ni dévorée ni exilée. Julio Cortázar, enfin, dira mieux que personne qu'entre la nature qui dévore et l'histoire qui exile, nous n'avons d'autre réponse que l'art : particulièrement l'art du conteur.

Mais *Canaima* de Gallegos, face à cette question, présente une réponse simple : l'histoire d'un homme, Marcos Vargas, et sa lutte pour ne faire qu'un avec la nature sans être dévoré par elle.

Le thème de la nature chez Gallegos apparaît de façon très directe. *Canaima* est l'histoire d'un homme, Marcos Vargas, surpris entre la nature et lui-même tout d'abord ; et par la suite entre le désir de ne faire qu'un avec la nature et celui de ne pas se laisser dévorer. Gallegos concrétise vigoureusement le dilemme, mais il le simplifie tout en le dépassant. Il le simplifie en le réduisant à une dichotomie entre barbarie et civilisation, malignité ou bonté, vertu ou péché, dans la nature ou dans l'homme. Il le dépasse finalement en créant par le verbe un espace hermétique et auto-suffisant, en nous donnant à entendre le silence magnifique et terrifiant d'une nature suprêmement indifférente à l'homme, et en ne donnant par contre à Marcos Vargas qu'un texte, ce roman, incarnation fugitive et vivace du verbe possible, seul monde où Vargas puisse s'unir à la nature sans en être la proie : son livre, tout comme *L'étranger* est le livre de Meursault.

Mais pour en arriver là, Gallegos ne peut faire l'économie de tout le débat de notre modernité et de ses avatars progressistes. L'histoire est le premier vecteur de l'humanisation de la nature. D'abord, l'histoire fut utopie — espace — violée par la « violence impunie » qui changea l'âge d'or en âge de fer. Mais si la nature inhumaine a pu passer à l'âge d'or, à l'utopie des hommes, elle peut aussi passer de l'âge de fer à l'âge de la civilisation, l'âge des lois et du progrès. La barbarie — violence impunie, âge de fer — ne peut être vaincue que par l'autorité de la loi.

L'histoire de *Canaima* se déroule dans un monde barbare où règnent des tyranneaux : les Ardavín, appelés sur le mode pseudoépique « les tigres de Guarari », flanqués de leur bande de compères, d'officiers et de parents : Apolonis, le maigre Cúpira, Cholo Parima : l'armée caciquiste et patrimonialiste qui a usurpé les fonctions de la loi et de la politique en Amérique espagnole.

Les forces de la civilisation sont impuissantes à les vaincre. On y trouve les commerçants comme le frère de Marcos Vargas, les éleveurs convenables comme Manuel

Ladera, les jeunes intellectuels comme le télégraphiste Gabriel Ureña ; et Marcos Vargas lui-même, lorsqu'il vient à travailler avec Ladera. Nous sommes en présence de ce qu'au Mexique, Molina Enríquez, plein d'espoir, a appelé « les vastes classes moyennes », les tenants du bon côté dans l'alternative civilisation/barbarie. Ce sont les forces d'un nouvel âge d'or — la promesse d'une cité plus juste, plus civilisée — opposées à l'âge de fer — les réalités d'une cité injuste, barbare et ensanglantée.

IV

La barbarie : nous sommes dans l'univers des caciques, des chefs politiques ruraux, portraits en miniature des tyrans nationaux qui gouvernent au nom de la loi afin de mieux la violer et d'imposer leur caprice personnel dans une confusion permanente des sphères publique et privée.

Telle est bien la définition du patrimonialisme que Max Weber analyse dans *Économie et société* sous le titre de « Formes de domination traditionnelle » et qui constitue, en fait, la plus longue tradition dans le domaine du gouvernement et de l'exercice du pouvoir en Amérique espagnole et portugaise, selon l'interprétation des historiens nord-américains Richard Morse et Bradford Burns. Cette tradition s'est maintenue depuis l'époque des empires indigènes les plus organisés, pendant les trois siècles de la colonisation ibérique et républicaine, à travers toutes les formes de domination, celles des despotes éclairés comme le Dr Francia et Guzmán Blanco, celle des bourreaux technocratiques comme Pinochet et les juntes argentines, et également sous les formes institutionnelles et progressistes de l'autoritarisme modernisant dont l'exemple le plus achevé et le plus équilibré était jusqu'à une date récente le régime du PRI au Mexique ; sur le plan littéraire, on notera donc avec intérêt que Monsieur le Président d'Asturias et Tirano Banderas de Valle Inclán, le Premier Magistrat de Carpentier et le Patriarche de García Márquez, le Pedro Páramo de Rulfo et les Ardavín de Gallegos, le Suprême de Roa Bastos et le minuscule Don Mónico de Mariano Azuela sont tous fruits de notre sol.

Les cadres administratifs du pouvoir patrimonial, selon Weber, ne sont pas des fonctionnaires mais des serviteurs du chef qui ne se sentent aucune obligation objective vis-à-vis du poste qu'ils occupent si ce n'est une fidélité personnelle envers le chef ; ils n'obéissent pas à la légalité mais à la personne du chef dont les ordres, si fantaisistes et si arbitraires qu'ils soient, ont force de loi.

Au niveau du village, c'est Don Mónico lançant les Fédéraux contre Demetrio Macías, dans *Ceux d'en bas*, parce que ce paysan a refusé de se soumettre à la loi patrimoniale et a craché au visage du cacique.

Weber note que la bureaucratie patrimonialiste est formée de la famille du chef, de sa parenté, de ses favoris et de ses clients : les Ardavín, le chef Apolonio, le Sute Cúpira chez Gallegos ; chez Rulfo : Fulgor Sedano. Ils dévoient et occupent les postes réservés à la compétence professionnelle, à la hiérarchie rationnelle, aux normes objectives de la fonction publique, aux nominations et aux promotions ordonnées.

Entouré de clients, de parents et de favoris, le chef patrimonial entretient également une armée patrimoniale composée de mercenaires, d'officiers, de gardes du corps, d'hommes de main, de cavaliers.

Pour le chef et pour son groupe, la domination patrimoniale consiste à considérer tous les droits publics, économiques et politiques, comme des droits privés : c'est-à-dire comme des opportunités pouvant et devant être utilisées au bénéfice du chef et de son groupe de pouvoir.

Les conséquences économiques, selon Weber, reposent sur une accablante absence de rationalité. Comme il n'existe pas de cadre administratif normal, l'économie ne répond pas à des facteurs prévisibles. Les foucades du groupe dirigeant créent une marge excessive d'imprévu, porte ouverte à la corruption, au favoritisme et à la négociation des avantages.

Cette « forme traditionnelle de domination » affecte tous les niveaux de l'exercice du pouvoir en Amérique latine. Toutefois, la distance qui sépare chaque niveau de l'autre est immense et la fonction que le cacique se réserve est celle du « pouvoir modérateur » qui joue entre les lointains pouvoirs nationaux et les êtres trop proches de l'interprétation caciquiste du pouvoir.

La « monarchie indienne » de l'Espagne en Amérique avait pour caractéristique une distance à la fois physique et politique entre la métropole et la colonie et, à l'intérieur de la colonie, entre ses diverses instances. La Nouvelle-Angleterre s'est bâtie à partir de l'auto-gouvernement local et n'a jamais cessé de le pratiquer ; d'où le passage presque naturel au système républicain au XVIIIe siècle. La « monarchie indienne », au contraire, s'est bâtie sur une rivalité persistante entre le lointain pouvoir de la Couronne et le pouvoir seigneurial tout proche. Madrid ne voulut jamais reconnaître les privilèges seigneuriaux revendiqués par les nouvelles « aristocraties » des Nouvelles Espagnes, parce qu'elles allaient à contre-courant de la restauration centraliste, autoritaire et œcuménique des Habsbourg dans la vieille Espagne. Des assemblées, des communes et des cours américaines, Charles Quint, dès le départ, dit avec mépris : « Leur profit est mince, leur dommage est grand. »

Distance entre le pouvoir royal centraliste et le pouvoir

seigneurial local ; mais aussi énorme distance entre la république des créoles et la république des Indiens, pour ne rien dire de la république exclue et captive : celle des esclaves indiens et noirs. Depuis l'ère coloniale, l'Amérique espagnole vit écartelée entre une autorité centrale de droit et de multiples autorités locales de fait que la première réfrène. Le résultat devait être la déformation des deux, le rétrécissement de l'autorité lointaine et l'hypertrophie de l'autorité proche modelée sur la précédente. « Le cacique fait la loi là où celle du centre ne parvient pas », me dit sans réplique un célèbre politicien mexicain la seule fois où je le vis.

L'ordre caciquiste reproduit le système impérial de délégations et de vacances d'autorité à l'échelon régional ou local. José Francisco Ardavín commet les crimes : mais c'est sur ordre de son frère Miguel, qui se réserve le rôle paternel de protecteur de ses propres victimes et apaise ainsi leur colère. Le cacique insaisissable, qui se confond avec la nature, l'horizon, la plaine vénézuélienne, est « un homme qui se perd de vue ».

Gallegos s'insurge contre cette calamité des caciques politiques en qui il voit « la plaie de ce pays », ceux qui veulent accaparer toutes les activités productives. Le Nicaragua a été le domaine privé de Somoza, et Saint-Domingue celui de Trujillo. La chaîne du pouvoir repose sur une chaîne de corruption : Apolonio, tout petit chef, vole impunément une jument au fermier Manuelote ; les Ardavín, chefs plus importants, la volent à Apolonio. Motus et bouche cousue. La parole expire. L'injustice et la barbarie triomphent : « A leur passage les voyageurs voyaient apparaître aux portes des petites femmes jaunes aux chairs flasques, des enfants nus au ventre difforme et aux jambes squelettiques couvertes de pustules où s'ébattaient des mouches ; et des vieillards parcheminés, nus sous des tabliers crasseux en toile. Êtres abrutis et malades sur le visage desquels s'était fixée une expression d'angoisse. La Guyane de la faim à côté de la Guyane de l'or. »

La barbarie et l'injustice sont générales et s'érigent en système : « Les comptes furent réglés. Les péons riches seulement de dettes baissèrent la tête en silence et passèrent leurs mains dans leurs cheveux pleins de poux. Ceux qui avaient été plus travailleurs et plus sages, ou plus chanceux, touchèrent leur dû qu'ils gaspillèrent à faire la fête. Finalement, tous réintégrèrent leurs ranchs en haussant les épaules et en se disant que l'année prochaine ils extrairaient plus de gomme, gagneraient plus d'argent et ne recommenceraient pas à le dépenser. Mais tous, d'une manière ou d'une autre, étaient prisonniers de la chaîne de l'avance, dont l'exploiteur tenait l'extrémité. »

L'injustice et la barbarie sont également individuelles. Le patrimonialisme est une expression sociologique élégante pour désigner le caprice et le caprice peut donner la mort, une mort aussi gratuite et absurde que celle de Don Manuel Ladera aux mains de Cholo Parima, qui entraîne une suite de morts, œil pour œil, dent pour dent, jusqu'à ce simple coup de poing sur une table par lequel Marcos Vargas, vengeur de toutes ces morts, boucle la chaîne et fait mourir de peur le cacique José Francisco Ardavín, le renvoyant à sa véritable condition : il n'était que poussière, mais personne ne l'avait encore touché. Le cacique meurt dans la confrontation spéculaire avec sa propre personne.

Mais *Canaima*, décalogue de la barbarie, veut être aussi le texte de la civilisation, le répertoire des réponses de l'histoire civilisée, inséparable pour Gallegos du processus de personnalisation en cours, du recul de l'anonymat de l'homme dans la nature.

V

Civilisation : Nom et Voix ; Mémoire et Désir. Pour Gallegos, le premier pas vers la fin de l'anonymat consiste à baptiser la nature elle-même, à la nommer. L'auteur remplit là une fonction première qui prolonge celle des découvreurs et annonce celle des narrateurs conscients du pouvoir créateur des noms. Avec la même hâte, avec le même pouvoir qu'un Colomb, un Vespucci ou un Oviedo, voici Gallegos à l'œuvre du baptême : « Amanadoma, Yavita, Pimichin, le Casiquiare, l'Atabapo, le Guainía !... Ces gens ne décrivaient pas les contrées traversées et ne révélaient pas le profond mystère qu'ils avaient pénétré. Ils se bornaient à citer les lieux où s'étaient déroulés les épisodes qu'ils rapportaient. Mais leurs paroles suggéraient tout le charme fascinant de la forêt. »

La première chose que Marcos Vargas découvre chez les Indiens de la forêt, dans le chapitre suivant, c'est que pour rien au monde ils ne prononcent leur nom car « ces gens-là croient livrer un peu de leur personne quand ils confessent leur nom véritable. »

Comme une sorte d'écho symétrique, ce sera aussi la dernière chose que nous apprendrons de Marcos Vargas : il a perdu son nom en pénétrant dans le monde mythique, le monde des Indiens.

La réponse minimale à la barbarie est la nomination. Le protocole, la courtoisie, le respect des formes ont ce même propos d'exorciser la violence, comme le montre la rencontre de Manuel Ladera et de Marcos Vargas :

« — J'ai eu le bonheur de connaître votre père...

— Eh bien, maintenant, vous connaissez le fils...

— J'ai aussi connu doña Herminia, votre sainte Mère.

— Sainte, c'est peu dire, don Manuel. Mais en donnant ce qualificatif à ma mère, vous m'avez touché.

— J'aime vous entendre parler ainsi. Un bon fils est déjà à moitié mon ami, même si je ne sais rien d'autre de lui...

— Pourtant, j'ignore si j'ai le droit de me considérer comme un bon fils, car ma mère a fait des sacrifices pour mon éducation et elle n'a pas obtenu le résultat espéré...

— Permettez-moi d'être votre ami, Marcos Vargas...

— Celui qui s'appuie sur un bon arbre... »

Toutes ces circonlocutions n'ont d'autre but que d'éloigner l'usage de la violence, d'exorciser le caprice, d'opter pour la civilisation et d'en tirer le meilleur fruit : le salut idéologique par la fidélité aux idées des Lumières, c'est-à-dire à la philosophie du progrès. C'est le point faible de Rómulo Gallegos ; il joue le rôle d'un d'Alembert des savanes et distribue des conseils éclairés sur la façon d'atteindre le bonheur par le progrès, comme dans ce discours d'Ureña à Marcos Vargas : « Lis un peu, cultive-toi, civilise cette force sauvage qu'il y a en toi, étudie les problèmes de ce pays et prends l'attitude appropriée. Quand la vie donne des qualités — et, je te le répète, tu les as — elle donne aussi des responsabilités. »

Jusque-là, Gallegos reprend l'idéal éclairé du XVIIIe siècle ; mais aussitôt, dans la même déclaration du même personnage, le discours prend un tour ibéro-américain surprenant : « Ce peuple espère tout d'un homme — du Mâle, comme on dit maintenant — et toi, pourquoi pas ?, tu peux être ce messie. »

Ce mélange singulier de la philosophie capitaliste du *self-made-man* et de la philosophie autoritaire de l'homme providentiel révèle une connaissance de la *psyché* de Marcos Vargas qui échappe au progressiste pur, Don Manuel Ladera, qui fait l'éloge du capital et du travail tout en condamnant l'illusion de l'or et du caoutchouc ainsi que le système d'asservissement dont se nourrit cette illusion :

« Le péon n'a pas la vie belle. Voyez vous-même ce qu'il trouve dans la forêt... De plus, sa dette en fait un esclave. Il ne peut plus échapper à l'entrepreneur ni compter sur les représentants de l'autorité... Et cet esclavage, il le transmet souvent à ses enfants, avec sa dette. »

Marcos Vargas n'est pas d'accord. Sa réponse est celle de l'*hidalgo*, celle du fils de Pizarre le conquérant et non celle du fils de Rousseau le philosophe. « Du point de vue pratique Ladera pouvait avoir raison. La vie du chercheur d'or et du récolteur de caoutchouc n'en constituait pas moins une aventure passionnante avec ses risques à courir, ses craintes à surmonter, et ces allées et venues d'argent par lesquelles l'homme défiait le destin. Il fallait avoir un rude tempérament ! »

Gallegos assume les conséquences de sa contradiction, qui sont celles de notre tradition, et, peut-être malgré lui, il nous raconte l'histoire d'un homme doté de toutes les facultés mais de peu de foi dans le progrès ; ce pourrait être le Chef, le Mâle d'un patrimonialisme éclairé, l'individu le plus éminent du groupe, et cependant il finira perdu dans la forêt, indianisé, anonyme dans la nature. Singulier destin que celui de Marcos Vargas, mais en réalité non, car l'autre destin, individuel, viril, qu'Ureña trace devant lui est un *ersatz* de mythe, en contradiction avec la nature collective du mythe authentique. Marcos Vargas demande à chaque instant (et on se souvient de Jorge Negrete jouant son rôle dans un film mexicain des années 40) : « Tu es un homme ou non ? » L'étonnant, dans *Canaima*, est que l'interrogation bravache du mâle cachait l'affirmation secrète du vrai mythe. Marcos Vargas s'incorpore au monde mythologique des Indiens où il cesse d'être le mâle, le futur chef, le cacique éclairé tel qu'Ureña l'avait rêvé. Marcos Vargas *est* parce qu'*il n'est pas un homme*.

C'est un personnage marginal, le comte Giaffano, qui

exprime le mieux dans *Canaima* la réponse individuelle à la barbarie. Giaffano est un émigré italien qui s'est réfugié dans la forêt vénézuélienne pour « se désintoxiquer de la pourriture humaine ». Seul dans la forêt, il cultive l'amitié, l'amour et son propre mystère : son stoïcisme, l'« intimité hermétique » qui est selon lui la seule réponse à la forêt, la seule « soupape de sécurité » face à la nature. Ouvrir cette intimité, selon Giaffano, c'est la perdre et la perdre c'est perdre « la chaleur de son intimité vitale ». Giaffano l'Européen est ce qu'Ureña et Vargas ne seront jamais : un individualiste qui n'est tenté ni par le pouvoir ni par l'exhibitionnisme, une personne privée. Ureña et Vargas, en société, sont, selon la formule du grand Usigli, des *gesticulateurs*.

Entre la critique, la contradiction et la simple insuffisance, que reste-t-il à Gallegos dans son étrange et fascinant palimpseste de l'être et de l'existence en Amérique ibérique ? Un paradoxe suprême pour qui a su si finement préciser le rôle masqué de la légalité écrite. Voilà ce qui reste, encore le mot écrit, derrière les masques de l'apparence et du pouvoir. Le premier niveau de cette réponse finale de la civilisation à la barbarie est la nomination de lieux, d'espaces, et de gens qui s'y intègrent : des fleuves nommés à la résonance de leurs eaux, des hommes nommés à la résonance de leurs actes : les Tigres du Guarari, Cholo Parima, le Maigre Cúpira, Juan Solito, Aymará, l'Indienne Arecuna.

Mais le second niveau, inséparable du troisième, concerne la dramatisation de la force de la parole écrite. Le cacique mort, José Gregorio Ardavín, est marié en plein *rigor mortis* avec l'Indienne Rosa Arecuna par le chef Apolonio. L'union consignée par écrit, Apolonio s'écrie : « Le pouvoir des papiers, Marcos Vargas ! » Parleraient-il différemment les Zapata, les Jaramillo, tous nos paysans rebelles, armés moins de fusils que de papiers, de titres de propriété ?

De même, parleraient-ils autrement les puissants bardés de lois coloniales, de constitutions républicaines et de contrats transnationaux ? Le droit écrit est une arme à double tranchant et il appartiendra à Gabriel García Márquez, dans *L'automne du patriarche*, d'explorer, avec la plus grande lucidité et des moyens moins explicites, la double face de l'écrit : littérature et loi, parole et pouvoir. Mais dans cette scène splendide de *Canaima*, Gallegos lance pour la première fois ce thème dans notre roman et il en profite pour parvenir, en toute rapidité, au cœur même de son travail littéraire, à la seule solution possible, à ce niveau de conflit qu'il a voulu, et Sarmiento avant lui, résoudre aussi dans l'action politique, puisque tous deux ont été présidents de leur pays, avec plus de bonheur pour Sarmiento en Argentine que pour Gallegos au Venezuela.

Enfin le troisième niveau de la réponse de la civilisation à la barbarie est précisément celui-ci, celui de Rómulo Gallegos écrivant ce roman sur la lutte entre la Civilisation et la Barbarie et montrant, en même temps, qu'il n'a pas d'autre moyen de transcender dramatiquement le conflit. Comment le résout-il, en effet, au niveau de l'écriture, au-delà du didactisme et des sermons ?

Le droit le plus élémentaire de la littérature est celui de nommer. Imaginer aussi signifie nommer. Et si la littérature crée autant l'auteur que les lecteurs, elle nomme aussi les trois : autrement dit, elle se nomme aussi elle-même. Dans l'acte de la nomination se trouve la racine de cette ambiguïté qui fait du roman, selon la formule de l'écrivain tchécoslovaque Milan Kundera, « une des grandes conquêtes de l'humanité ». On peut penser que le jeu qui consiste à nommer des personnages est démodé, ajoute Kundera, mais il est sans doute le meilleur jeu qui ait jamais été inventé, une invitation permanente à sortir de soi (de notre propre vérité, de notre propre certitude) et à comprendre l'autre.

« Quand le Dieu de Pascal émergea lentement du lieu d'où il avait dirigé l'univers et son ordre des valeurs, dit Kundera, Don Quichotte sortit aussi de chez lui et s'avéra incapable de comprendre le monde. Transparent jusqu'alors, le monde devint un problème et, avec lui, l'homme aussi. A partir de ce moment, le roman accompagne l'homme dans son aventure à travers un monde soudainement relativisé. »

Pour moi, le roman est une croisée des chemins entre la destinée individuelle et le destin collectif, telle qu'en rend compte le langage. Le roman est une réintroduction de l'homme dans l'histoire et du sujet dans sa destinée ; ainsi est-il un instrument de liberté. Il n'y a pas de roman sans histoire ; mais le roman, s'il nous introduit dans l'histoire, nous permet aussi de chercher une sortie de l'histoire afin de voir le visage de l'histoire et d'être, ainsi, vraiment historiques. Être immergés dans l'histoire, perdus dans l'histoire sans pouvoir en sortir pour comprendre l'histoire et la *faire* mieux ou simplement *différente*, c'est être, également et simplement, victimes de l'histoire.

A son époque, Gallegos fut fidèle à toutes ces exigences de l'art narratif. Sans lui, *Cent ans de solitude, La maison verte* ou *Le partage des eaux* n'auraient pas vu le jour. Mais son prix n'est pas seulement celui d'un précurseur, d'un père d'abord vénéré, détesté ensuite et finalement compris. Je dis que Gallegos a toujours été fidèle à l'art du roman parce que, comme Don Quichotte, comme Mr Pip, comme Mitya Karamazov, comme Anna Karénine, ses personnages sont allés vers le monde et ne l'ont pas compris ; ils ont subi l'écroulement de leurs illusions mais ils ont gagné l'expérience de la grande aventure de la vérité relative.

VI

Le conflit entre civilisation et barbarie est résolu par Gallegos sur le plan littéraire grâce à une assimilation de son personnage, Marcos Vargas, créature de la parole écrite, à une dialectique, c'est-à-dire à un mouvement de germination et de contradiction relatives, qui nous offre d'abord une vision de la Nature, ensuite une vision de l'Histoire comme son autre visage — Janus de l'Utopie et du Pouvoir — et entre les deux, à cheval sur son crâne bifrontal, il place la couronne de la vraie vision humaine, ni totalement naturelle ni totalement historique, simplement verbale et imaginative. Entre la nature dévoratrice et l'exil historique, l'art du roman crée un temps et un espace humains, relatifs, vivables et conviviaux.

Rómulo Gallegos est un authentique écrivain : il se détruit lui-même. Il détruit sa thèse en dotant Marcos Vargas de conflits entre les exigences de la nature et celles de l'histoire ; et contre toute attente, ces conflits confèrent au personnage une aura (un profil) mythique.

Marcos Vargas, le conquérant, l'hidalgo, le mâle, le messie frustré, prend d'abord conscience de l'injustice et c'est là son côté rationnel. « Du Guarampín au Río Negro tous agissaient de même, lui avec les oppresseurs contre les opprimés. Telle était la vie de la forêt fascinante, si belle dans ses rêves ! »

Dans le déroulement de sa réflexion, Marcos Vargas se rend compte que conquérir une personnalité c'est la disputer à la nature, tout en sachant qu'on fait partie de cette nature : comme dans la rencontre de Meursault avec le soleil arabe dans *L'étranger*, comme dans la rencontre d'Ismael avec l'océan colérique et bienfaisant dans *Moby Dick*, cette tension dans *Canaima* se résout en une extraordinaire épiphanie :

Marcos Vargas est seul dans la forêt, au centre d'un ouragan tropical, et c'est là qu'il se découvre dans la nature, partie intégrante de celle-ci mais différent d'elle, mortellement menacé par elle, les deux aspects provoquant en lui d'égales souffrances.

Son cri viril « Tu es un homme ou non ? » est englouti dans le cataclysme qui est sourd à ses mots mais qui les lui arrache ; le vent les emporte, les mots sont le vent, le nourrissent. De cet ouragan terrifiant (le plus beau moment descriptif de l'œuvre de Gallegos) Marcos Vargas émergera — ou plutôt sera retrouvé — nu, trempé, tremblant, enlacé à un singe hurleur qui se cache, tremblant et pleurant lui aussi, dans ses bras.

Marcos Vargas va vivre avec les Indiens dans leur monde mythique. Il se marie avec une femme indigène, Aymará ; il a avec elle un fils métis, le nouveau Marcos Vargas, qui, à l'âge de dix ans, retourne à la « civilisation ».

La fiancée de Marcos, la frondeuse Aracelis Vellorini, a épousé un ingénieur anglais.

Ureña s'est marié avec la belle Maigualida, la fille de Manuel Ladera, et c'est un commerçant respecté.

Il accueille chez lui le fils de Marcos Vargas.

Le cycle reprend. Une deuxième chance pointe. Mais les tensions persistent, elles ne peuvent s'apaiser, elles ne doivent pas s'apaiser : tensions entre le Mythe et la Loi, entre la Nature et la Personnalité, entre Rester et Revenir, entre Civilisation et Barbarie.

Au milieu de tant d'alternatives, le fait le plus saillant de *Canaima* est le destin des destins. Dans ce roman, les destins sont précipités, immédiatement accomplis pour l'honnête Ladera ou à l'inverse pour Parima le criminel — ou alors, en contrepoint, ce sont des destins éternellement différés, immobiles par rapport au rythme du roman qui est celui du destin véloce.

Ainsi la fortune de Marcos Vargas se change-t-elle en un double symbole : celui de la rapidité du destin quand il prend le visage de la mort, de la disparition ou de l'oubli, mais aussi celui de sa pesanteur quand il prend au contraire le visage sauvage et persistant de la nature et du pouvoir. Dans les deux cas, le destin ressemble à l'histoire en tant que force implacable et aveugle mais il ressemble aussi à la nature en tant qu'absence virginale, intacte.

Marcos Vargas tend la main pour toucher un destin qui ne soit ni accablant à force de précipitation ni accablant à force d'absence : il s'incorpore au monde aborigène du mythe dont le postulat est la simultanéité, l'éternel présent.

Grâce à sa couronne mythique, *Canaima* parvient simultanément à réunir et à dissoudre les mondes contradictoires de la nature et du pouvoir hispano-américains. A l'intérieur et à l'extérieur de l'histoire, nous pouvons voir le monde terrible des Ardavín et de Cholo Parima comme notre monde et savoir en même temps que sa violence n'est pas une exclusivité de l'Amérique espagnole, *plus maintenant*, après ce que ce siècle a vu, elle a cessé de n'être qu'à nous.

Rómulo Gallegos, l'écrivain régionaliste, affronte l'histoire de la violence du XXe siècle. Et cette violence, je tiens à dire en guise de conclusion anticipée qu'elle est peut-être le seul passeport d'entrée dans l'universalité dans la dernière période de ce siècle.

Rómulo Gallegos, romancier primaire et romancier primordial de l'Amérique espagnole, indienne et africaine, nous offre le moyen de sortir de la nature sans la sacrifier. Et d'entrer dans l'histoire, sans en devenir les victimes.

Alejo Carpentier : la quête d'Utopie

I

Le partage des eaux d'Alejo Carpentier réactualise le voyage jadis entrepris par les hommes du Vieux Monde à la recherche du Nouveau Monde, le pèlerinage « au vaste pays des Utopies permises, des Icaries possibles ». Il est aussi découverte que l'Utopie consiste à « brouiller les notions de passé, de présent, de futur[1] ». Ce qui veut dire que le voyage utopique, qui débute par un déplacement dans l'espace, débouche sur un désenchantement et aussi sur un savoir. *U-Topos* est le lieu qui n'existe pas ; mais s'il n'est pas espace, il est temps. La candeur européenne d'un projet utopique à échelle spatiale minimale, avec le continent, pour ainsi dire, à portée de la main, est dénaturée par l'immensité de l'espace américain. Tel est le paradoxe : le temps de l'Utopie ne peut être conquis qu'après avoir parcouru un immense espace qui en est la négation ; parcourir et vaincre, neutraliser, éliminer. L'utopie est présente à Canaima, mais elle doit

1. Les citations sont extraites du *Partage des eaux*, trad. René L.F. Durand, Paris, Gallimard, collection « Biblos », 1991 *(N.d.T.)*.

transformer la forêt vierge, le fleuve, les décors de Gallegos, en temps.

Là est la difficulté, car l'espace américain semble indomptable. L'Europe convertit la nature en paysage. Chez nous, la stupeur l'emporte, comme dans le grand poème de Manuel José Othón, précisément intitulé *Idylle sauvage*. Même si le poète parle de « paysage », une peinture de Poussin ou de Constable serait dévorée par le « sauvage désert », par l'« horrible gouffre » de cette « steppe maudite » parsemée de rocs arrachés par le tremblement de terre, « orbite desséchée d'un océan défunt ». Sur cette « terre de massacre », sur cette pure extension de l'espace, seules la douleur et la peur semblent relever de l'humain. Mais la note dominante est, encore une fois, celle d'une nature farouche qui nous en impose par sa grandeur ;

Regarde le paysage : immensité ici-bas,
immensité, immensité là-haut...

Le paysage est peu fréquent dans la littérature hispano-américaine ; on y trouve des jardins, d'artificielles évocations de marbres. L'esprit civilisé de José Donoso transforme le paysage en personnage dans *Casa de campo* (1978). Il s'agit pourtant d'une nouvelle forme d'idylle sauvage : un paysage fabriqué, monstrueux, qui convertit la nature maîtrisée en étouffoir. L'oxygène s'est enfui de la nature, jardin artificiel, et du dialogue, celui qu'échangent des enfants eux aussi artificiels — robots volontaires et velléitaires, automates de la campagne chilienne. La sagesse de Donoso, écho de celle des paysages de Rugendas et des portraits de Monvoisin, est sauvagement artificielle, comme celle du jardin de Goethe précédemment évoquée. Elle porte la nostalgie du monde primitif inviolé à l'aube du premier jour. Le fait qu'il soit peuplé d'enfants, artificiels eux aussi, confirme la sensation d'une innocence impossible : dans *Casa de campo*, David Copperfield a abordé l'île déserte du Seigneur des Mouches, sans autre défense que sa bonne éducation anglaise. Il a appris à dévorer ses semblables dans les règles.

José María Velasco, le grand paysagiste mexicain, trouve peut-être son équivalent littéraire dans la prose transparente d'Alfonso Reyes. Mais dans nos romans, de Payro à Altamirano, d'Azuela à Rulfo (« La plaine acrimonieuse et saumâtre... Le chaos rocheux désolé et misérable » d'Othón semblent destinés au *Llano en flammes* et à *Pedro Páramo*), la nature n'est pas un paysage, mais l'augure ou la nostalgie de quelque chose qu'on ne peut maîtriser. La peinture mexicaine, des forêts impénétrables de Clausel aux volcans du Dr Atl, des cieux embrasés d'Orozco aux pierrailles de Siqueiros, est riche de nature, mais pas de paysage. Pourtant, si à travers son second terme l'« idylle sauvage » implique une nature impersonnelle, un espace inhumain, une *selva selvaggia* débouchant sur l'enfer, elle annonce également l'idylle qui renvoie à un temps enfin, passé et, peut-être, heureux.

Dans *Le partage des eaux*, la recherche de ce temps antérieur et heureux — Utopie — engendre son propre temps et celui-ci se distingue d'un temps quelconque. Ou plutôt, ce n'est pas le temps linéaire de la logique progressiste. Carpentier identifie l'entreprise utopique et l'entreprise narrative : toutes deux prétendent conjuguer les notions de temps et dépasser la successivité pondérée du langage et des heures de la rationalité positive. Vaincre l'espace — le monstre de l'immensité absolue — et créer le temps.

La première prémisse de cette intention, dans *Le partage des eaux*, la première d'innombrables symétries sur lesquelles Carpentier s'appuie pour enrichir la réalité appauvrie, le temps des horloges, est, classiquement, la mise en abyme : cette boîte chinoise ou cette poupée russe, cet oignon narratif qui permet à Shakespeare dans *Hamlet*, à Cervantès dans le retable de Maître Pierre et à Julio Cortázar dans ce magnifique récit qu'est *Instructions pour John Howell* d'introduire la représentation dans la représentation afin que celle-ci — poème, drame, fiction — se contemple elle-même — si elle en a le courage. Le spectateur lecteur est invité à imiter cette démarche, même au prix d'un cauchemar sublime, semblable à celui des personnages désopilants du *Charme discret de la bourgeoisie* de Luis Buñuel, frustrés dans leur tentative désespérée et bien française de s'asseoir pour jouir d'un bon repas et qui, quand ils y sont enfin parvenus et qu'ils viennent de porter leurs cuillers à leur bouche, voient le rideau se lever devant leur nez et s'aperçoivent qu'ils sont sur la scène d'un théâtre, face à une salle comble et à un public qui attend d'eux des dialogues brillants, piquants peut-être, pendant qu'ils feront semblant de manger leurs poulets de carton. La terreur de se savoir représentés — et la nôtre en sachant qu'ils sont en représentation — gâche les digestions stomacales mais facilite les digestions mentales.

Le but du « théâtre dans le théâtre », dans *Le partage des eaux*, consiste à « faire coïncider nos vies ». Carpentier fait ici allusion à deux existences, celles d'un couple mal assorti, celui du Narrateur et de son épouse, l'actrice Ruth. Comment faire coïncider, en effet, leurs temps, si la femme vit davantage dans la réalité théâtrale d'un drame sur la guerre de Sécession nord-américaine que dans la réalité de son mari, le Narrateur musicologue ? En outre, la pièce de théâtre obtient un succès durable qui « anéantissait lentement ses interprètes ; ils vieillissaient sous les yeux du public, dans leurs vêtements immuables ».

Comme le narrateur ne peut pas faire coïncider son temps avec celui de Ruth, sa femme, il part pour l'Amérique du Sud avec sa maîtresse française, Mouche, qui, elle, partage vraiment le temps et les centres d'intérêt du Narrateur. Inutile de dire que tout cela n'est qu'illusion et que la relation du couple Narrateur-Ruth n'est que l'annonce de la question et de la relation — érotique/utopique — qui est au cœur du roman et qui prend forme quand le Narrateur fait la connaissance, sur l'Orénoque, de Rosario ; la question banalement domestique de New York devient la question primordiale d'un lieu que les cartes de la mémoire utopique appellent Sainte-Monique-des-Chevreuils : comment faire coïncider les temps du Narrateur et de Rosario ?

Le Narrateur gagne une ville latino-américaine qui ne peut être que Caracas. Dans le Nouveau Monde hispanique « Rousseau et le Saint-Office, la Vierge et le *Capital* font bon ménage », mais quand une insurrection isole l'hôtel où le Narrateur est descendu et que le service d'eau et d'électricité s'interrompt, la vermine sort des égouts et des bestioles grimpent du sous-sol.

Le Narrateur veut aller plus loin. Il n'est pas venu chercher le prolongement caricatural de la modernité nord-américaine dans la modernité latino-américaine, mais une réalité *ab-origène* : le thrène, la plus petite unité musicale. Ce qui revient à dire, le mythe des mythes, la parole des paroles, le son d'où, à travers une incantation rituelle — la thrénodie —, dérivent tous les autres. Mais ce mythe sonore est caché au cœur des ténèbres, dans les entrailles d'une nature luxuriante. Le Narrateur ignore l'extension dans l'espace ; plus qu'un obstacle, celui-ci est pour lui une invitation à s'identifier aux premiers découvreurs du Nouveau Monde, il lui permet de retrouver leur étonnement — celui de Colomb et de Bernal, de Solis et de

Balboa — et d'acquérir un nouveau sens des proportions : les montagnes grandissent, le prestige de l'homme s'estompe et les êtres, minuscules et silencieux, sentent qu'ils n'évoluent plus parmi des objets à leur échelle. « Nous étions sur l'échine des Indes fabuleuses, sur l'une de leurs vertèbres. »

Nous connaissons déjà cette nature impersonnelle : c'est celle de *Canaima*. Mais le romancier cubain va faire en sorte que la nature se révèle comme temps et se dépouille de sa pure extension. Carpentier, musicologue lui aussi, renvoie à certaines grandes œuvres musicales modernes — je pense à Varèse, à Stravinski, au Debussy du *Martyre de saint Sébastien* — qui semblent se définir comme extension uniquement pour conjuguer un temps. De même, dans *Le partage des eaux*, au fin fond de la nature, à la source obscure des fleuves, des bêtes et de la flore, la forêt vierge va se révéler comme *une nation cachée*.

Un petit homme aux sourcils broussailleux, baptisé l'Adelantado, accompagné de son chien Épervier, s'adresse au Narrateur dans une taverne de Puerto Anunciación, là où l'on quitte les terres du Cheval pour pénétrer sur celles du Chien : « La forêt vierge — m'expliquait-il — recouvrait d'immenses territoires, renfermait des montagnes, des abîmes, des trésors, des peuples errants, des vestiges de civilisations disparues ; elle formait, cependant, un seul monde compact, qui nourrissait sa faune et ses hommes, modelait ses propres nuages, montait ses météores, élaborait ses pluies : nation cachée, carte à déchiffrer, vaste pays végétal avec très peu de portes [...]. Pour pénétrer dans ce monde, l'Adelantado avait dû se procurer les clefs d'entrées secrètes : il était seul à connaître certain passage entre deux troncs, passage unique sur un espace de cinquante lieues, qui menait à un perron étroit de pierres plates par où l'on pouvait descendre jusqu'au vaste mystère baroque des enchevêtrements telluriques. »

L'« Adelantado » (celui qui va de l'avant) est, sans intention péjorative aucune — bien au contraire — le « Retrasado » (celui qui reste en arrière) : il sait comment aller de l'avant parce qu'il s'y est rendu auparavant, peut-être en compagnie de Raphaël Hitloday, le voyageur utopique de Thomas More qui nous avise en 1517 que pour pénétrer en Utopie il faut suivre un itinéraire périlleux à travers des canaux « que seuls les utopiens connaissent, de telle sorte que les étrangers ne peuvent aborder à cette baie que guidés par un pilote utopien. Car même pour les habitants c'est à peine s'il existe des entrées sûres, sauf s'ils marquent leur passage à l'aide de certains signes sur la côte. »

Je ne minimise pas le charme du récit de Carpentier : il y a dans ce roman un élément magique, enfantin, digne de Stevenson et de Verne, car pour regagner l'Ile au Trésor ou parvenir au centre de la terre, un code secret, une carte, une mémoire sont indispensables. Utopie est au cœur du souvenir et il faut se souvenir pour retrouver une terre qui n'est pas dans l'espace mais dans le temps. Les clés d'U-Topos doivent être temporelles et le souvenir du temps s'appelle mythe, « le souvenir vivant de certains mythes », comme l'écrit Carpentier.

Le catalyseur de ce monde mythique, de ce souvenir, c'est une femme : Rosario. Une femme engourdie, assise sur une borne de pierre en pleine cordillère, enveloppée d'un poncho bleu, avec un parapluie déposé à ses pieds, le regard voilé et les lèvres tremblantes, cette femme tirée des ténèbres, ressuscitée, qui semble revenir de très loin, regarde le Narrateur, « de l'air de quelqu'un qui m'aurait reconnu », elle pousse un cri, s'accroche à lui et l'implore

« d'une voix cassée par l'air raréfié, de ne pas la laisser mourir de nouveau ».

Dans les fictions les plus anciennes rôde toujours une sorcière, que ce soit dans l'île de Circé chez Homère ou dans la Thessalie de *L'âne d'or* d'Apulée, dans les landes écossaises de *Macbeth* de Shakespeare ou dans les ruelles espagnoles de *La Célestine* de Rojas, ou encore dans les salons nuptiaux glacés de Dickens, où Miss Havisham se meurt parmi ces reliques que sont des voiles déchirés et un gâteau dévoré par les rats, et dans les palais vénitiens d'Henry James où la vieille sorcière veille sur les secrets de la parole et de l'histoire : cette femme — la femme — est « le conduit menant aux rites premiers de l'homme ». La sorcière détient les clefs ésotériques. Rosario appartient à cette famille. Et ésotérique — *eso-theiros* — renvoie à introduire, à faire entrer. Dans ce cas précis, l'« ésotérisme » est apparemment l'entrée dans la forêt vierge, dans la nature ; en réalité — comme chez More — il s'agit de l'entrée en Utopie, le lieu qui n'est pas dans l'espace mais qui aura éventuellement *lieu* dans le *temps*. Pour « faire entrer », en passant de l'espace au temps, de *topos* à *khrônos*, il faut franchir les murs de ce que les sens appellent « réalité ».

Parallèlement à la rencontre avec la sorcière, Carpentier s'engage, par là même, dans un processus de déréalisation de la nature qui pousse dans ses ultimes retranchements le combat entre nature et naturalisme : « Au bout d'un certain temps de navigation sur ce cours d'eau secret, il se produisait un phénomène semblable à celui que connaissent les montagnards égarés dans les neiges : on perdait la notion de la verticalité, dans une sorte de désorientation, de chavirement de la vue. On ne savait plus ce qui appartenait à l'arbre et ce qui appartenait au reflet. On ne savait plus si la clarté venait d'en bas ou d'en haut, si le plafond était liquide ou si l'eau était chaussée ; si les meurtrières pratiquées dans le feuillage dur n'étaient pas des puits lumineux creusés dans le terrain inondé. Comme les branches, les arbres, les lianes se reflétaient en angles ouverts ou fermés, on finissait par croire à des passages illusoires, à des issues, des couloirs, des rives, inexistants. Avec le bouleversement des apparences, dans cette succession de petits mirages à portée de la main, grandissait en moi une sensation de perplexité, de trouble total, qui était indiciblement angoissante. C'était comme si on m'avait fait tourner sur moi-même, pour m'étourdir, avant de m'amener sur le seuil d'une demeure secrète. »

Cependant, cette sensation de glissement et d'étrangeté s'accompagne d'une autre sensation d'assimilation constante : ce qui étonne le plus le voyageur narrateur, c'est « l'infini mimétisme de la nature vierge ». « Ici rien ne répondait à son aspect ; il se créait un monde d'apparences qui cachait la réalité, qui remettait en question beaucoup de vérités. »

De Christophe Colomb à José Eustasio Rivera, d'Americo Vespucci à Rómulo Gallegos, aussi puissante et démesurée soit-elle, la nature américaine, parce qu'elle est nature, ressemble à elle-même. A partir de Carpentier, la nature ne ressemble plus à la nature. L'espace absolu hors du temps est trompeur, c'est un mirage. Mais derrière l'immense leurre de l'espace se cache une immense ouverture du temps. La déréalisation naturaliste permet que l'objectif esthétique de Carpentier — l'inventeur du « réalisme magique » — soit atteint à travers l'hégémonie du temps sur l'espace grâce à ces passages successifs : le passage de la nature « naturaliste » à la nature « aliénée » puis à la nature purement métaphorique, mimétique.

L'irruption du temps dans *Le partage des eaux* se produit au chapitre XXI quand frère Pedro, le missionnaire, parle de pouvoir « remonter le temps, à l'endroit et à l'envers ». Il n'y a là aucun mirage mais simplement la réalité d'une autre culture, d'une culture différente : les Indiens « me paraissaient, dans leur milieu, parfaitement maîtres de leur culture. Rien ne leur était plus étranger que l'absurde concept de sauvage. Leur méconnaissance évidente des choses qui étaient pour moi essentielles et nécessaires était bien loin de leur donner un caractère primitif. »

L'autre culture est l'autre temps. Et de même qu'il y a d'innombrables cultures, il y aura des temps innombrables. Comme autant de possibilités, à coup sûr — mais uniquement à condition de les reconnaître dans leur origine, de ne pas les déformer *ad usum ideologicum* pour les mettre au service du temps progressif de l'Occident, afin d'enrichir le temps occidental grâce à la diversité des civilisations à l'heure — prévue par Carpentier, par Vico, par Lévi-Strauss, par Marcel Mauss, par Nietzsche — où leurs configurations sortent de l'ombre et se proposent comme protagonistes de l'histoire.

C'est pourquoi à peine le temps du *Partage des eaux* est-il découvert qu'il commence à reculer avec la vitesse d'une cascade remontant à sa source : « Le temps a reculé de quatre siècles. Voici une messe de Découvreurs, nouvellement débarqués sur des rives innommées. [...] Nous sommes peut-être en l'an 1540, mais ce n'est pas certain. Les années diminuent, se diluent, s'estompent, en un recul vertigineux [...] jusqu'au jour où l'homme, fatigué d'errer sur la terre, inventa l'agriculture [...] et, ayant besoin d'une musique plus importante, passa du bâton de rythme au tambour [...], inventa l'orgue en soufflant dans un roseau creux, et pleura ses morts en faisant mugir une amphore de terre cuite. Nous sommes à l'ère paléolithique. [...] Nous sommes des intrus, des étrangers ignorants, des métèques nouveaux venus dans une ville qui naît, à l'aube de l'Histoire. Si le feu que les femmes éventent maintenant s'éteignait tout à coup, nous serions incapables de le rallumer de nos mains. »

Carpentier utilise le même système narratif dans un des chefs-d'œuvre du récit hispano-américain, *Voyage à la semence*, où les chandelles d'une veillée funèbre, au lieu de s'épuiser, commencent à grandir jusqu'à s'éteindre, intactes, tandis que l'homme que l'on veillait se lève de son cercueil et que la vie reprend rétrospectivement, en remontant vers la jeunesse, l'enfance et l'utérus maternel. Le conte est un compte à rebours, comme celui des lancements dans l'espace, dix-neuf-huit jusqu'à zéro. Mais il s'agit d'un lancement dans le temps ; et si dans le conte c'est le récit lui-même qui remonte en arrière, dans le roman le support de cette remontée, de ce *countdown* ou *conto alla rovescia*, c'est Rosario qui, immergée dans le temps et absente dans l'espace, ignore le lointain : « Peu lui importe où nous allons, ni de savoir s'il y a des contrées proches ou lointaines. Pour Rosario, la notion "d'être loin" de quelque endroit prestigieux, particulièrement propre à la plénitude de la vie, n'existe pas. »

C'est ainsi que Rosario vit dans le temps : « Je suis stupéfait devant cette façon de vivre dans le présent, sans rien posséder, sans traîner le passé a sa remorque, sans penser au lendemain. »

Et le lecteur lui aussi est stupéfait. L'effort du Narrateur pour remonter dans le temps et pour conjuguer passé, présent et avenir n'appartient qu'à lui et il lui est indispensable car il veut *atteindre* Utopie. Mais pour Rosario, qui *est* déjà en Utopie, hier et demain sont superflus. Le Narrateur triomphe du temps profane, successif. Rosario est déjà installée dans le temps mythique, simultané et sacré.

La rencontre du Narrateur et de Rosario engendre un

double mouvement dans le roman : celui du Narrateur en arrière, qui correspond au rythme même du roman, « en remontant aux mesures de la Genèse » ; et si pour nous et pour le Narrateur le mouvement de Rosario se fait également en arrière, en direction d'un passé originel, pour elle ce n'est qu'un éternel présent immobile. Le Narrateur doit accéder à l'être en se déplaçant, sinon vers le futur, du moins vers le passé. Rosario n'a pas à se déplacer. Elle y est déjà, elle est déjà là. Le Narrateur rencontre Rosario et il croit qu'elle va l'accompagner dans son voyage vers l'origine. Il ne sait pas que Rosario *s'y trouve déjà* — dans le présent absolu du mythe — et qu'elle ne peut abandonner son état originaire, sous peine (comme la Ayesha de Rider Haggard, comme la Tibétaine des *Horizons perdus* de James Hilton et d'autres héroïnes des feuilletons populaires) de tomber en poussière en franchissant le seuil de son temps sacré pour entrer dans le temps banal et courant, newtonien, sublunaire.

Ce double mouvement, avant de diverger à nouveau, se fond dans une démarche vers « la nuit des âges ». Tous les temps, ici, se réunissent en un même espace qui est oblitéré par la prolifération réelle du temps qui l'occupe totalement. A cet instant, antérieur à la semence et au feu, où les chiens sont antérieurs aux chiens et où les captifs le sont d'autres captifs, « il y a un objet en terre durci au soleil : une sorte de jarre sans anses, avec deux trous creusés côte à côte sur le bord supérieur, et un nombril dessiné sur la partie convexe par la pression d'un doigt sur la matière quand elle était encore molle. C'est Dieu ; plus que Dieu, c'est la Mère de Dieu. C'est la Mère, base de toute religion. Le principe pour elle est génésique, que l'on trouve dans le prologue secret de toute théogonie. »

La nature changée en culture est beaucoup plus terrible

que la nature peinte, « naturaliste », « vraisemblable ». Nous verrons comment, chez Lezama Lima, le baroque, poussé jusqu'à ses conséquences extrêmes, transforme l'artifice en une autre nature, plus naturelle que l'artifice du naturel « né par substitution », comme dit l'auteur de *Paradiso*. Chez Carpentier, s'il s'agit de cela « ce qui se déploie sous nos yeux c'est le monde antérieur à l'homme ». Si nous aspirons à la nature vierge, la voici dans toute sa terrible solitude ; non pas le chromo naturaliste et complaisant d'une nature qui nous saisit parce que, de toute façon, nous sommes capables de la voir, d'être au milieu d'elle, mais une nature radicalement solitaire, sans témoins humains et, par là même, possible. « Ici [...] l'abeille travaille dans les cavernes; et cependant l'être vivant semble y être inconnu. [...] Nous sommes dans le monde de la Genèse, à la fin du Quatrième Jour de la Création. Si nous reculions un peu plus, nous parviendrions à l'époque où a commencé la terrible solitude du Créateur, la tristesse sidérale des temps sans encens et sans louanges, lorsque la terre était vide et en désordre et que les ténèbres recouvraient la face de l'Abîme. »

Parvenue à cette extrémité, la démarche du roman se dédouble à nouveau. On ne peut guère remonter davantage en arrière ; Carpentier vient de nous montrer l'abîme du néant. Alors, en resterons-nous à jamais au point du jour, au mythe de l'origine — ou bien donnerons-nous un autre contenu à l'origine, en la transformant en histoire ? Mais le mythe de l'origine peut-il survivre s'il se transforme en histoire, en mouvement vers le futur ? Tel est le dilemme de toute utopie : s'en tenir à l'origine heureuse du passé ou avancer vers la cité heureuse du futur.

Le mouvement du roman se décompose en deux utopies. L'activité temporelle la plus notoire de l'Utopie est la fondation de la cité ; mais cette primauté lui est contestée par une autre activité opposée : la recherche de l'Âge d'Or.

La contradiction est évidente, car la fondation de la cité utopique introduit l'histoire et le mouvement en avant, elle introduit la politique, alors que l'Âge d'Or est un mythe qui vit, comme Rosario la femme qui l'incarne, dans un présent absolu et immobile.

Cette contradiction éternelle de l'Utopie est résolue à l'Époque Moderne grâce à un renversement temporel. Si auparavant l'Âge d'Or se situait à l'origine et si les actes mythiques tendaient à rappeler et à restaurer ce moment privilégié où se produisait le salut, le catholicisme, en introduisant la divinité dans l'histoire à travers une promesse de rédemption, situe le Paradis dans l'avenir. La Renaissance inaugure le processus de sécularisation de l'Âge d'Or dans le Nouveau Monde, et le siècle des Lumières le confirme en tant qu'étendard de la modernité : il n'y a d'issue que dans le futur ; le passé est, par définition, barbare, nous informe Voltaire.

Mais le Narrateur du *Partage des eaux*, comme le voyageur utopique de Thomas More, a séjourné en Utopie et il a vécu le temps parfait, l'instant éternel, l'Âge d'Or qui n'a besoin d'être ni rappelé ni prévu. D'abord, il prend la « grave décision de ne pas retourner là-bas » : il décide de demeurer dans l'Âge d'Or. Mais par la suite la rationalité de sa culture s'impose à lui et il décide de revenir : « Un jeune auteur attendait peut-être quelque part mon message pour trouver en lui grâce à ma voix la direction libératrice », dit le Narrateur de Carpentier. C'est exactement ce que disait, plus de quatre siècles auparavant, le Narrateur de Thomas More, et ce qu'il a répété, en arrivant dans le royaume indien du Michoacán sous le bras de l'évêque Vasco de Quiroga : « Si vous aviez résidé en Utopie avec moi et si vous aviez vu ses lois et ses gouvernements, comme moi, au cours des cinq années où j'ai vécu avec eux, époque pendant laquelle j'ai été si content que je ne les aurais jamais abandonnés si ce n'est pour apprendre l'existence de ce nouveau monde aux Européens... » (*Utopie*, Livre I).

Notre culture prométhéenne, persuasive, idéologique, ne peut connaître la tranquillité si elle ne catéchise pas quelqu'un : le Voyageur de More et le Narrateur de Carpentier reviennent pour persuader, sermonner, transformer leurs contemporains d'Occident. Il va sans dire que ceux-ci les écouteront et reviendront en Utopie — pour la coloniser, s'ils sont de droite ; pour y faire du tourisme révolutionnaire, s'ils sont de gauche.

« Ne pas revenir » est le verbe de l'Utopie de l'Âge d'Or originel.

« Revenir » est le verbe de l'Utopie de la Cité Nouvelle et Juste.

Le Narrateur du *Partage des eaux* est écartelé entre deux utopies : d'un côté, retrouver ce qui a été perdu ; de l'autre, communiquer, revenir, réformer, libérer. Il commet finalement « l'erreur irréparable de redéfaire la route, croyant que l'exceptionnel peut l'être deux fois ».

Vasco de Quiroga est peut-être le seul véritable utopien. Se sachant au cœur de l'« âge de fer » de la conquête espagnole, il tente de restaurer un minimum de convivialité entre des êtres concrets : les Indiens du royaume Purépecha récemment soumis. Quiroga illustre mieux que quiconque cette vérité selon laquelle l'histoire ne fait honneur à l'homme que lorsque celui-ci construit, sur les ruines d'une civilisation antérieure, l'édifice d'une nouvelle cohabitation. Les traces d'Alvarado, de Cortés et de Nuño de Guzmán étaient encore brûlantes au long des sentiers indiens du Mexique. Quiroga les a irriguées de sa sagesse, de sa patience et de son respect infini envers les vaincus.

Son utopie s'intégrait à une vaste entreprise éducative qui allait bien au-delà de l'évangélisation, tout en l'incluant. A l'école de Santiago Tlatelolco, les indigènes firent rapidement montre d'une aptitude évidente pour les langues, l'écriture et les arts de la mémoire. Ils apprirent l'espagnol, le grec et le latin. Dans le Michoacán, ils apprirent à nouveau à se respecter les uns les autres dans le domaine du travail et des rapports quotidiens. Que ces deux expériences aient échoué constitue une des grandes afflictions du Mexique. Utopie, en tant que *paideia* de la puissance créative et de la convivialité policée, prit réalité, pendant un instant, à l'aube de la Nouvelle-Espagne. Dans son roman, Carpentier rend compte de l'espoir et de la tristesse d'une communauté qui se place au-dessus de l'individu et de l'État, parce qu'elle renferme et affine les valeurs de l'un et de l'autre.

II

Le partage des eaux est un roman dont J.B. Priestley a dit qu'il aimerait l'avoir écrit et qu'Édith Sitwell trouvait parfait : il n'a rien de trop, il ne lui manque rien, a dit l'écrivain anglais. Plus que de perfection — un mot qui ne me plaît pas parce qu'il élimine les aléas de la création et la marge de la véritable recréation, celle de l'erreur du créateur que notre lecture peut assumer et réparer pathétiquement —, je parlerais de totalité. Non pas d'une totalité monolithique — fausse totalité politique et littéraire — mais d'une totalité fugitive, aux niveaux complexes, dissemblables et parfois contradictoires.

Dans *Le partage des eaux*, les niveaux les plus évidents sont d'ordre érotique, linguistique, musical et mythique-utopique.

L'érotisme est celui du corps, non pas dans ses fonctions naturelles — Carpentier, à la différence de nombreux écrivains actuels, ne donne pas de cours d'anatomie — mais dans sa représentation et même dans sa représentation d'une représentation. Celle-ci renvoie à la « férocité concertée » des amants : « Nous corrigeons cette fois la maladresse, la hâte, des premières rencontres ; nous nous rendons maîtres, davantage, de la syntaxe de nos corps. Les membres s'accordent mieux ; il faut aux bras la position qui leur convient. Nous choisissons, nous fixons, après de merveilleux tâtonnements, les attitudes qui détermineront à l'avenir le rythme et le mode de nos accouplements. C'est avec l'apprentissage mutuel qu'implique la naissance d'un couple que naît son langage secret. Déjà surgissent du plaisir ces mots intimes, interdits aux autres, qui seront la langue de nos nuits. C'est une invention à deux voix, qui inclut des termes de possession, d'action de grâce, de désinences des sexes, mots imaginés par la peau, surnoms ignorés, hier imprévisibles, que nous nous donnerons maintenant, quand nul ne pourra nous entendre. Aujourd'hui, pour la première fois, Rosario m'a appelé par mon nom, en le répétant souvent, comme si les syllabes avaient besoin d'être à nouveau modelées ; et mon nom, dans sa bouche, a pris un son si singulier, si inattendu, que je me sens envoûté par le mot que je connais le plus, qu'il me paraît aussi neuf que s'il venait d'être créé. Nous vivons la joie incomparable de la soif partagée et étanchée, et lorsque nous nous penchons sur le monde qui nous entoure, nous croyons nous rappeler un pays dont la saveur est nouvelle. »

Ce type d'accouplement représentatif caractérise un autre aspect de l'érotisme du *Partage des eaux* : la copulation intertextuelle, l'introduction d'un texte dans un autre. Les chroniques de Castillejos et de Fernández de Oviedo, les journaux de Colomb et de Vespucci, les lettre de Cortés et le journal de bord de Pigafetta sont comme des amants verbaux du roman de Carpentier et le fruit de cette union, le texte fils des autres textes, pourrait être une simple phrase sensuelle, à l'instant où un nuage passe au-dessus des protagonistes et où commencent « à pleuvoir des papillons sur les toits, dans les cruches, sur nos épaules ».

Ces papillons qui pleuvent d'un nuage sont les descendants de l'érotique émerveillée des chroniqueurs et des découvreurs : leur intertextualité contemporaine se prolonge chez Malcolm Lowry et Gabriel García Márquez.

Et de ce niveau découle le suivant, le linguistique. En effet, Carpentier propose, comme on le sait, une opération intertextuelle immédiate de sauvegarde de notre langue et ses richesses perdues. Mais cette opération est inséparable de la fonction nominative de son texte, puisque Carpentier, comme Colomb ou Oviedo, revendique pour lui-même la tâche d'« Adam donnant un nom aux choses ».

Dans la construction textuelle du *Partage des eaux*, cette nomination adamique des arbres, des fleuves, des poissons et des pains du Nouveau Monde, que nous avons déjà remarquée chez Gallegos, se présente au milieu d'un silence « venu de si loin » que la parole y est une création nécessaire. Ainsi, le silence vierge de la nature abyssale du Quatrième Jour de la Genèse donne à la parole une résonance musicale, car c'est en musique, avant tout, que le silence est saisi comme une valeur : le silence est la matrice du son.

Au niveau musical du roman, le silence total est rompu par « une clameur épouvantable sur un cadavre entouré de chiens muets ». Le Narrateur trouve cette clameur horrible, jusqu'à ce qu'il s'aperçoive que l'abominable fascination de la cérémonie révèle uniquement que, face à l'obstination de la Mort qui refuse de lâcher sa proie, la

Parole se décourage et cède la place à l'expression musicale minimale, unitaire : incantation, râle, convulsion : le Thrène. Avec le Narrateur, nous venons d'assister à la naissance de la Musique. Et la Musique naît quand la Parole meurt parce qu'elle ne sait pas quoi dire à la mort.

Nous avons là une prodigieuse assimilation des différents niveaux verbaux du roman. Car si le Thrène que le Narrateur découvre aussi dramatiquement est la parole cellulaire qui se transforme en musique en exigeant plus d'une intonation vocale, plus d'une note, pour atteindre sa forme, on est en présence de la limite et de la fonction du mythe formé, d'après Lévi-Strauss, par des *mythèmes*, qui sont l'unité mythologique minimale issue de l'ordre du langage mais qui le transcende grâce à ce *plus* représenté dans le langage par la phrase et en musique par le thrène. C'est là que résident la limite et la fonction du langage verbal, constitué par la montée d'unités inférieures minimales vers des unités supérieures qui complètent l'unité antérieure.

L'unité de la fonction verbale, mythique et musicale dans *Le partage des eaux* est merveilleusement illustrée par cette rencontre avec la naissance de la musique, avec le thrène qui crée la musique dans le but de rendre la vie à un mort. Cependant, la fraternité du discours philosophique du *Partage des eaux* avec ses procédés linguistiques et mythiques ne serait pas complète sans l'unité fondamentale de ces derniers avec une autre réalité, celle de la musique dans son intention de rompre la succession linéaire, la simple causalité, en situant l'auditeur au centre d'un réseau inépuisable de rapports sonores. L'auditeur apparaît alors comme constructeur d'un nouveau monde multidirectionnel d'éléments sonores libérés, où toutes les perspectives sont également valables.

La véritable Utopie du *Partage des eaux* d'Alejo Carpentier se trouve là, dans cette possibilité que nous offre sa substance linguistique, érotique, musicale et mythique, de construire une harmonie et un destin à partir de différentes lectures libres. C'est une façon, à la fois transcendante et radicale, de définir l'art.

Ceci dit, je reviens une fois de plus à l'expérience narrative du roman de Carpentier, en la partageant avec son Narrateur explicite quoique non unique. Chacun de ses pas[1], nous l'avons vu, le rapproche des origines physiques de la forêt vierge et du fleuve, mais le rapproche également des origines historique. Cependant on a la sensation très forte qu'une fissure se produit, comme si vaincre l'espace équivalait à une perte de temps, mais que vaincre les pas du temps signifiait, en fin de compte, accepter la perte des traces naturelles. Le Narrateur parie sur le fait que retrouver les pas perdus dans le temps n'implique pas la perte de l'espace, grâce à une triple reconstruction du temps dans le mythe, l'utopie et l'histoire. Mais cette rencontre globale, sans pas perdus dans le royaume de Topos ni dans les domaines de Chronos, se révèle impossible. L'histoire exploite et nie la nature ; le mythe exige une présence constante ; et l'utopie est un mythe pervers qui ne se contente pas de l'éternel présent dont il est issu, mais qui voudrait « avoir le beurre et l'argent du beurre » : son salut se trouve dans le passé, dans l'âge d'or ; mais sa dynamique prend place dans le futur, dans la ville heureuse de l'homme sur la terre.

Le partage des eaux d'Alejo Carpentier est, en réalité, une rencontre avec le véritable élément re-liant (re-ligieux, dans son sens premier) et permettant l'émergence de l'ensemble des réalités de l'esprit humain : sa mémoire, son imagination, son désir. Cette re-lation est la re-ligion

1. Rappelons que le titre espagnol du roman d'Alejo Carpentier est *Los pasos perdidos*, littéralement : « les pas perdus » *(N.d.T.)*.

des mots : le langage. Voyage dans le temps, voyage dans l'espace, le premier menace d'annuler le second et seul le langage s'y oppose.

D'où la construction verbale du roman, selon trois mouvements qui sont trois couples verbaux : Chercher et Trouver ; Trouver et Fonder ; Rester ou Revenir. Les deux premières séries forment un continuum ; le dernier couple marque un divorce, une option. La première série verbale (Chercher et Trouver) conduit le Narrateur de la Cité de Topie à celle d'Utopie, de l'espace civilisé et fixe à la ville invisible. C'est un voyage à travers l'espace de Canaima, un espace immense qui doit être parcouru, colonisé, neutralisé, éliminé, suivant les cas, pour transformer la nature en temps, sans dévaster la première ou corrompre le second ? C'est le problème posé par Rómulo Gallegos : cette fois, le temps sera-t-il Utopie ou simplement un nouveau chapitre dans l'histoire de la violence impunie ? Seules les pérégrinations du Narrateur — Chercher et Trouver — ébaucheront une réponse.

La forêt vierge que parcourt le Narrateur révèle qu'elle a une histoire mais qu'il s'agit d'une histoire cachée, d'une histoire qui attend d'être découverte. Il n'est plus question ici de la découverte utopique de l'atemporel, de l'utopie sans histoire du chroniqueur Fernández de Oviedo ; pas plus que de la corruption fatale d'une nature aurorale par la violence décrite par Gallegos. Le Narrateur pénètre dans la nation cachée en compagnie d'un couple érotique qui renvoie au couple verbal : il *cherche* avec Mouche, sa jeune maîtresse, compagne de sa recherche active, curieuse, de l'Occident ; il *trouve* avec Rosario, la femme du présent éternel, celle qui est déjà là, à l'attendre, depuis toujours semble-t-il. Rosario possède les clefs d'Utopie : ce sont les clefs du mythe. Le Narrateur ne peut pas partager son temps — la découverte du mythe, le retour imminent à

Utopie — avec sa maîtresse moderne. Il a besoin de la femme qui libère l'imagination mythique : Rosario. Il la trouve en l'écrivant, comme Dante trouve Virgile, évoqué par la parole, dans la forêt obscure et au milieu du chemin de la vie.

En compagnie de Rosario, le Narrateur pénètre dans un autre temps. Mais entrer dans un autre temps est une démarche qui équivaut à entrer dans une autre culture. Avec Rosario, le Narrateur est confronté aux rites initiaux de l'humanité. Dans toutes les œuvres de Carpentier, il existe une conscience parfaitement claire qu'à des cultures différentes correspondent des temps différents. *Le partage des eaux* en est l'affirmation lumineuse : « Ces Indiens que j'avais toujours vus à travers les récits plus ou moins fantaisistes, tels des êtres placés en marge de la vie, me paraissaient, dans leur milieu, parfaitement maîtres de leur culture. Rien ne leur était plus étranger que la conception absurde du "sauvage". Leur méconnaissance évidente des choses qui étaient pour moi essentielles et nécessaires était bien loin de leur donner un caractère primitif. »

La modernité est une civilisation, c'est-à-dire un ensemble de techniques qui peuvent disparaître ou être dépassées. Mais il existe également une modernité de la culture, et celle-ci est contemporaine des différents temps de l'être humain. On peut vivre dans un « XIIIe siècle » de la civilisation technique de l'Occident qui représente cependant pour ceux qui le vivent l'actualité la plus dense, la plus exclusive. Carpentier a écrit les premiers romans hispano-américains où cette modernité compréhensive (et généreuse) devient explicite. Dans *Le partage des eaux*, cela se produit à l'instant où le Narrateur se débarrasse du temps linéaire de l'Occident comme il se débarrasse de Mouche et où, en compagnie de Rosario, il part à la découverte de la pluralité des temps. Rosario est immergée dans le temps et étrangère à l'espace : elle ne reconnaît pas la distance ; elle vit dans la plénitude des présents ; incontestablement elle en exige trop du Narrateur ; elle exige de lui qu'il soit Autre, celui qu'il n'est pas. La beauté narrative elle-même de l'œuvre, son mouvement accéléré vers l'avant, qui s'adresse au texte que nous lisons linéairement, successivement (comme le fait remarquer avec désespoir un autre narrateur, celui de *L'Aleph* de Borges), en tension avec le mouvement régressif du roman, qui se change en passé au fur et à mesure qu'il remonte l'espace à la recherche du temps originel, est un mouvement dépourvu de sens pour Rosario, en dehors de représenter le centre immobile du mouvement, l'équilibre le plus périlleux. Rosario est au centre d'un récit dynamique ; le Narrateur devrait renoncer à narrer pour l'accompagner pleinement, pour être son pendant charnel permanent. Mais s'il cessait de narrer, le Narrateur cesserait d'être.

C'est pourquoi, en passant à la seconde série verbale du *Partage des eaux*, le Narrateur, épris de Rosario et du présent éternel, se propose une activité qui conjugue son propre mouvement et le statisme de sa maîtresse. Il a *trouvé* ; maintenant il va *fonder*. *Trouver* l'éternel présent du mythe ; sur lui, *fonder* la ville d'Utopie, la nouvelle ville de l'homme. Le Narrateur parvient à l'aube même du temps et il y découvre l'activité temporelle qui identifie temps et histoire : la fondation de la ville. Le verbe chercher se fond (se fonde) dans le verbe trouver. Une fois le temps trouvé, nous fondons le temps. Sauf que, étant parvenu à l'origine du temps, le Narrateur continue à soutenir un double mouvement. Si celui-ci, dans la première série verbale de la composition, était double (chercher et trouver, progression dans l'espace, régression dans le temps), il l'est également dans la troisième série, la dernière. C'est dans la seconde, Trouver et Fonder, que le Narrateur se situe au plus près de l'unité mythique symbolisée par Rosario. Ensuite sa charge faustique devient une option, une alternative, un exercice de la liberté : Rester ou Revenir. Comme Prométhée, le Narrateur du *Partage des eaux* est suffisamment homme pour savoir que la liberté que l'on n'exerce pas se perd ; la liberté impose qu'on en use ; Prométhée, écrit Max Scheler, perd sa liberté quand il en use, et le philosophe s'interroge : aurait-il été plus libre s'il n'en avait pas usé ?

C'est là le dilemme du Narrateur de Carpentier. C'est le dilemme, nous l'avons vu, d'Utopie. La ville parfaite est un lieu qui n'existe pas : elle n'a pas de place dans l'espace. Peut-elle en avoir une dans le temps ? C'est ce qu'espère le Narrateur. Il espère capturer l'Utopie dans le Temps, la congeler au même titre que sa découverte de la musique, du langage et de sa liaison passionnée avec Rosario. Mais personne n'en reçoit jamais autant. Prométhée l'a toujours su ; pour l'apprendre Faust a dû payer de son âme. Le Temps n'obéit pas au Narrateur ; le Temps ne s'arrête pas avec complaisance ; le Temps bouge, il se lance à la recherche de la ville, il se précipite dans la genèse et avant la genèse, dans un « monde » sans nom, sans ville, sans Rosario, et même sans Dieu, pour trouver : « ... la tristesse sidérale des temps sans encens et sans louanges, lorsque la terre était vide et en désordre et que les ténèbres recouvraient la face de l'Abîme ».

C'est pourquoi le Narrateur, qui a trouvé la communauté idéale, ne peut la retenir. S'il fait un pas de plus en arrière, il disparaît dans la préhistoire, dans le passé absolu. S'il fait un pas en avant, il disparaît dans l'histoire, dans le futur absolu, par définition toujours plus lointain, que l'on ne rejoint jamais. Et dans les deux cas il perd la femme, il perd Rosario.

Utopie apparaît alors comme du temps, certes, mais elle

n'est qu'un instant dans le temps, une éblouissante possibilité de l'imagination. U-Topos, l'espace impossible, devient à son tour un temps impossible, un double pas perdu : les deux temps d'Utopie s'excluent mutuellement, la ville de l'origine ne saurait être la ville du futur, et réciproquement. L'âge d'or ne peut se répartir entre deux temps, le passé lointain et le lointain avenir. Nous ne le récupérerons pas ; nous allons vivre avec les valeurs conflictives de la volonté, hétérogènes, jamais plus unitaires. Il vaut mieux le savoir. Il vaut mieux l'accepter, non pas avec résignation, mais comme un défi...

Entre Rester et Revenir, le Narrateur de Carpentier investit sa liberté dans le voyage de retour. Mais il ne revient pas les mains vides. Il a découvert l'origine de la musique, il a saisi les possibilités, illimitées quant à elles, de l'imagination humaine, de la portée du savoir humain. Nous sommes dans l'histoire. Nous vivons dans la *polis*. Nous ne sommes pleinement des êtres historiques et politiques que si nous nous savons, chacun d'entre nous, porteurs uniques, irremplaçables d'une mémoire et d'un désir, unis par la parole et par l'amour.

Alejo Carpentier a été le premier à transposer la plupart de ces valeurs humaines et intellectuelles dans le roman hispano-américain. Comme son narrateur, c'est un musicologue, auteur d'une histoire de la musique à Cuba, d'une charmante fantaisie, *Concert baroque*, où un colon mexicain, perdu au milieu du carnaval de Venise au XVIIIe siècle, assiste à un concert dirigé par Vivaldi avec des nonnes qui jouent de l'instrument de leur prénom — sœur Rebec(ca), sœur Luth — et qui achève sa nuit de carnaval assis sur la tombe de Stravinski dans l'île, tout en regardant passer les gondoles transportant vers le cimetière le cercueil de Richard Wagner. Mais, surtout, Carpentier est l'auteur d'un récit bref et magistral, *Chasse à l'homme*, qui raconte la traque d'un révolutionnaire cubain par la police du dictateur Machado pendant le temps que dure l'exécution, au théâtre de La Havane, de la *Cinquième Symphonie* de Beethoven. Le roman coïncide avec les mouvements musicaux et il culmine, à l'intérieur du théâtre même, lorsque le silence s'installe : quand meurt le langage, à l'extérieur et à l'intérieur du texte.

La beauté formelle et la tension narrative du *Partage des eaux* obéissent également, dans une large mesure, au mouvement musical que j'ai observé dans les trois séries verbales qui sous-tendent, dynamisent et fournissent son nœud conflictuel au livre. Carpentier était un homme extraordinairement attentif aux mouvements parcourant l'art et la science contemporains, et on ne doit pas lire ses romans en s'attachant uniquement aux puissantes évocations du passé historique dans *Le royaume de ce monde, Le partage des eaux, Le siècle des Lumières* ou dans les nouvelles de *Guerre du temps*, mais à la lumière des créations de la musique et de la poésie contemporaines. C'est ainsi que se produit chez Carpentier une rencontre culturelle de première importance en elle-même et pour la littérature américaine de langue espagnole. Chez Carpentier la vitalité du temps est égale à la vitalité du langage, et en cela le romancier cubain participe de la vision de Vico pour qui il était impossible de comprendre le passé sans comprendre ses mythes, puisque ceux-ci sont le fondement de la vie sociale. Pour Vico, le mythe était une façon systématique de voir le monde, de le comprendre et d'y agir. Les mythologies sont les histoires civiles des premiers hommes, qui étaient tous des poètes. Les mythes étaient des formes naturelles d'expression pour des hommes et des femmes qui un jour ont senti et ont parlé d'une façon que nous ne pouvons saisir aujourd'hui que grâce à un effort d'imagination. C'est cet effort qu'accomplit

Carpentier dans *Le partage des eaux*, en se faisant l'écho des convictions du Napolitain : nous sommes les auteurs de notre histoire, à commencer par nos mythes, et par conséquent nous sommes responsables du passé que nous avons forgé afin d'être responsables d'un futur que nous pourrons revendiquer comme nôtre.

Carpentier, musicologue et romancier, actualise l'histoire dont nous sommes les créateurs à travers des récits où la liberté du lecteur est comparable à celle de l'auditeur d'un morceau de musique sérielle, situé au centre d'un réseau de relations sonores inépuisables, qui confère à celui qui écoute la liberté de choisir parmi de multiples voies d'accès à l'œuvre, en faisant usage d'une vaste échelle de références voulues aussi bien par l'auteur que par l'auditeur. Celui-ci ne crée donc pas le centre : il *est* le centre, qui ne lui est pas imposé par l'auteur, ce dernier se limitant à offrir un répertoire de suggestions. Le résultat peut être une écriture et une lecture, une composition et une audition, aussi révolutionnaires, pour ainsi dire, que le passage des opérations de calcul séquentiel, inaugurées par Von Neumann dans les années quarante, aux opérations prévues par la cinquième génération d'ordinateurs, qui seront simultanées et convergentes. De façon comparable, dans la musique sérielle, comme lors de la découverte du thrène par le Narrateur du *Partage des eaux*, il n'y a pas de centre tonal qui nous permette de prédire les moments successifs du discours. Chez nous, Cortázar portera à son plus haut point d'expérimentation cette prose narrative multidirectionnelle où l'auditeur/lecteur/spectateur (Cortázar est plus porté sur le cinéma que Carpentier, et sa référence musicale la plus évidente sera le jazz) peut créer son propre système de relations avec et à l'intérieur de l'œuvre.

Mais c'est Carpentier qui, le premier, a transposé cet

esprit et ces perspectives dans le roman hispano-américain, en l'enrichissant, du même coup, considérablement. Il est bon de lire Carpentier en se rappelant qu'avec lui notre roman est entré dans l'univers de la culture contemporaine sans renoncer à aucun de ses droits, sans se retrouver en situation ancillaire, mais en collaborant pleinement à la création de cette culture contemporaine — moderne et ancienne, une culture d'époques innombrables, grâce, entre autres, à des romans comme ceux de Carpentier. Le *lag* culturel constitué par nos débats au XIXe siècle — cette arrivée tardive aux banquets de la culture occidentale, qu'Alfonso Reyes a regrettée — n'a pas été un problème pour Carpentier ni pour les romanciers qui lui ont succédé. S'il y avait retard culturel, il n'a pas été comblé par des déclarations d'amour à la France ou de haine envers l'Espagne, ou en s'affiliant à l'un ou l'autre camp de la guerre froide, mais de la seule façon positive : en créant des œuvres d'art de portée internationale.

Les constructions narratives de Carpentier, son utilisation de plans simultanés, à côté de sa fusion des langages à des époques et dans des espaces multiples, permettent la participation du lecteur et font indissolublement partie de l'universalité transitoire que nous sommes en train de vivre.

Dans un livre qu'il est urgent de rééditer, Eugenio Imaz — un des grands intellectuels de l'émigration républicaine espagnole au Mexique — nous rappelle qu'*U-Topía* est le lieu qui n'existe pas parce qu'il n'y a pas de place dans le temps. Par conséquent, conclut l'auteur de *Topía y Utopía*, il peut y avoir Utopie, le non-lieu, dans un maintenant concret. Car si Utopie n'a pas de lieu dans le monde, elle a tout le temps du monde. Carpentier dirait : tous les temps du monde, et l'Amérique espagnole, plus qu'un espace immense, est une superposition de temps vivants, qu'on ne saurait sacrifier. Dire cela et le dire avec la beauté littéraire qu'atteint le grand romancier cubain, est ce qui s'impose à nous, précisément, alors que nous entrons dans la fin d'un siècle qui sera ce qu'elle sera en fonction de la façon dont elle entendra la pluralité des temps humains.

C'est Alejo Carpentier qui, le premier dans la production romanesque hispano-américaine, dit que l'utopie du présent consiste à reconnaître le temps des autres : leur présence. Dans *Le royaume de ce monde, Le partage des eaux, Le siècle des Lumières, Guerre du temps, Concert baroque, La harpe et l'ombre, Chasse à l'homme* et *Le recours de la méthode*, Carpentier nous montre la voie vers la pluralité des temps qui constitue le temps véritable de l'Amérique espagnole : condition de son histoire, miroir de son auto-reconnaissance et promesse pathétique de son combat pour un avenir de justice.

Entre la recherche de l'Âge d'Or et la promesse de la Cité Nouvelle de l'homme, l'Utopie d'Alejo Carpentier se projette comme un pont verbal qui nous permet au moins de conjuguer ce passé et cet avenir dans un présent : celui de la lecture de ses merveilleux romans, fondateurs de notre présent narratif.

III

C'est à T.W. Adorno qu'on doit une des critiques les plus pertinentes du thème qui nous occupe. Le penseur de l'école de Francfort écrit que l'histoire de la civilisation découle d'un acte de violence que les êtres humains et la nature supportent à parts égales. La « domination de la nature » signifie que non seulement les forces naturelles sont asservies à l'impératif des besoins humains, mais que l'homme doit faire violence à l'homme. La violence de l'homme sur la nature est complémentaire de la violence de l'homme contre d'autres hommes. Ainsi l'homme violente-t-il constamment *sa propre* nature humaine.

La violence et l'exploitation brisent le lien entre la nature et l'homme. Nous constatons que l'émancipation humaine ne peut survenir sans une résurrection de la nature ; mais une telle réconciliation est impossible car l'homme n'a jamais permis à la nature d'exprimer son propre point de vue. Nous lui permettons uniquement de se manifester (« de parvenir à ses fins ») si elle approuve nos propres impératifs. Et y a-t-il un impératif plus urgent que celui qui nous interdit de cesser d'exploiter la nature, car sans elle nous ne survivrions pas ? D'où l'impossibilité de la totalité utopique.

Adorno rejette les utopies régressives qui nous promettent la totalité organique dans le passé. Les visions d'« états originaux d'identité heureuse entre le sujet et l'objet sont romantiques ». L'« état indifférencié » qui fait l'objet de la louange utopique signifie la disparition de la distinction entre sujet et objet. Telle serait l'harmonie parfaite de l'Utopie définitive. En réalité, ce ne serait qu'une nouvelle aliénation, car sans la distinction entre objet et sujet, on perd toute faculté de raisonnement. Qui raisonne, et sur quoi ?

Finalement, explique Adorno, le danger existe que le désir d'unité, au cœur même de la pensée utopique, se transforme en un modèle de « réconciliation forcée » dans le futur. Mais rien ne nous assure qu'« une humanité libérée constitue une réalité ». Ce qu'Adorno propose comme objectif axiologique, ce n'est pas de recouvrer l'unité, mais de restaurer la différence : la pluralité. Sur ce plan, ses intentions rejoignent celles de Vico et de Bakhtine, dans la mesure où ceux-ci privilégient le centrifuge par rapport au centripète, l'altérité par rapport à l'unité, et la reconnaissance constante que nous vivons dans un monde changeant où nous n'avons d'autre recours que de toujours nous adresser à l'autre.

A l'ère nucléaire, notre conscience du thème utopique a subi un changement fondamental. La pensée utopique ne s'affronte plus à la nostalgie de la cité recouvrée, mais à la possibilité extrême de l'atomisation : l'extinction de tout ce qui existe. Entre-temps, notre projet existentiel s'est considérablement simplifié. Formés dans l'illusion utopique de la Renaissance européenne, nous tentons aujourd'hui de créer quelque chose de moins que de nouvelles utopies, mais quelque chose de plus que de simples imitations de modèles prestigieux. L'Amérique indienne, noire et ibérique se propose uniquement de créer des société viables qui puissent assurer à leurs habitants un minimum de bien-être et de justice, sans trop d'illusions, dans des limites déterminées, à travers des actions basées sur l'expérience, y compris l'expérience culturelle. Mais celle-ci, que nous le voulions ou non, inclut une conception critique de l'Utopie.

Car si c'est l'Apocalypse qui nous attend, alors l'Utopie jette une lumière noire sur la catastrophe elle-même. Elle nous oblige, pour reprendre les mots de Walter Benjamin, à nous voir à la lumière de la Rédemption — mais aussi, aujourd'hui, à la lumière de la Damnation la plus totale. Vues d'un extrême ou de l'autre — rachetés, condamnés — nos vies et nos œuvres semblent gravement endommagées, insuffisantes et distordues. L'Utopie ne relève la tête que pour nous rappeler que nous aurions pu rêver à nous-mêmes et à notre société d'une autre façon : en tant qu'individus créatifs, que communautés généreuses, même si nous ne parvenions jamais à la cime de nos aspirations.

Alors aussi bien Carpentier que Gallegos ont peut-être

raison. Comme pour le Narrateur du *Partage des eaux*, la recherche d'Utopie ne nous fournira peut-être qu'une vision de l'art, de la musique, de la poésie, en tant qu'identifications concrètes de notre universalité. Mais il se peut que, comme dans Canaima, cette vision se développe dans une société un peu plus humaine et un peu moins injuste.

Alors, à peine lâchons-nous les rênes à l'Utopie qu'elle se cabre et se rit de nous, en montrant son véritable visage. C'est le visage de Janus : une *sur-face*. Son prix est la séparation douloureuse du temps de la Création. Née du mythe, l'Utopie est un temps hors norme, rebelle, qui ne se contente pas du présent, mais qui se précipite, figure à deux fronts, vers le passé qu'il regrette et vers le futur qu'il désire, en se brisant en deux. Mais sur les deux visages, contre toute logique, l'utopien voit l'expression du bonheur.

Juan Rulfo : le temps du mythe

1. IMAGINER L'AMÉRIQUE

Tout grand roman — et *Pedro Páramo* en est un — est multiple. Pour approcher quelques-unes de ses virtualités, je voudrais appliquer à l'œuvre de Juan Rulfo les catégories que j'utilise dans ce livre : épopée et mythe, mais dans ce cas vues à travers deux fonctions : le silence et la voix, et deux situations : la possession et la dépossession du langage.

L'invention de l'Amérique est une prouesse de l'imaginaire de la Renaissance. Le monde européen découvre qu'il a une autre moitié. D'abord il la conçoit comme un double dans l'espace : lieu paradoxal de l'utopie — le lieu qui n'est pas — où l'Europe peut dès lors laver ses péchés historiques entourée de nobles sauvages.

Âge d'Or, Paradis terrestre : le rêve de la Renaissance a un lieu et, tout aussitôt, le détruit. L'épopée de l'histoire corrompt et asservit le rêve mythique et le vide immense qui se creuse entre la réalité et le rêve est comblé par le baroque américain, ce style de l'abondance qui naît de l'abondance du manque : la grande concession de la Contre-Réforme catholique au monde des sens (comme la musique est, peut-être, la grande concession de la Réforme protestante à l'austérité puritaine des autels sans images), le lieu où les dieux anciens peuvent rejoindre le nouveau Dieu chrétien et le sexe se reconnaître dans la mort.

Né dans les îles Caraïbes, le baroque américain couronne et épuise la quête de l'espace en reposant la question de l'invention de l'Amérique comme une invention de temps. J'ai rappelé les paroles de Jean Bodin : au XVIe siècle, le philosophe de l'État centraliste français note que l'extraordinaire de l'Amérique est ce qu'il y a de plus ordinaire : l'Amérique *est* et le monde, enfin, est au complet. Aujourd'hui, faisons écho aux paroles de l'auteur des *Six livres de la République* dans le seul but de les élargir : l'Amérique, le nouveau monde, a pour mission de dire que le monde n'est jamais au complet parce que l'histoire n'est pas encore achevée, pas plus que n'ont disparu les hommes et les femmes qui la font. Le Nouveau Monde annonce *son* Nouveau Monde.

Imaginer l'Amérique, raconter le Nouveau Monde, pas seulement comme prolongement mais comme histoire. Dire que le monde n'est pas terminé parce qu'il est *non seulement* un espace limité mais *aussi* un temps illimité. La création de cette *chronotopie* — temps et espace — américaine a été le propre du roman en langue espagnole de notre hémisphère. *La transformation de l'espace en temps* : la transformation de la forêt de *La Voragine* qui devient histoire dans *Le partage des eaux* et fondation dans *Cent ans de solitude*. Temps de l'espace qui les contient tous dans *L'Aleph* et espace du temps urbain dans *Marelle* — nature vierge de Rómulo Gallegos, livre et bibliothèque spéculaires de Jorge Luis Borges, cité hystérique et impraticable de Luis Rafael Sánchez. Pour Juan Rulfo la chronotopie américaine, la rencontre du temps et de l'espace, n'est ni fleuve ni forêt ni ville ni miroir : c'est une tombe. Et là, depuis la mort, Juan Rulfo ravive, régénère et actualise les catégories de notre fondation américaine : l'épopée et le mythe.

Pedro Páramo, le roman de Juan Rulfo, se présente rituellement comme un élément classique du mythe : la quête du père. Juan Preciado, le fils de Pedro Páramo, arrive à Comala : comme Télémaque, il cherche Ulysse. Un muletier nommé Abundio le guide. C'est Charon et le Styx qu'ils franchissent est un fleuve de poussière. Abundio s'avère être un fils de Pedro Páramo et il abandonne Juan Preciado à l'orée de l'enfer de Comala. Juan Preciado assume le mythe d'Orphée : il va parler et il va chanter tout en descendant en enfer, mais à la condition de ne pas regarder en arrière. Il est guidé par la voix de sa mère, Doloritas, la Pénélope humiliée de l'Ulysse d'argile, Pedro Páramo. Mais cette voix se fait de plus en plus ténue : Orphée ne peut regarder en arrière, et, cette fois-ci, il ignore Eurydice. On ne la reconnaît pas dans cette succession de femmes qui ont supplanté la mère et ont plutôt l'air de Virgiles en jupons : Eduviges, Damiana Dorotea la boîteuse avec son paquet de chiffons qu'elle berce en chantant ; toutes disent qu'il est leur fils.

Ce sont elles qui introduisent Juan Preciado dans le passé de Pedro Páramo : un passé contigu, adjacent, comme celui qu'imagine Coleridge : là, tout près, derrière cette porte, devant cette fenêtre. Ainsi, à côté de Juan réuni avec Eduviges dans une pièce de Comala, l'enfant Pedro Páramo est là, enfermé dans les cabinets, pensant à une certaine Susana. Nous ignorons qu'il est mort ; nous pouvons supposer qu'enfant, il rêve à la femme qu'il aimera plus tard.

Eduviges côtoie en compagnie du jeune Juan l'histoire du jeune Pedro : elle lui révèle qu'elle allait être sa mère et elle entend le cheval d'un autre fils de Pedro Páramo, Miguel, qui vient nous raconter sa propre mort. Mais à côté de cette histoire, de cette mort, une autre est présente : la mort du père de Pedro Páramo.

Eduviges a demandé à Juan :

« — As-tu entendu une fois la plainte d'un mort ?

— Non, doña Eduviges.

— Mieux vaut pour toi — répond la vieille. »

Ce dialogue est repris plus loin :

« — Mieux vaut pour toi, mon fils, mieux vaut pour toi. »

Mais entre les deux dialogues d'Eduviges, qui ne sont qu'un seul et même dialogue, des mots identiques à eux-mêmes et simultanés, des mots-miroirs, le père de Pedro Páramo est mort, Miguel le fils de Pedro Páramo est mort, le père Rentería a refusé de bénir le cadavre de Miguel, le fantôme de Miguel a rendu visite à sa maîtresse, Ana, la nièce de monsieur le curé, et ce dernier a des remords de conscience qui l'empêchent de dormir. Mieux encore : cette même femme qui parle, Eduviges Dyada, au moment où elle parle et tandis que tous ces événements s'enchaînent les uns aux autres, s'avère être une âme en peine, et Juan Preciado est recueilli par sa nouvelle mère de substitution, la nourrice Damiana Cisneros.

La structure littéraire de *Pedro Páramo* s'ordonne donc selon deux plans essentiels : une certaine réalité et le mouvement de cette réalité ! Les segments du réel qui sont fournis renvoient à n'importe lequel de ceux que j'ai mentionnés : Rentería refuse d'enterrer Miguel, Pedro enfant rêve de Susana enfermé dans les cabinets, le père de Pedro meurt, Juan Preciado arrive à Comala, Eduviges disparaît et Damiana la remplace.

Mais ces segments n'ont de réalité que dans le mouvement narratif, dans le contact avec ce qui les suit ou les précède, le contact dans la juxtaposition du temps de chaque segment avec les temps des autres segments. Quand le temps de certains mots — *Mieux vaut pour toi, mon fils, mieux vaut pour toi* — revient neuf pages après leur énonciation, nous comprenons que ces mots ne sont pas séparés par le temps mais qu'ils sont instantanés, *uniquement* instantanés ; il ne s'est rien passé entre les deux. Ou plutôt : tout ce qui s'est passé s'est passé dans la simultanéité. C'est-à-dire : dans l'éternel présent du mythe.

Quand, dans le cours de ma lecture, j'ai compris que les temps de Pedro Páramo étaient des temps simultanés, j'ai entrepris d'accumuler et de juxtaposer, rétroactivement, ces instants contigus que je découvrais. Car Rulfo nous invite à découvrir divers temps qui, à la fin, se résolvent dans le mythe, mais qui, au départ de la narration, sont hétérogènes à la mythification. Comme dans le *Tristram Shandy* de Sterne ou dans les *Quatre quatuors* d'Éliot — pour prendre un plus large éventail — la succession temporelle, épique, qu'on attribue au moins depuis Lessing à la littérature, renvoie à la fin à une présence simultanée, non successive, dans l'espace mental, qui devient dans ce cas espace mythique.

L'histoire de Pedro Páramo que racontent à Juan ses mères successives est une histoire politique et psychologique « réaliste », linéaire. Pedro Páramo est la version propre au Jalisco du tyran patrimonial dont le portrait est évoqué dans les romans de Valle-Inclán, de Gallegos et d'Asturias : le mini-César qui manipule toutes les forces politiques mais qui, en même temps, doit leur faire des concessions ; une espèce de Prince paysan.

Descendant des conquérants de la Nouvelle-Galice, émule féroce de Nuño de Guzmán, Pedro Páramo applique toutes les grandes leçons de Machiavel, sauf une. Comme le Florentin, l'homme du Jalisco sait qu'un prince avisé doit alimenter à son propre endroit quelques animosités afin de paraître plus grand quand il en triomphe ; il sait qu'il est beaucoup plus sûr d'être craint que d'être aimé. Dans les passages divertissants où Rulfo raconte les rapports de Pedro Páramo avec les forces révolutionnaires, le cacique de Comala procède selon les recommandations de Machiavel et selon les pratiques de Cortés : rallie les ennemis les moins puissants de ton puissant ennemi ; ensuite anéantis-les tous ; ensuite occupe la place de chacun, ami ou ennemi, et ne la lâche plus. Machiavel, Cortés, Pedro Páramo : autant de preuves qu'il n'est pas inutile de posséder le don de la parole mais aussi une grande souplesse d'esprit.

Pedro Páramo, le conquérant, le prince : chacun commet ses forfaits en bloc ; chacun distribue ses faveurs une par une.

Pourtant, ce héros du machiavélisme patrimonial du Nouveau Monde, seigneur de sac et de corde, maître des vies et des biens, cet homme doué d'une volonté plus forte que la fortune des autres, et qui augmente son patrimoine personnel de tout ce qui appartient au patrimoine public, ce prophète bardé de caprice, de cruauté et d'impunité, entouré de ses bandes de nervis sanglants, n'a pas retenu l'autre leçon de Machiavel : à savoir qu'il ne suffit pas d'imposer sa volonté. Il faut prendre garde aux aléas de la Fortune car le prince que se fie à elle, par elle sera détruit.

Pedro Páramo n'est pas Cortés, il n'est pas le Prince de Machiavel, parce qu'en fin de compte, c'est un personnage de roman. Il a une faille secrète, une fêlure par où s'échappent en vain les recettes sanglantes du pouvoir. La Fortune de Pedro Páramo est une femme, Susana San Juan, dont il rêvait, enfant, dans les cabinets, avec qui il jouait au cerf-volant et se baignait dans le fleuve.

Quel est le rôle de Susana San Juan ? Sa première

fonction, si nous revenons à la phrase d'Eduviges Dyada et si nous la rapprochons de la terrible fresque politique et sociologique du caciquisme rural que Rulfo nous offre, est celle d'éveiller les songes d'un enfant et d'ouvrir, chez cet enfant qui va devenir Páramo le tyran, une brèche spirituelle qui finira par le détruire. Si à la fin du roman Pedro Páramo s'éboule comme un tas de pierres, c'est parce que la fêlure de son âme a été provoquée par le rêve enfantin de Susana : en rêvant d'elle, Pedro s'arrache à son histoire politique, machiavélienne, patrimoniale, avant même de l'avoir vécue, avant même de l'incarner. Toutefois, dès l'enfance, il est entré dans le mythe, dans la simultanéité des temps qui ordonne le monde de son roman. Ce temps simultané sera sa défaite, car pour être le cacique intégral, Pedro Páramo ne pouvait tolérer de blessures dans son temps linéaire, successif, logique : le temps projetable du pouvoir épique.

2. AU CENTRE, LA PAROLE

Susana San Juan ayant ouvert une brèche dans son âme, Pedro Páramo est arraché à son histoire purement « historique », politique, machiavélique, au moment même où il la vit. Sa passion pour Susana San Juan place Pedro en marge d'une réalité mythique qui ne refuse pas la réalité historique mais qui lui confère un relief, une couleur, des effets de contraste — Rulfo fait parfois penser à ces maîtres du blanc et du noir que sont Goya et Orozco — qui, en fait, nous permettent de *mieux* la comprendre et de saisir sa vérité.

Gianbattista Vico, qui fut le premier à placer l'origine de la société dans le langage et l'origine du langage dans l'élaboration mythique, a vu dans les mythes l'« universalité imaginative » des origines de l'humanité : l'imagination des peuples *ab-originels*.

La voix de Rulfo pénètre jusqu'à cette racine. Elle est à la fois silence et langage ; et pour ne jamais sacrifier aucune de ses deux composantes, elle est surtout rumeur. Claude Lévi-Strauss, dans son *Anthropologie structurale*, nous dit que la fonction des mythes consiste à intégrer et à représenter les oppositions qui se manifestent dans la structure de la société créatrice du mythe. Le mythe est la façon dont une société saisit et ignore sa propre structure ; il révèle une présence, mais aussi une carence. Ceci est dû au fait que le mythe assimile les événements culturels et sociaux. Le fait biologique d'enfanter se change, au plan mythique, en un fait social. Le jeu entre réalité sexuelle et théâtralité érotique de Doloritas Preciado, Eduviges Dyada, Damiana Cisteros et Dorotea « la Boiteuse » autour du « fils » narrateur, Juan Preciado, fait partie de cet échange entre biologie et société qu'opère le mythe-passerelle. Allons plus loin : Lévi-Strauss indique que chaque mythe contient non seulement sa propre poétique (c'est-à-dire la façon dont le mythe est raconté à une époque ou dans une société déterminées) mais aussi toutes les variantes non exprimées dont cette version particulière n'est qu'une nouvelle variante. Vladimir Propp, dans *Morphologie du conte*, distingue une vingtaine de fonctions propres au conte de fées russe. Leur ordre peut varier, mais il ne se trouve pas un seul conte qui n'inclut, d'une façon ou d'une autre, une combinaison de plusieurs de ces fonctions. Y a-t-il des mythes nouveaux, nés de circonstances nouvelles ? Harry Levin rappelle qu'Emerson avait réclamé une mythologie industrielle pour Manchester et que Dickens la lui a donnée ; Trotski demandait un art révolutionnaire qui refléterait toutes les contradictions du système social révolutionnaire, mais Staline le lui a refusé.

Le public contemporain du cinéma, des téléfilms et des romans de divertissement ou *light* est seul à ignorer qu'il voit ou qu'il lit des avatars de mythes très anciens. A un autre niveau, toutefois, il n'y a plus que la critique du sous-développement pour maintenir le mythe romantique de l'originalité, précisément parce que nos sociétés n'ont pas encore dépassé les promesses sentimentales des classes moyennes du siècle dernier. Tout grand écrivain, tout grand critique, tout grand lecteur sait qu'il n'y a pas de livre orphelin : il n'est pas de textes qui ne descendent d'autres textes.

Le mythe explique cette réalité généalogique et mimétique de la littérature : il n'y a pas, comme l'explique Lévi-Strauss, une seule version du mythe dont toutes les autres ne seraient que les copies ou les déformations. Chaque version de la vérité appartient au mythe. C'est-à-dire, chaque version du mythe fait partie du mythe et c'est là son pouvoir. Le mythe lui-même — Œdipe, par exemple — peut être raconté par un anonyme ou par Socrate, Shakespeare, Racine, Hölderlin, Freud, Cocteau, Pasolini et des milliers de rêves et de contes de fées. Les changements reflètent le pouvoir du mythe. Par contre, essayez de raconter plus d'une fois un roman de Sidney Sheldon ou de Jackie Collins.

Dans un de mes romans, *Aura*, j'ai voulu rendre explicite cette chaîne génétique du mythe. La situation de deux femmes, une jeune et une vieille, face à un jeune étranger descend en droite ligne d'un arbre généalogique de la narration européenne du siècle dernier : Miss Borderau, Tina et le Narrateur dans *Les papiers d'Aspern* de James ; Miss Havisham, Stella et Pip dans *Les grandes espérances* de Dickens ; et la Comtesse, la jeune Lizveta et Hermann dans *La dame de pique* de Pouchkine. Chez Pouchkine, Dickens et James, l'homme rallie la jeune femme contre la plus âgée. Dans ma variante du mythe, les deux femmes restent alliées contre l'homme. Mieux encore : les deux femmes n'en font qu'une, la vieille capable de ressusciter sa propre jeunesse. Mais cette dimension du mythe provient, à son tour, du conte japonais d'Akinari, écrit au XVIIIe siècle, *La maison parmi les joncs* où la femme morte reparaît avec sa voix jeune dans le corps d'une vieille femme. Mais le conte d'Akinari (et le film de Mizoguchi, *Les contes de la lune vague après la pluie*, qui en est tiré) vient des contes japonais du *Togi Boko* (1666) et ces derniers du très ancien recueil de contes chinois *Tsien teng sin hoa*, qui renferme un récit identique, pour l'essentiel, à celui d'*Aura*. Fernando Benítez, pour finir, me transmet la même histoire racontée par les Indiens Nahuatls, dans le Mexique d'aujourd'hui. Voilà le cercle qui alimente la littérature. La malveillance critique, si fréquente en Amérique hispanique et surtout au Mexique, se nourrit en revanche de sa mauvaise foi et de son ignorance.

Tout en englobant ces différents aspects, le mythe établit aussi de multiples rapports avec le langage invisible ou implicite d'une société. Le mythe, en ce sens, est l'expression du langage potentiel de la société dans laquelle il se manifeste.

C'est également vrai dans l'antiquité méditerranéenne et dans l'antiquité méso-américaine, puisque le mythe et le langage sont des réponses à la terreur primaire qu'inspire l'imminence de la catastrophe naturelle. D'abord nous parlons pour dire un mythe qui nous permet de comprendre le monde, et le mythe exige un langage pour s'énoncer. Mythe et langage apparaissent en même temps et les mythes, écrit Vico, sont la clé d'accès à la puissante imagination des premiers hommes. Le langage du mythe nous permet de connaître les paroles mentales des premiers hommes : dieux, famille, héros, autorité, sacrifices, lois, conquête, bravoure, renommée, terre, amour, vie et mort : tels sont les thèmes premiers du mythe et les dieux sont les *premiers* acteurs du mythe.

L'homme se rappelle les histoires des dieux et les révèle, avant de mourir, à ses enfants, à sa famille.

Mais l'homme abandonne son foyer, voyage à Troie, force les dieux à l'accompagner, lutte, change le mythe en épopée et dans la lutte épique — qui est la lutte historique — il découvre sa fêlure personnelle, sa faille héroïque : héros épique, il devient héros tragique. Il rentre au foyer, annonce la tragédie à la ville et la ville, par la catharsis, se joint à la douleur du héros déchu et restaure, dans la sympathie, les valeurs de la communauté.

Tel est le cercle de feu de l'antiquité méditerranéenne — Mythe, Épique et Tragédie — que le christianisme puis la laïcité moderne excluent car tous deux croient dans la rédemption future, la vie éternelle ou l'utopie séculaire, dans la cité de Dieu ou dans la cité de l'homme.

Le roman occidental ne revient pas à la tragédie ; il s'appuie sur l'épopée précédente, la dégrade et la parodie (Don Quichotte), mais il vit une intense nostalgie du mythe qui est l'origine du matériau dont est faite la littérature : *le langage*.

Pedro Pāramo ne fait pas exception à cette règle : il la confirme avec un éclat incomparable. Il relate l'histoire épique du protagoniste, mais cette histoire est transgressée par l'histoire mythique du langage.

Nier le mythe serait nier le langage et selon moi c'est là le drame du roman de Rulfo. A l'origine du langage se trouve le mythe : tous deux sont une réponse au silence terrifiant du monde antérieur à l'homme : l'univers muet vers lequel retourne le narrateur du *Partage des eaux* d'Alejo Carpentier, et il s'arrête au bord de l'abîme.

Pour toutes ces raisons, il est significatif qu'au centre

même de *Pedro Pãramo* nous percevions le vaste silence d'un ouragan qui approche — et que ce silence soit rompu par les mugissements du bétail.

Fulgor Sedano, le bras armé du cacique, ordonne aux vachers de chasser les bêtes d'Enmedio au-delà de ce qui fut Estagua et de pousser celles d'Estagua dans les collines du Vilmayo. « Et pressez-vous — conclut-il — il ne va pas tarder à tomber des cordes ! »

A peine le dernier homme est-il parti dans la campagne détrempée qu'arrive au galop Miguel Páramo, l'enfant gâté du cacique ; il descend de cheval presque sous le nez de Fulgor et laisse sa monture trouver seule le chemin de l'écurie.

« — D'où viens-tu à cette heure, mon garçon ? — questionne Sedano.

— Je reviens de traire — répond Miguel et aussitôt dans la cuisine, il répond à Damiana qui lui prépare ses œufs qu'il vient *de par là, où il visitait des mères*. Et il demande qu'elle donne la même chose à manger à une femme qui est juste là, dehors, avec un paquet sous son châle qu'elle berce en disant que c'est son enfant.

— Apparemment il lui est arrivé un malheur dans sa jeunesse, mais comme elle ne dit jamais rien, personne n'est au courant. Elle vit de charité. »

Le silence est rompu par les voix que nous n'entendons pas, les voix muettes du bétail mugissant, de la vache qu'on trait, de la femme qui accouche, de l'enfant qui voit le jour, du paquet immobile qu'une mendiante berce sous son châle.

Ce silence est celui qui est à la racine même du mot « mythe » : *mu*, selon Erich Kahler, origine du mythe, est la reproduction du son primaire, bête, tonnerre, mugissement, muser, murmurer, murmure, mutisme. De la même racine dérive le verbe grec *muein*, fermer, fermer les yeux, d'où proviennent mystère et mystique.

Roman mystérieux, mystique, musant, murmurant, mugissant et muet, *Pedro Pāramo* rassemble ainsi toutes les sonorités mortes du mythe. *Mythe et Mort* : ce sont les deux « M » qui dominent tous les autres avant d'être eux-mêmes dominés par un troisième, le nom du Mexique : roman mexicain essentiel, insurpassable et insurpassé, *Pedro Pāramo* se résume dans le spectre de notre pays : un murmure de poussière qui nous parvient de l'autre rive du fleuve de la mort.

Le roman, on le sait, s'appela d'abord *Les murmures* et Juan Preciado, violant radicalement les normes de sa propre présentation narrative pour s'intégrer au monde des morts de Comala, dit : « Les murmures m'ont tué. »

Le silence l'a tué. Le mystère l'a tué. La mort l'a tué. Le mythe de la mort l'a tué. Juan Preciado entre dans Comala et ce faisant entre dans le mythe en donnant corps au processus linguistique décrit par Kahler et qui consiste à donner à un mot le sens opposé : comme le *mutus* latin, *muet*, se transforme en français en *mot*, l'onomatopée *mu*, le son inarticulé, le mugissement, se change en *mythos*, la définition même du mot.

Pedro Pāramo est un roman extraordinaire, entre autres choses parce qu'il se génère lui-même, en tant que roman mythique, exactement comme le mythe se génère verbalement : du mutisme du néant à l'identification au mot, de *mu* à *mythos*, dans un processus collectif qui est indispensable à la gestation mythique, qui n'est jamais un mécanisme individuel. L'acte, explique Hegel, c'est l'épique. Pedro Páramo, le personnage, est une figure d'épopée.

Mais le roman qui porte son nom est un mythe qui dépouille le personnage de son caractère épique.

Quand Juan Preciado est vaincu par les murmures, la narration cesse d'être à la première personne et passe à une troisième personne collective : à partir de là, celui qui parle est un *nous*, celui qu'exige le *mythos* de l'œuvre.

Dans l'Antiquité, le mythe nourrit l'épopée et la tragédie. C'est-à-dire : il les précède dans le temps. Mais aussi dans le langage, puisque le mythe illustre au plan historique le passage du silence — *mutus* — au mot — *mythos*.

L'antériorité du mythe dans le temps — ainsi que sa nature collective — sont expliqués par Carl Gustav Jung lorsqu'il nous dit, dans *Les archétypes de l'inconscient collectif*, que les mythes sont des révélations originales de la psyché pré-consciente, d'involontaires déclarations au sujet d'événements psychiques inconscients. Les mythes, ajoute Jung, possèdent une signification vitale. Ils ne représentent pas seulement la vie psychique de la tribu : ils *sont* cette vie, qui tombe immédiatement en miettes ou dégénère dès lors qu'elle perd son héritage mythologique, comme un homme qui a perdu son âme.

Je pense à deux récits modernes qui, de façon exemplaire, assument cette attitude collective selon laquelle le mythe n'est pas une invention mais l'œuvre de tous : le conte de William Faulkner, *Une rose pour Émilie*, et le roman de Juan Rulfo, *Pedro Páramo*. Dans ces deux récits, le mythe est l'incarnation collective du temps, héritage commun qui doit être conservé, pathétiquement, par tous car, comme l'a écrit Vico, *nous* avons fait l'histoire, *nous* avons créé le temps, et s'il en est ainsi, si l'histoire est le fruit de *notre* volonté et non du caprice des dieux ou du cours de la nature, alors *notre* obligation est de prolonger l'histoire : de prolonger la mémoire du temps. Cela fait partie du devoir de vivre : nous prolonger nous-mêmes.

3. AU NOM DU PÈRE

Le temps de l'Amérique est le temps de l'utopie : nous avons été fondés par l'image renaissante d'un Âge d'Or ailleurs : au Nouveau Monde, au paradis originel.

La force de ce mythe est d'être partagé. Toutes les cosmogonies indigènes évoquent un âge heureux qui coïncide avec le moment de la fondation. Le *Popol Vuh* distingue clairement un acte de création incomplet, d'abord antérieur à la parole, puis à l'homme, afin que celui-ci peuple la terre et révère les dieux :

Faites donc en sorte qu'il y ait germination
qu'il y ait une aurore, que nous soyons invoqués,
que nous soyons adorés... par l'homme formé...

Avec la plus grande simplicité, le *Livre du conseil* maya continue à chanter le miracle de l'âge d'or : « ... les hommes se produisirent, les hommes parlèrent ; l'humanité se constitua sur la surface de la terre. Ils vécurent, ils engendrèrent, ils firent des filles, ils firent des fils... »

On ne peut concevoir de plus beau contrepoint à la désolation que le dernier fils, Juan Preciado, trouve sur la terre de la Création. Mais ce n'est pas seulement la terre du mythe originel violé, car, dans le Nouveau Monde, le mythe européen est identique à, mais ne se reconnaît pas dans, la terre conquise. La force du mythe est sa multiplication. La Renaissance européenne dynamise le mythe classique d'Ovide et transforme cette évocation du passé en rêve d'un avenir humaniste. Mais l'Europe ne reconnaît pas son propre imaginaire dans le mythe indien ; et quand elle découvre le paradis en Amérique, l'éloge est éphémère ; la destruction — épopée et évangélisation — prend la suite et ce qui, pour l'homme de la Renaissance, fut une aspiration, devient fatalement pour l'homme américain une nostalgie.

Pedro Páramo renferme lui aussi son *autrefois* heureux : le Comala décrit par la voix absente de Doloritas, le murmure de la mère : « Un village qui sent le miel répandu. »

Mais ce village ombragé, refermé sur nos souvenirs comme une tirelire, ne peut revivre que dans le souvenir ; c'est l'« Eden subverti » de López Velarde, création historique de la mémoire mais aussi mythe créé par le souvenir.

Ceci dit, qui peut se souvenir à Comala, qui peut créer l'histoire ou le mythe à partir de la mémoire ? En d'autres termes, qui a droit au langage à Comala ? Qui le possède, qui ne l'a pas ? Stephen Boldy, le critique anglais, professeur à Emmanuel College, Cambridge, répond dans une brillante étude sur *Pedro Páramo* : le maître du langage est le père ; les dépossédés du langage sont les autres, ceux qui ne jouissent pas de l'autorité paternelle.

Ce village ombragé a été détruit par un homme qui nie la responsabilité collective du mythe et qui vit dans le monde clos du pouvoir physique personnel, de la force matérielle et des stratégies machiavéliques indispensables pour tenir les gens et en faire ses choses.

Comment est-ce possible ? Pourquoi Juan Preciado arrive-t-il dans ce village mort à la recherche de son père ?

Voici l'histoire derrière l'épopée : Pedro Páramo aime une femme qui n'appartient pas à la sphère épique. Susana San Juan appartient au monde mythique de la folie, de l'enfance, de l'érotisme et de la mort. Comment posséder cette femme ? Comment parvenir jusqu'à elle ?

Pedro Páramo est habitué à posséder tout ce qu'il désire. Il fait partie d'un monde où le maître de la sphère verbale est le maître de tous ceux qui parlent, comme l'empereur

Moctezuma qui portait le titre de Tlatoani, le Seigneur de la Grande Voix, le Monopolisateur du langage.

Un personnage de *Talpa*, le conte de Rulfo, doit crier sa prière, « juste » pour savoir qu'il prie et, peut-être, se persuader que Dieu ou le Tlatoani l'écoutent.

Pedro Páramo est le père qui domine le roman de Rulfo, il est son Tlatoani.

Michel Foucault a écrit que le père est l'élément fondamental de la symbolisation dans la vie de chaque individu. Et sa fonction — la plus puissante de toutes les fonctions — est de *prononcer* la loi et d'unir la loi au langage.

La prière essentielle, bien évidemment, invoque « le nom du père », et ce que le père fait, en notre nom et au sien, c'est nous séparer de notre mère pour que l'inceste n'ait pas lieu. Voilà ce qu'il fait en nous nommant : il nous donne son nom et, par dérivation, son être, d'après Boldy.

Nommer et *exister*, pour le *père*, se confondent, et dans *Pedro Páramo* le pouvoir du cacique s'exprime dans ces termes lorsque Pedro dit à Fulgor : « la loi, dorénavant nous la ferons nous-mêmes » — l'application de cette loi exige la négation des autres : ceux *en plus*, ceux en trop, ceux qui *ne sont pas* Pedro Páramo : « Ces gens n'existent pas. »

Mais lui — le Père, le Seigneur — n'existe que dans la mesure où ils le craignent, et ou, en le craignant, ils le reconnaissent, le haïssent mais le requièrent pour avoir un nom, une loi et une voix. Comala, à présent, est mort parce que le Père a décidé de se croiser les bras et de laisser le village mourir de faim. « Et ainsi fit-il. »

Son prétexte est que Comala a célébré comme une fête la mort de Susana San Juan. La vérité est différente : Pedro Páramo n'a pu posséder la femme qu'il aimait parce qu'il n'a pu la transformer en objet de son propre univers verbal. Pedro Páramo condamne Comala à mort en le condamnant au silence — il le condamne aux origines, avant le langage — mais Comala, Susana et finalement Juan Preciado savent une chose que Pedro Páramo ignore : la mort est aux origines ; on commence avec la mort, la vie est fille de la mort, et le langage naît du silence.

Pedro Páramo croit qu'il condamne un village à mort, parce que pour lui la mort se situe dans le futur, la mort est l'œuvre de sa main, tout comme le silence. Pour tous les autres — pour ce chœur de vieilles nounous et de donzelles répudiées, de sorcières et de mendiantes, avec leurs pupilles fantomatiques, les enfants de Pedro Páramo, Miguel et Abundio, et Juan Preciado enfin — il faut se souvenir d'abord de la mort : notre origine, et du silence : *Mu*, mythe, premier mot surgi du vide et de la terreur de la mort et du silence. Pour eux tous, la mort est au principe, on commence avec la mort, et sans doute est-ce ce qui relie, à la fin, le fils de Pedro Páramo et l'amour de Pedro Páramo, Juan Preciado et Susana San Juan ; les murmures, les balbutiements du langage naissant du silence et de la mort.

Le problème de Pedro Páramo est de parvenir à approcher Susana. Approcher Pedro Páramo, c'est le problème de ses enfants, y compris Juan Preciado, et c'est aussi un problème de sphère verbale.

Qu'est-ce qui nous rapproche du père ? Le *langage* lui-même, que le père a d'abord voulu nous donner, puis nous retirer : le langage qui est le pouvoir du père, mais aussi son impuissance quand il le perd.

Rulfo opte pour quelque chose de mieux qu'une vengeance contre le père : il y associe un effort pour maintenir le langage par la voie du mythe, et le mythe de

Rulfo est le mythe de la mort à travers la quête du père et du langage.

Pedro Pãramo est une télémachie en quelque sorte, la saga de la recherche et de la réunion avec le père, mais comme le père est mort — un de ses fils, Abundio le muletier, l'a assassiné — chercher le père et se joindre à lui, c'est chercher la mort et se joindre à elle. Ce roman est l'histoire de l'entrée de Juan Preciado dans le royaume de la mort, non parce qu'il a trouvé la sienne, mais parce que la mort l'a trouvé, l'a éduqué, lui a appris à parler et il a assimilé mort et mots, ou plutôt la mort comme un désir de mot, le mot comme nostalgie de la mort, pour reprendre la belle formule de Xavier Villaurrutia.

Juan Preciado dit que les murmures l'ont tué : c'est-à-dire, les mots du silence. « Ma tête était pleine de bruits et de voix. De voix, oui. Et ici, où l'air était rare, on les entendait mieux. On les gardait en soi, lourdes. »

La mort est la réalité qui exige avec le plus de gravité, d'angoisse et de tendresse le langage comme preuve de son existence.

Les mythes se sont toujours contés près des tombes : Rulfo va plus loin : il entre dans les tombes, côtoie les morts, reproduit leur dialogue :

« — Je sens comme si quelqu'un marchait sur nous.

— Arrête d'avoir peur. Force-toi à penser à des choses agréables, car nous allons être longtemps enterrés. »

La terre des morts est le royaume de Juan Rulfo ; en lui cet auteur fonde et trouve son archétype narratif, un archétype intimement lié à la dualité père/mère, silence/voix.

Pour Jung, l'archétype est le contenu de l'inconscient collectif et il se manifeste en deux mouvements : à partir de la mère, la matrice qui lui donne forme ; et à travers le père, porteur de l'archétype, son *mythophore*. Sous cet angle, nous pouvons voir le roman de Rulfo comme une visite des terres de la mort par la voie mythique suprême, le retour à l'utérus, à la mère qui est réceptacle du mythe, fécondée par le mythe : Doloritas et les mères de substitution, Eduviges, Damiana, Dorotea.

Vers quoi nous conduisent-elles toutes, aux côtés de Juan Preciado ? Vers le porteur du mythe, le père de la tribu, l'ancêtre maudit, Pedro Páramo, le fondateur du Nouveau Monde, le violeur des mères, le père de la kyrielle des enfants de la « mère flouée » (la Chingada). Sauf que ce père refuse de porter le mythe. Et ce faisant, il trahit sa progéniture, il ne peut assumer « les mots de la tribu ».

Le mythe, précise Jung dans ses *Symboles de la transformation*, est ce qui est cru toujours, partout et de tous. L'homme qui croit pouvoir vivre sans le mythe, ou étranger à lui, est donc une exception. Il est comme un être sans racines, dépourvu de lien avec le passé, avec la vie ancestrale qui se poursuit en lui et aussi dans la société humaine d'aujourd'hui.

Comme Pedro Páramo, les dernières années, vieux et immobile dans un fauteuil à côté de la grande porte de la Demi-Lune, attendant Susana San Juan comme Heathcliff avait attendu Catherine Earnshaw dans *Les Hauts de Hurlevent*, mais radicalement coupé d'elle parce que Susana appartient au monde mythique de la folie, de l'enfance, de l'érotisme et de la mort, et que Pedro appartient au monde historique du pouvoir, de la conquête physique des choses, de la stratégie machiavélique pour subjuguer les personnes et les réduire à des objets.

Cet homme hors du mythe, ajoute Jung, ne vit pas dans une maison, comme les autres hommes ; il vit sa vie propre, prisonnier d'une manie subjective de sa propre invention qu'il considère comme une vérité de fraîche date. La vérité de fraîche date de Pedro Páramo, c'est la mort, son désir de rejoindre Susana. « Elle est proche. Elle est proche. Voici ma mort. Je pars pour l'au-delà. J'y pars. »

Il meurt après avoir laissé mourir Comala parce que Comala a fait une fête de la mort de Susana San Juan. « Je me croiserai les bras et Comala mourra de faim. »

Et il le fit.

Pedro Páramo, lorsqu'il condamne Comala à mort et s'assied dans un fauteuil en attendant la sienne, apparaît comme cet homme sans mythe dont parle Jung : il a beau l'avoir affrontée et l'avoir donnée, il n'est qu'un nouveau venu au royaume de la mort, qui fait partie de la réalité psychique. Le pouvoir du père est gangrené parce qu'il ne croit pas au mythe — il ne croit pas au langage — et quand il les découvre, c'est dans le rêve d'une femme qui ne partagera pas son rêve — c'est-à-dire son mythe — avec lui.

Susana San Juan, en revanche, est un personnage au confluent de divers mythes : celui de l'inceste avec son père Bartolomé, et celui du couple idyllique avec son amant Florencio. Finalement, elle est porteuse d'un mythe qui les résume tous : celui de l'éternel présent de la mort. Bartolomé, l'autre père, pour posséder sa fille, tue Florencio.

Privée de son amant, Susana décide de se priver de son père. Pedro Páramo se charge de Bartolomé San Juan ; il l'assassine pour récupérer l'enfant qu'il aimait, Susana, trente ans plus tard, mais ce faisant il la perd, car la perte du père signifie pour Susana précisément ce que la présence du père signifie pour le village : *loi : protection : langage.*

En perdant son père, Susana perd loi, protection et langage : elle s'abîme dans le silence, devient folle, s'enferme dans son propre monologue verbal. Elle nie le père. Ensuite elle nie le père en religion, le père Rentería.

Puis elle nie Dieu le Père. Comment Susana San Juan pourrait-elle alors identifier l'usurpateur de l'autorité paternelle, Pedro Páramo, si elle a cessé de reconnaître Dieu, source de l'autorité patriarcale ?

Voilà la réalité que Pedro Páramo ne peut percer ni dominer et qui ne peut même pas être reconnue par Susana, enfermée dans son univers verbal, un monde de silence hermétique au pouvoir de Pedro sur la parole : « Mais quel était le monde de Susana San Juan ? Ce fut une des choses que Pedro Páramo ne parvint jamais à savoir. » Pour une fois, le tout-puissant patriarche, le père, le conquérant est exclu. C'est pourquoi il se croise les bras et laisse mourir Comala : Susana San Juan lui échappe, même dans la mort, à travers la mort même.

Enterrée vivante, habitante d'un monde qui grince, prisonnière d'une « sépulture de draps », Susana ne fait aucune distinction entre ce que Pedro Páramo appellerait la vie et ce qu'il appellerait la mort : si elle a « la bouche pleine de terre », c'est aussi parce que « j'ai la bouche pleine de toi, de ta bouche, Florencio ».

Susana San Juan aime un mort : une morte aime un mort. C'est par cette brèche que Susana échappe au pouvoir de Pedro Páramo. Car si le cacique a son domaine, elle a son démon. Amour fou, dirait Breton ; amour fou de Pedro Páramo pour Susana San Juan, amour fou de Susana San Juan pour ce nom de la mort qu'est Florencio. Mais pas d'amour fou entre Susana et Pedro.

Par son climat et sa tonalité, *Pedro Pāramo* est un roman qui en rappelle un autre : *Les Hauts de Hurlevent*, d'Emily Brontë. Il est intéressant de les confronter à cause de la controverse stupide qui s'est nouée autour du roman de Rulfo, cette dichotomie qui ne veut y voir qu'une œuvre poétique ou qu'une œuvre politique, sans comprendre que le roman se tend entre les deux pôles, le mythe et l'épopée et entre deux durées : la durée de la passion et la durée de l'intérêt.

C'est le même cas dans l'œuvre d'Émily Brontë, où Heathcliff et Cathy appartiennent, simultanément et conflictuellement, à la durée passionnelle de la récupération du paradis érotique de l'enfance et à la durée intéressée de leur *position* sociale et de leur *possession* financière. Georges Bataille voit dans *Les Hauts de Hurlevent* l'histoire de la rupture d'une unité poétique, suivie d'une rébellion des exclus du royaume originel, des maudits habités du désir de recréer le paradis. Par contre, le critique marxiste Arnold Kettle voit dans cette œuvre l'histoire d'une transgression révolutionnaire des valeurs morales de la bourgeoisie par les propres armes de la bourgeoisie. Heathcliff humilie et ruine les Lynton en jouant de l'argent et de la propriété, des biens fonciers et des dots matrimoniales.

Tous deux ont raison à propos de Brontë et ce serait identique pour Rulfo. Ce ne sont pas des romans réductibles. La différence entre eux est plus intense et plus secrète. Heathcliff et Cathy sont unis par une passion qui accepte son destin de mort. La sombre grandeur d'Heathcliff est qu'il sait qu'il aura beau dégrader la famille de Cathy, manipuler et corrompre financièrement ses anciens maîtres, le temps de l'enfance partagée avec Cathy — cette merveilleuse instantanéité — ne reviendra jamais. Cathy le sait, elle aussi, et c'est pourquoi, parce qu'elle *est* Heathcliff, elle va vers la seule chose qui ressemble à la terre de l'instant perdu : la terre de la mort. Cathy meurt pour dire à Heathcliff : voilà notre véritable foyer ; viens m'y rejoindre.

Susana San Juan fait seule ce voyage, c'est pourquoi son destin est plus terrible que celui de Catherine Earnshaw. Elle ne partage rien avec Pedro Páramo, ni l'enfance, ni l'érotisme, ni la passion, ni l'intérêt. Pedro Páramo aime une femme qui est radicalement séparée de lui, un fantôme qui, comme Cathy vis-à-vis d'Heathcliff dans *Les Hauts de Hurlevent*, le précède dans la tombe, mais c'est seulement parce que Susana était déjà morte et que Pedro ne le savait pas. Pourtant, Pedro l'a aimée, Pedro l'a rêvée, et parce qu'il l'a aimée et rêvée, il est un être vulnérable, fragile, digne d'amour lui aussi, et non le cacique sans foi ni loi, le scélérat pour film mexicain qu'il aurait pu être. Pedro doit sa blessure à Susana ; Susana l'invite à se reconnaître dans la mort.

Bataille dit, à propos des *Hauts de Hurlevent*, que la mort est l'origine travestie. Si le retour au temps instantané de l'enfance est impossible, l'amour fou ne peut s'accomplir que dans le temps éternel et immobile de la mort : un instant sans fin. La fin absolue offre dans son étreinte toutes les possibilités du passé, du présent et du futur. L'enfance et la mort sont les signes de l'instant. Dans leur instantanéité, ils sont seuls étrangers au calcul de l'intérêt.

C'est dans la mort que se déroule, rétrospectivement, la totalité de *Pedro Páramo*. D'où la structure parallèle et contiguë des histoires : chacune ressemble à une tombe ; ou plutôt, *c'est* une tombe, crissante, détrempée et voisine de toutes les autres. Ici, après avoir achevé son éducation sur la terre, son éducation de la mort et de la terreur, peut-être Juan Preciado tendra-t-il la main pour rencontrer, à son tour et à cette heure, sa propre passion, son propre amour, sa propre reconnaissance. Il se peut que Juan Preciado, au cimetière de Comala, couché à côté d'elle, avec elle, connaisse et aime Susana San Juan et soit aimé en retour, comme son père n'y était pas parvenu. Et c'est peut-être pour cela que Juan Preciado se change en fantôme : pour connaître et aimer Susana San Juan dans la tombe. Pour pénétrer dans la mort la femme que son père ne put posséder. Pour vivre l'érotisme comme une affirmation de la vie jusque dans la mort.

4. RULFO, ROMANCIER DE L'ULTIME

Lire Juan Rulfo, c'est comme nous rappeler notre propre mort. Grâce au romancier, nous avons été présents à notre mort, qui s'intègre ainsi à notre mémoire. Nous sommes donc mieux préparés à comprendre que la dualité vie *et* mort ou le choix vie *ou* mort n'existent pas ; la mort *fait partie* de la vie : tout *est* vie.

En situant la mort dans la vie, dans le présent, et, simultanément, aux origines, Rulfo contribue puissamment à créer un roman latino-américain moderne, c'est-à-dire ouvert, inachevé, opposé à un achèvement — même sur le plan technique — qui le priverait de son échappée, de son présent, ou de son Éros et de son Thanatos.

Littéralement, chaque parole devrait être l'ultime. Mais ce n'est qu'apparence : en fait, il n'y a jamais d'ultime parole, parce que le roman existe grâce à une pluralité de vérités : la vérité du roman est toujours relative. Son creuset, écrit Bakhtine, est la conscience individuelle, qui par définition est partiale. Sa gloire, selon Milan Kundera, est d'être le paradis transitoire où nous tous et chacun avons le droit de parler et d'être écoutés.

Le roman est un instrument du dialogue au sens profond : pas seulement le dialogue entre des personnages, comme l'a compris le réalisme social et psychologique, mais le dialogue entre des genres, entre des forces sociales, entre des langages et des temps historiques proches ou lointains, comme l'ont compris et le comprennent les générateurs du roman, Cervantès, Sterne et Diderot hier, Joyce, Kafka, Woolf, Broch et Faulkner à notre époque.

Le roman latino-américain a répondu inégalement à cet appel de l'ouverture. Émergée de « *l'hégémonie d'un langage unique et unitaire* » — celui de la Contre-Réforme espagnole — qui durant trois siècles a paralysé l'importation, la rédaction, l'impression ou la circulation de romans, notre première fiction nationale coïncide avec le triomphe des révolutions d'indépendance : c'est le *Periquillo Sarniento* de José Joaquín Fernández de Lizardi, en 1821, qui inaugure le roman hispano-américain dans la ville et dans les contradictions de la ville. Mais en 1821 nous n'étions pas encore préparés à recevoir la découverte conflictuelle de Lizardi et de son héros Pedro Sarniento, ni indien ni espagnol, mais métis : ni catholique dogmatique ni libéral romantique, mais un peu des deux.

Nous avons dû subir beaucoup de romantisme, beaucoup de réalisme, beaucoup de naturalisme, beaucoup de psychologisme, avant que Pedro Sarniento ne rejoigne Pedro Páramo.

Mais le roman mexicain n'est qu'un chapitre du grand œuvre de la littérature de langue espagnole à laquelle nous appartenons tous et c'est une littérature née des mythes des cultures indigènes, des épopées de la conquête et des utopies de la Renaissance. Tous ensemble nous émergeons de cette terre commune — cette *terra nostra* —, nous nous en nourrissons, nous l'oublions et la redécouvrons, et nous la faisons exploser par la force d'un langage retrouvé, qui fut d'abord celui de nos grands poètes fulgurants, Rubén Darío et Pablo Neruda, Leopoldo Lugones et Luis Palés Matos, César Vallejo et Gabriela Mistral. Grâce à eux, nous autres romanciers avons disposé d'un outil langagier dans la tâche inachevée de la contre-conquête de l'Amérique espagnole.

Cette contre-conquête passe par un chapitre d'identité nationale que le roman de la révolution mexicaine incarne parfaitement : la chronique de Martín Luis Guzmán, la vaste comédie de Mariano Azuela — une merveilleuse histoire qui va d'*Andrés Pérez Maderista* au *Camarada Pantoja* en passant par le célébrissime *Ceux d'en bas* —, les chroniques dramatiques du Villisme de Rafael Múñoz, les eaux-fortes du mouvement *cristero* de Guadalupe de Anda, la rénovation formelle du genre grâce à Agustín Yáñez, nous permettent comme Mexicains de nous découvrir nous-mêmes — mais aussi de nous critiquer nous-mêmes. Il n'y a pas de connaissance de soi sans critique de soi.

Juan Rulfo assume toute cette tradition, la met à nu, ôte les épines du cactus et nous les plante au cœur comme un rosaire ; il prend la croix la plus haute de la montagne et nous révèle que c'est un arbre mort dont les branches portent toutefois les fruits sombres et dorés de la parole.

Dans ce même livre je parle de Bernal Díaz comme de notre premier romancier : le créateur d'une épique hésitante, peu sûre de son matériau, de ses affects et de la mémoire qui est l'instrument unique sur lequel comptent aussi bien Bernal que Proust.

Juan Rulfo est un romancier ultime, et pas seulement en ce sens que, dans *Pedro Páramo*, il clôt, en les assimilant et en les couronnant, divers genres traditionnels de la littérature mexicaine : le roman rural, le roman de la révolution, tout en dessinant une modernité narrative dont Rulfo est à la fois instigateur et protagoniste.

Pedro Páramo est une œuvre qui nous permet vraiment, et pas pour la galerie, d'entrer dans la modernité, parce qu'elle nous oblige à ré-imaginer le passé, à ré-inventer le monde, à le désirer, à le nommer, à l'inventer et à le recréer encore et toujours.

Depuis la mort — ultime étape — Juan Rulfo impulse, ré-génère et actualise les catégories de notre fondation américaine : l'Épopée et le Mythe.

Il est aussi un romancier ultime en ce sens que son œuvre se présente elle-même comme une somme et un modèle : un archétype, l'incarnation verbale d'une *summa* de rêves et de désirs individuels relatés dans leur confluence avec les rêves et les désirs collectifs.

Mais Rulfo est un romancier ultime surtout au sens dostoïevskien.

Quand l'auteur de *Humiliés et offensés* commençait sa carrière littéraire, Belinski, le célèbre et généreux Belinski, le critique ami de Gogol et de Pouchkine, comprit qu'à travers les œuvres du jeune Dostoïevski nous allions toucher au cœur de la souffrance et du malheur cachés derrière la façade du progrès et découvrir aussi la responsabilité partagée qui nous incombe devant cette souffrance, ce malheur.

Belinski demanda à son jeune disciple, Dostoïevski, pour lui donner conscience de l'énormité de la tâche, de lui raconter l'histoire de *toutes* et de *chacune* des victimes de l'histoire, en concluant : « Ce serait une tâche impossible de raconter l'histoire de chacune des victimes de l'histoire. »

Dostoïevski lui répondit très simplement : « Il suffit de parler du dernier homme. »

Comme Dostoïevski, Rulfo nous montre les derniers hommes et les dernières femmes de notre terre. Il suffit de connaître Pedro Páramo, Susana San Juan et Juan Preciado pour les connaître tous. Ce sont les êtres ultimes, en ce sens. Grâce à eux, à leur langage, à leur auteur, nous pouvons entreprendre à nouveau, après avoir connu des vies et un langage qui rassemblent la dispersion antérieure, qui restaurent pour un instant l'unité du discours, qui lui donnent une finalité illusoire, et qui nous permettent de repartir vers la pluralité de la tâche narrative.

Mariano Azuela : l'Iliade aux pieds nus

1. LA ROUE DE FEU

L'épopée a été vue par Hegel comme un acte : un acte de l'homme qui, de façon ambiguë, se détache de la tare originelle du mythe, de son identification primaire avec les dieux comme acteurs, pour assumer lui-même l'action. Une action consciente d'elle-même, remarque Hegel, qui perturbe la paix de la substance, de l'Être identique à soi : l'épopée est un accident, une rupture de l'unité simple qui se divise sur le mode épique et s'ouvre au monde pluraliste des pouvoirs naturels et des forces morales.

Simone Weil indique que l'épopée naît lorsque les hommes se déplacent et défient les dieux : iras-tu jusqu'à Troie avec moi ou resteras-tu auprès des tombes à Argos et à Tanagra ? La première victoire de l'homme sur les dieux est de les obliger à voyager. L'épopée naît de cette *péripétie*, de ce déplacement, de l'errance que Lukács relie à la narration humaine. Le mythe — nul parmi nous ne le sait mieux que Juan Rulfo — demeure auprès des tombes, sur la terre des morts, protégeant les ancêtres, veillant à leur repos.

Mais par son propre caractère de voyage, de pérégrination, l'épopée est la forme littéraire du passage, le pont entre le mythe et la tragédie. Rien n'existe isolément dans les conceptions originelles de l'univers, et Hegel, dans la *Phénoménologie de l'esprit*, voit dans l'épopée un acte de viol de la terre pacifique — c'est-à-dire de la paix des sépultures. L'épopée change la tombe en tranchée, la fortifie du sang des vivants et ce faisant convoque l'esprit des morts, qui ont soif de la vie et qui la reçoivent conscients de la mutation de l'épopée en tragédie, conscients d'eux-mêmes, de leur faillibilité et de leurs propres erreurs qui ont entamé les valeurs collectives de la *polis*. Pour restaurer ces valeurs, le héros tragique regagne le foyer, la terre des morts, et il ferme le cycle dans la re-trouvaille du mythe d'origine, Ulysse à Ithaque, Oreste à Argos.

Telle est la grande roue de feu de l'antiquité classique, et ses meilleurs interprètes théoriques modernes — Nietzsche et Scheler en Allemagne, Bakhtine en Russie, Ortega et María Zambrano parmi nous, Simone Weil en France — sont d'accord sur ce point : la tragédie ne peut apporter la réconciliation de la ville sans trois éléments : le retour du héros au foyer ; la catharsis qui réconcilie les valeurs tragiques en conflit ; et le temps nécessaire pour que cela se produise : la transformation, selon Scheler, de la catastrophe en connaissance. Car la catastrophe qui se limite à une simple destruction ne peut s'élever à la catégorie de tragédie, écrit María Zambrano : de la destruction doit émerger quelque chose qui la dépasse, qui la transcende. Ainsi, comme le souligne Nietzsche, un monde nouveau, aux conséquences ultérieures imprévisibles, naît des ruines de l'ancien monde.

Mais ajoutons que le conflit tragique permet de dépasser la catastrophe parce que ce n'est pas un conflit de vertus — une lutte entre bons et méchants — mais un conflit de valeurs où les deux partis ont raison. Antigone a raison de défendre les droits de la famille ; mais son adversaire, Créon, a raison lui aussi de défendre les droits de la ville. Prométhée a raison de dérober le feu aux dieux ; Jupiter a également raison de le punir. La morale de la tragédie, c'est Eschyle qui l'énonce dans *Prométhée*, d'une façon émouvante et inoubliable : « Tout ce qui existe est à la fois juste et injuste, et pareillement justifié dans les deux cas. » Morale de l'ambiguïté, comme dirait Simone de Beauvoir ? Plutôt richesse des valeurs, selon ce qu'un autre écrivain français, Simone Weil, a conçu comme leçon contemporaine de l'épopée. Dans son étude « *L'Iliade* » : *poème du pouvoir*, qui est un des plus grands essais littéraires et philosophiques de notre siècle, la philosophe judéo-chrétienne nous dit que la leçon homérique n'est pas caduque. Cette leçon se résume ainsi : « Ne jamais admirer le pouvoir, ni détester l'ennemi, ni mépriser ceux qui souffrent. »

Cette leçon, ajoute Simone Weil, reste à suivre. *L'Iliade* vient d'un autre temps, mais non d'une autre planète. Rappelons son précepte : quand l'homme tente d'étendre son pouvoir jusqu'aux limites de la nature, il change les personnes en choses, les détruit brutalement et les décapite au nom de la gloire. Mais quand la gloire se démasque, elle nous révèle que son vrai visage est celui de la mort.

Valeur de la tragédie ; valeur de l'épopée et valeur, finalement, du mythe, du creuset originel, patrie commune du verbe : parole et vide, *logos* et *polis*. Nous avons vu dans *Pedro Páramo* de Rulfo l'écho des paroles de Jung, qui accorde au mythe la valeur d'une révélation originale de la psyché pré-consciente. Les mythes sont la vie de la tribu et celle-ci s'effondre lorsqu'elle perd son héritage mythologique, comme un homme qui a perdu son âme.

Cette triple valeur — mythe, épopée et tragédie — dépend, sur le plan dialectique, de chacune de ses composantes et de leur ensemble relationnel. On peut penser, comme Lévi-Strauss, que le mythe a toutefois un caractère structurant : il structure l'épopée et la tragédie, et de ce fait l'histoire de la collectivité et celle de l'individu. Il se structure aussi lui-même ainsi que d'autres mythes.

Si je relève tout ceci dans une analyse du roman de l'Amérique espagnole, c'est pour diverses raisons. En premier lieu parce que nous non plus nous n'avons pu recréer le cercle de la littérature de l'Antiquité. L'effort le plus réussi pour réunir dans un faisceau narratif épopée et mythe, *Cent ans de solitude* de Gabriel García Márquez, n'atteint pas le niveau tragique parce que l'utopie s'est interposée. Les Buendía sont hispano-américains ; ils ne peuvent renoncer à l'espoir, malgré les derniers mots du roman. Nous le savons tous, García Márquez le sait et moi aussi : nous *aurons* une deuxième chance sur cette terre. Mais nous ne savons pas encore comment y parvenir par la voie de la tragédie. Nous sommes les enfants du XXe siècle, on ne peut pas nous demander une approche tragique alors que la tragédie, dans ses anciens centres fondateurs — l'Occident, la Méditerranée —, a été remplacée par le crime. L'histoire de la violence impunie, dont nous parlait Gallegos, n'est pas seulement hispano-américaine. Elle est devenue universelle. Nous cherchons notre deuxième chance sur les chemins de l'utopie ; peut-être l'utopie active, machiavélique, à laquelle je ferai référence dans mon analyse de *L'automne du patriarche*. Mais, par-dessus tout — et c'est actuellement la force de notre littérature — grâce à la restauration du mythe, au sens où l'entend Gianbattista Vico : racine commune du langage et de l'histoire. La capacité mythique prolongée nous permettra un jour, peut-être — *Paradiso* de Lezama Lima s'en approche —, de retrouver le cercle salvateur des valeurs :

Mythe, Épopée, Tragédie : parole, action, et temps collectif de la culture.

Pour l'heure, le monde mythique le plus pur de notre terre est toujours celui des Indiens, qui *vivent* les mythes au sens de Jung : ils ne se bornent pas à les représenter. Aussi bien Antonin Artaud, dans *D'un voyage au pays des Tarahumaras*, que Fernando Benítez dans *Les Indiens du Mexique* l'attestent. Mais notre modernité a fait de nous les héritiers d'une religion, d'une politique et d'une littérature incompatibles avec la triple valeur classique que je viens d'évoquer.

D'abord le christianisme, puis l'humanisme individualiste et mercantile ont brisé cette grande roue de feu de l'Antiquité et l'ont remplacée par un fil d'or et d'excrément : il n'y a pas de raison pour regarder en arrière, le salut n'est pas dans l'origine mais dans le futur : l'avenir transcendant de la religion ou le paradis immanent de l'ingénierie séculière.

Le roman, dans la mesure où il est le produit historique d'une perte — celle de l'unité médiévale — et d'un acquis — celui de l'étonnement décentré de l'humanisme — est la première forme littéraire qui succède en ligne droite à l'épopée et ne ferme pas la boucle par la tragédie qui réintègre l'épique dans le mythe.

Succession, oui, mais aussi rébellion : depuis sa naissance moderne, le roman, comme s'il pressentait le douloureux appel d'une absence, cherche désespérément à s'allier de nouveau au mythe — d'Émily Brontë à Kafka — ou à la tragédie — de Dostoïevski à Faulkner. Par contre, il rejette sa parenté épique ; il en fait — du *Don Quichotte* de Cervantès à l'*Ulysse* de Joyce — un objet de raillerie.

Pourquoi ? Peut-être parce que le roman, émergeant d'une opération critique propre à la Renaissance qui sécularise, relativise et contredit ses propres fondements critiques, sent d'abord le besoin de critiquer la forme qui lui donne naissance et qui l'étaie malgré son rejet : l'épopée chevaleresque du Moyen Âge, le récit paladin ; de plus, il éprouve la nostalgie du mythe et de la tragédie, mais à présent comme nostalgie critique. Fils de la foi dans le progrès et le futur, le roman sent que sa fonction se dégrade s'il n'est pas capable de critiquer sa propre idéologie et que cette opération exige les armes du mythe et de la tragédie. Don Quichotte va les chercher au fond de la grotte de Montesinos ; Dostoïevski dans la sédimentation de l'héritage césaro-papiste de la Troisième Rome, la Sainte Russie ; et Kafka dans les souterrains des fables germaniques et hébraïques. Mais Dostoïevski, Kafka, Faulkner et Beckett brisent aussi la ligne de la succession futuriste. Les destins d'Ivan Karamazov, de K. l'Arpenteur, de Miss Rosa Coldfield et de Malone ne sont plus ceux de Julien Sorel, de David Copperfield ou de Rastignac : ceux-ci dépendaient totalement d'une progression pointée vers le futur ; pour les précédents, au contraire, le destin a le visage des temps simultanés. La forme de tous les temps est ici et maintenant, a dit Thomas Mann dans *Jacob*, et Jorge Luis Borges lui a renvoyé un écho hispano-américain dans *Le jardin aux sentiers qui bifurquent* : « Il croyait en d'infinies séries de temps, en un réseau croissant et vertigineux de temps divergents, convergents et parallèles. »

Mais pour Ortega, l'épopée n'a qu'un temps, le passé, et elle n'admet pas l'actualité comme possibilité poétique. Le présent de l'époque n'est que son actualisation par la répétition : « le thème poétique existe préalablement une fois pour toutes ; il s'agit seulement de l'actualiser dans les cœurs, de lui conférer la plénitude de la présence », écrit le philosophe espagnol dans les *Méditations du Quichotte*.

Le temps de l'épique est un passé indiscriminé. Comme

il avait senti le caractère transitif de son entreprise, le poète de l'épopée répugne à laisser quoi que ce soit de côté, il veut tout mettre dans son sac épique. Ortega fait observer que chez Homère, la mort d'un héros occupe le même espace — quatre vers — qu'une porte qui se ferme. Dans *Mimésis*, Erich Auerbach explique que dans l'épopée rien n'est dit à moitié ou à mi-voix. Le premier plan permanent, l'omni-inclusion, les interpolations qui permettent au poète épique d'actualiser son passé absolu et transitif entre le mythe et la tragédie, créent cette sensation « traînante » dont parlent Goethe et Schiller dans leur correspondance de 1797 où ils opposent la lenteur et le fourre-tout épiques à la tension et à la sélection tragiques.

Mais puisque le successeur de l'épopée n'est plus la tragédie mais le roman, en quoi ce dernier, la fiction d'aujourd'hui, s'en distingue-t-il finalement ? Parlant de Bernal Díaz del Castillo, j'ai qualifié son œuvre d'« épopée hésitante » de la chronique de la conquête. Les aventures de l'épopée en Amérique espagnole nous disent, en premier lieu, qu'au moment de la Découverte et de la conquête, l'histoire de l'époque récusait le sérieux de l'élan épique. L'Europe s'oriente vers la centralisation administrative en conflit avec la diffusion du commerce : les conflits entre la bureaucratie royale et la bourgeoisie marchande n'auront rien d'épique. Par contre, les événements qui se déroulent dans le Nouveau Monde exigent l'épopée : Colomb, Coronado, Cortés, Cabeza de Vaca, Pizarre et Valdivia sont une exigence épique que résument les mots émerveillés de Bernal lorsqu'il compare Tenochtitlán aux visions de l'*Amadis* et ceux d'Ercilla lorsqu'il fait du chef araucan Caupolicán une sorte d'Hector du Nouveau Monde. Les conquérants emportent dans leurs bagages ce que le critique nord-américain Irving Leonard appelle « les livres des braves » : comme Don Quichotte, ils cherchent l'analogie entre leur gloire et celle des poèmes épiques. Mais dans leur dos, en Espagne, viennent d'autres livres qui annoncent les nouvelles réalités urbaines, instables, éphémères. La Célestine dans ses missions galantes d'entremetteuse ou le Buscón de Quevedo, *pícaro* traversant une place, affrontent autant de périls et de mésaventures que Lope de Aguirre en Amazonie ou Cortés en route pour les Hibueras.

La remise en cause de l'épopée paladine par Fernando de Rojas et le roman picaresque n'a pas d'équivalent dans le Nouveau Monde si ce n'est pas le biais de l'hésitation de la *Chronique* de Bernal, cet amour et ce respect pour la figure du vaincu, cette élégie pour un monde disparu que sa propre épée a contribué à tuer.

Car si en Europe la succession propre à l'Antiquité classique (mythe-épopée-tragédie) est supplantée dans la modernité chrésochrétienne par la succession épopée-roman, dans le Nouveau Monde les espoirs excessifs de l'utopie, leur sacrifice au profit de l'épique et le recours des deux à un baroque douloureux fondent aussitôt deux grandes traditions : la *chronique* qui étaie politiquement la version épique des faits et la *lyrique* qui crée un autre monde, l'histoire où tout ce qui a été assassiné et étouffé par l'histoire épique trouve sa place. Bernal est la source secrète du roman hispano-américain : son livre rappelle, recrée, encense et déplore, mais il se présente comme « véritable chronique ».

Présage du roman à venir, l'épique hésitante de Bernal a dû attendre jusqu'à nos jours pour trouver, chez des écrivains comme Carpentier et García Márquez, d'efficaces continuateurs. Le roman de l'Amérique espagnole ne subit pas un retard plus dramatique que le roman espagnol lui-même. Entre *Don Quichotte* de Cervantès (1615) et *La Régente* de Clarín (1885), deux siècles se sont écoulés sans que la péninsule produise des romans comparables à ceux de la tradition anglaise ou française. Nous sommes nés ensemble ; nous avons perdu ensemble ; et ensemble nous devons nous régénérer et renaître. Nous sommes nés d'une épique hésitante (Bernal) qui a son écho réel en Espagne : la picaresque à laquelle on ne peut opposer que la fiction totale de Don Quichotte — si totale qu'elle s'épuise en Espagne et n'a de descendance fertile qu'à l'extérieur : Sterne en Angleterre et Diderot en France. Nous n'avons pu renouer le fil narratif et historique que grâce à une longue et difficile expérience conjointe de *nation* et de *narration*, chacune s'habituant à l'autre lentement, concurremment, aveuglément, par à-coups.

2. NATION ET NARRATION

Je pose la question : dans quelle mesure l'impossibilité d'accomplir jusqu'au bout la trajectoire méditerranéenne est-elle inhérente aux frustrations de notre histoire ; dans quelle mesure est-elle juste un pâle reflet de la décision moderne, judéo-chrétienne d'abord, puis bureaucratico-industrielle, d'exiler la tragédie, inacceptable dans la perspective d'une constante perfectibilité de l'être humain et de ses institutions, et de leur béatitude finale ?

Je choisis *Ceux d'en-bas* de Mariano Azuela pour esquisser une réponse qui, sans doute, si elle a quelque validité, ne servira qu'à susciter une nouvelle constellation de questions. Mais si nous penchons vers la première hypothèse — l'histoire du Mexique et de l'Amérique hispanique, du meilleur des mondes —, *Ceux d'en-bas* nous offre une chance de comprendre le rapport entre nation et narration, de par sa nature amphibie, épopée contaminée par le roman, roman contaminé par la chronique, texte ambigu et inquiétant qui puise aux sources de bien des genres et qui propose une lecture hispano-américaine de leurs virtualités et de leurs limites. Épopée hésitante de Bernal, épopée dégradée d'Azuela. Entre les deux, la nation aspire à être narration.

Chez Gallegos ou chez Rulfo, un mythe germe à partir de la délimitation de la réalité narrative. Chez Gallegos, la nature le précède, chez Rulfo c'est la mort. Le mythe qui peut naître d'Azuela est plus inquiétant parce qu'il émerge de l'échec d'une épopée.

Nation et narration : de même que le roman espagnol, ou son absence entre Cervantès et Clarín, fait partie d'un manque de réponse verbale au phénomène de la décadence qui se fait jour sous le règne de Philippe IV et de Charles II l'Ensorcelé, le roman hispano-américain et le roman mexicain en particulier brillent par leur absence jusqu'à ce que la nation donne sa chance et sa contradiction au roman avec *El Periquillo Sarniento* de Fernández de Lizardi. Nous partageons l'illusion de Rousseau sur la nation, romantique, sentimentale, telle qu'elle découle de la lecture de *Julie* ou de *La Nouvelle Héloïse*, quoique avec moins de torrents de larmes que les Colombiens et les Argentins : Jorge Isaacs et José Mármol. Le meilleur moment de notre fiction du XIXe se trouve dans les romans d'aventure de Manuel Payno et de Luis G. Inclán : préludes révolutionnaires pour le Mexique comme l'ont été *Facundo* et *Martín Fierro* pour l'Argentine. Mais un nouveau mirage, perçu comme un parcours obligé, devait occulter une fois encore la nation : le paravent du naturalisme à la Zola. Mariano Azuela, dans *María Luisa*, succombe à cet amalgame terrible du sentimental et du clinique. Monde réifié et prédestiné, les pierres n'y avaient pas d'histoire ni le sort de grandeur : c'était un prétexte dramatique pour encourager le progrès, mais ce n'était pas une vision globalisante du passé, avec ses limites et ses potentialités collectives pour atteindre le vrai progrès, qui implique aussi la présence du passé.

Mariano Azuela, plus que tout autre romancier de la révolution mexicaine, soulève la lourde pierre de l'histoire pour voir *ce qu'il y a dessous.* Ce qu'il y trouve, c'est l'histoire de la colonie dont personne auparavant n'avait réellement fait le récit imaginaire. Celui qui s'en tiendrait à la simple narration d'événements « présents » chez Azuela, sans saisir la richesse contextuelle de l'œuvre, ne l'aurait pas vraiment lue. Pas plus qu'il n'aurait lu la nation comme narration, ce qui est le grand apport d'Azuela à la littérature hispano-américaine ; nous sommes ce que nous sommes parce que nous sommes ce que nous fûmes.

Mais quand je dis « l'histoire de la colonie », je devrais dire « l'histoire de deux colonies ». Azuela est leur Dickens. Stanley et Barbara Stein, les historiens de la colonie à l'Université de Princeton, distinguent dans le système diverses constantes : la grande propriété, la plantation et les structures sociales de type latifundiaire ; les enclaves minières ; le syndrome exportateur ; l'élitisme, le népotisme et le clientélisme. Mais la caractéristique de ces constantes est qu'elles ne révèlent pas seulement la réalité du pays colonisé, elles renvoient aux vices du pays colonisateur lui-même : l'Espagne.

Histoire de deux colonies. Une nation coloniale colonise un continent colonial. Vendons des marchandises aux Espagnols, ordonne Louis XVI, pour avoir de l'or et de l'argent ; et Gracián de s'exclamer dans le *Criticón* : l'Espagne, ce sont les Indes de l'Europe. Et l'Amérique espagnole fut la colonie d'une colonie qui se donnait des airs d'empire.

Exportation de la laine, importation des textiles et fuite

des métaux précieux vers le nord de l'Europe pour compenser le déficit de la balance des paiements ibérique, importer les fastes de l'Orient pour l'aristocratie ibérique, financer les croisades de la Contre-Réforme et les monuments momifiés de Philippe II et de ses successeurs, défenseurs de la foi. Dans son *Mémorial de la politique nécessaire*, écrit en 1600, l'économiste González de Celorio, cité par John Elliot dans son *Espagne impériale*, affirme que si en Espagne il n'y a ni monnaie ni or ni argent, c'est parce qu'ils y abondent ; et si l'Espagne n'est pas riche, c'est parce qu'elle l'est. A propos de l'Espagne, conclut Celorio, il est possible ainsi de dire deux choses à la fois incontestables et contradictoires.

Je crains fort que les colonies espagnoles fassent partie de l'ironie de Celorio. Car quelle fut la tradition de l'empire espagnol si ce n'est un patrimonialisme débridé, à une échelle gigantesque, en vertu duquel les richesses dynastiques de l'Espagne ont pu croître vertigineusement, mais non la richesse des Espagnols ? Si l'Angleterre, comme l'indiquent les Stein, a éliminé tous les éléments qui freinaient le développement économique (privilèges de classe, royaux ou corporatifs ; monopoles ; prohibitions), l'Espagne les a multipliés. L'empire américain de la maison d'Autriche fut conçu comme une série de royaumes ajoutés à la Couronne de Castille. Les autres royaumes espagnols étaient légalement empêchés de participer directement à l'exploitation et à l'administration du Nouveau Monde.

L'Amérique a été le patrimoine personnel du roi de Castille, comme Comala était celui de Pedro Páramo, le Guararí celui des Ardavín et Limón, dans le Zacatecas, celui du cacique Don Mónico.

Ce n'est pas l'Espagne qui a connu la croissance, c'est le patrimoine royal. Croissance de l'aristocratie, croissance de l'Église et croissance de la bureaucratie à tel point qu'en 1650 quatre cent mille édits concernant le Nouveau Monde étaient en vigueur, Kafka en perruque. L'activité militaire et ecclésiastique se transfère, sans solution de continuité, de la Reconquête espagnole à la Conquête et à la colonisation de l'Amérique ; sur le sol de la péninsule restent une aristocratie molle, une bureaucratie centralisatrice et une armée de *pícaros*, de voleurs et de mendiants. Cortés est au Mexique, Calixte, le Lazarille de Tormès et le licencié Vidriera restent en Espagne. Mais Cortés, homme nouveau de la classe moyenne d'Estrémadure, frère actif de Nicolas Machiavel et de sa politique *pour* la conquête, *pour* la nouveauté, *pour* le Prince, qui n'hérite de rien et se fait tout seul, est vaincu par l'*imperium* des Habsbourg d'Espagne, l'absolutisme imposé au pays, d'abord par la défaite des révolutionnaires *comuneros* de 1521, puis par la défaite de la réforme catholique au Concile de Trente de 1545-1563.

L'Amérique espagnole doit accepter ce que la modernité européenne juge intolérable : le privilège comme norme, l'Église militante, l'oripeau insolent et l'usage privé des pouvoirs et des deniers publics.

L'Espagne a mis quatre-vingts ans à occuper son empire américain et deux siècles à fonder l'économie espagnole sur trois piliers, nous disent Barbara et Stanley Stein : les centres miniers du Mexique et du Pérou ; les pôles d'agriculture et d'élevage à la périphérie des mines ; et le système commercial tourné vers l'exportation de métaux pour que l'Espagne puisse payer ses importations venues du reste de l'Europe.

L'activité minière a financé les coûts administratifs de l'empire mais elle a aussi entraîné le génocide colonial, la mort de la population qui, entre 1492 et 1550, est passée au Mexique et dans les Caraïbes de vingt-cinq millions à un million et dans les régions andines, entre 1530 et 1750, de six millions à un demi-million. Au centre de ce désastre démographique, la colonne vertébrale de l'empire, la mine, a lancé la catastrophe, l'a aggravée et l'a prolongée sous une forme d'esclavage, le travail forcé, la *mita*, sans doute l'aspect le plus brutal d'un système colonial qui commença par détruire l'agriculture indigène pour envoyer ensuite les victimes dans les camps de concentration miniers parce qu'elles ne pouvaient pas payer leurs dettes (Stanley et Barbara Stein, *L'héritage colonial de l'Amérique latine*).

3. LA CHAPE DES SIÈCLES

Le meilleur des mondes. Que pouvait-il rester, après tout cela, du rêve utopique du Nouveau Monde, régénérateur de la corruption européenne, habité par le bon sauvage, destiné à restaurer l'Âge d'Or ? Érasme, More, Vitoria et Vivès s'évanouissent dans la galerie obscure d'une mine à Potosí ou à Guanajuato ; la grande propriété devient un sinistre Âge d'Or, paradoxal refuge de l'homme spolié et condamné aux travaux forcés des mines. L'histoire de l'Amérique espagnole semble répondre à la loi jésuitique du moindre mal, et comparativement le grand propriétaire se permet de jouer ce rôle de protecteur, de patriarche, de juge et de geôlier bienveillant qui exige et obtient, sur le mode paternaliste, le travail et l'allégeance du paysan, qui à son tour reçoit du patriarche des vivres, la consolation de la religion et une sécurité malheureusement relative. Son nom est Pedro Páramo, Don Mónico, José Gregorio Ardavín.

Sous cette chape séculaire, surgissent les hommes et les femmes d'Azuela : se sont les victimes de tous les rêves et de tous les cauchemars du Nouveau Monde. Est-ce étonnant si, surgissant de sous les pierres, ils ressemblent parfois à des insectes, à des scorpions aveugles, éblouis par le soleil, tournant en rond, le sens de l'orientation anéanti par des siècles et des siècles de ténèbres et d'oppression sous la chape du pouvoir aztèque, ibérique et républicain ? Ils jaillissent de ces ténèbres : ils ne peuvent percevoir clairement le monde, ils bougent, voyagent, émigrent, se battent, rejoignent la révolution. Ils répondent aux valeurs de l'épopée originelle. Mais en même temps, significativement, ils les dégradent et les mutilent.

Car *Ceux d'en-bas* est une chronique épique qui prétend établir la réalité des faits, pas celle des mythes, puisque ceux-ci n'alimentent pas la textualité immédiate de l'œuvre. Mais c'est aussi une chronique romanesque qui ne se contente pas de déterminer des faits mais qui en présente aussi une critique imaginative.

La description factuelle est épique, parfois synthétique : « Les fédéraux avaient fortifié les collines de El Grillo et de La Bufa de Zacatecas. On disait que c'était le dernier réduit de Huerta, et tout le monde en prédisait la chute. Les familles prenaient précipitamment la route du Sud ; les gens s'entassaient dans les trains ; on manquait de carrioles et de charrettes et sur les routes, nombreux étaient ceux qui, pris de panique, partaient à pied, leurs bagages sur le dos. »

Parfois, il allie la rapidité et la nonchalance : « Comme s'il avait eu des serres d'aigle au lieu de sabots, le cheval de Macías escalada les rochers. "Tous en haut ! Tous en haut !", s'écrièrent ses hommes, en se lançant à sa suite, comme des chamois, à travers les rochers, hommes et bêtes confondus. Seul un gamin trébucha et roula dans l'abîme ; en un éclair les autres apparurent sur la crête, renversant les retranchements et massacrant les soldats à l'arme blanche. Demetrio prenait les mitrailleuses au lasso et il les traînait comme s'il s'agissait de taureaux sauvages. Cela ne pouvait durer. L'infériorité numérique aurait dû les anéantir en moins de temps qu'ils n'en avaient mis pour arriver là. Mais nous avons su profiter de l'effet de surprise momentané, et avec une rapidité vertigineuse nous nous sommes jetés sur leurs positions et nous les en avons chassés le plus facilement du monde. Ah !, quel beau soldat que votre chef ! »

D'autres fois, le panorama est étrangement présenté comme un gros plan : « Du haut de la colline on voyait un côté de La Bufa, avec sa ligne de crête, semblable au cimier empanaché d'un fier roi aztèque. Les six cents mètres du versant étaient couverts de morts, les cheveux en broussaille, les vêtements tachés de terre et de sang, et au milieu de cet amoncellement de cadavres encore chauds, des femmes en haillons allaient et venaient, fouillant et dépouillant les corps tels des coyotes faméliques. »

La caractérisation, répétitive, énonciatrice et annonciatrice des qualités du héros, est également épique : comme Achille est bouillant et Ulysse sage, comme Alvar Fáñez est l'homme qui a eu l'heur de prendre l'épée et Don Quichotte le Chevalier de la Triste Figure, Pancho Villa est ici le « Napoléon mexicain », « l'aigle aztèque qui a cloué son bec d'acier à cette tête de vipère de Victoriano Huerta ». Et Demetrio Macías sera le héros du Zacatecas.

Mais c'est ici même, au niveau épique de la nomination, qu'Azuela entreprend sa dévaluation de l'épopée révolutionnaire mexicaine. Demetrio Macías mérite-t-il son titre, est-il un héros, a-t-il vaincu quelqu'un dans le Zacatecas, ou bien a-t-il passé la nuit précédant l'attaque à s'enivrer pour se retrouver à l'aube avec une vieille prostituée lestée d'une balle dans le ventre et deux recrues au crâne troué ? Ce romanesque évoque d'abord une autre épique, non pas l'épopée pleine de certitudes d'Hector et d'Achille, de Roland et du roi Arthur, mais l'épopée espagnole du

Cid le Preux : la seule qui montre au début le héros en train de rouler deux marchands, les juifs Raquel et Vidas, et qui culmine avec une humiliation malicieuse : la barbe arrachée au comte García Ordóñez. Pas une prouesse guerrière, une offense personnelle, une vengeance.

La rébellion de Demetrio Macías commence aussi avec une histoire de barbe — celle du cacique de Moyahua — et le plus brutal des acolytes de Macías, le Blond Margarito, n'effeuille pas les pâquerettes mais justement sa propre barbe : « Je suis très coléreux, et si je n'ai sur qui me déverser, je m'arrache les poils jusqu'à ce que la colère disparaisse. Parole d'honneur, mon général ; si je ne le faisais pas, la rage m'étoufferait ! »

Ce n'est pas la colère d'Achille, mais son envers dégradé, hésitant, hispano-américain : les escroqueries de Mon Cid sont reprises par Hernán Cortés qui confesse avoir joué les « hardis corsaires » pour se procurer l'équipement indispensable à son expédition mexicaine, aux dépens des colons de la côte cubaine ; et elles explosent à l'infini dans cette Iliade des va-nu-pieds qu'est *Ceux d'en-bas*.

Épopée souillée par une histoire qui se vit sous nos yeux — même si Azuela la suppose connue, non seulement en ce sens que le public se rappelle les faits, mais en ce sens aussi que le connu est récurrent et fatal. Ceci dit, à l'inverse de l'épopée, dans *Ceux d'en-bas*, les deux principaux personnages ne partagent pas un langage commun. Les compagnons de Trois se comprennent, comme les paladins de Charlemagne et les soixante chevaliers du Cid. Ce n'est pas le cas pour Demetrio Macías et ce gandin de Luis Cervantès : et ceci en fait des personnages radicalement romanesques, car le langage du roman est celui de l'étonnement devant un monde qu'on ne comprend plus, c'est la visite de Don Quichotte dans un monde qui n'est plus lui-même, et c'est aussi l'incompréhension des personnages qui ont perdu les connivences du discours. Don Quichotte et Sancho ne se comprennent pas plus que les membres de la famille Shandy, ou que le bohémien Heathcliff et les Lynton, famille anglaise décente, ou encore qu'Emma Bovary et son mari, Anna Karénine et le sien.

Au fond, qu'est-ce qui réunit Macías et Cervantès ? La rapine, le langage commun du larcin, comme dans la fameuse scène où chacun, feignant de dormir, voit l'autre puiser dans un coffre en se sachant regardé, tous deux scellant ainsi une alliance tacite de voleurs. Ils concluent et signent le pacte de gouvernement : la Kleptocratie.

Les faits ont le poids du destin : Valderrama pérore :

« — Juchipila, berceau de la révolution de 1910, terre bénie, terre irriguée du sang des martyrs, du sang des rêveurs... des seuls justes.

— Parce qu'ils n'ont pas eu le temps de tourner mal — ajoute brutalement un ex-officier fédéral qui passait par là. »

Et les faits sont récurrents : « On prend les choses sans demander la permission » dit la Peinturlurée, sinon, à quoi bon la révolution ? « Pour les gandins ? » demande-t-elle. « Mais maintenant c'est nous les gandins. »

4. LA CRITIQUE PAR LE MYTHE

« *Mon chef* », dit Cervantès à Macías, « après quelques minutes de silence et de méditation. »

« Mais maintenant c'est *nous* les gandins », dit la Peinturlurée.

Étrange épopée du désenchantement, *Ceux d'en-bas* profile entre ces deux exclamations son véritable spectre historique. Le dialectique interne de l'œuvre de Mariano

Azuela opère sur deux registres verbaux opposés : celui de l'amertume qui engendre la fatalité, et celui de la fatalité qui engendre l'amertume. Solís, désabusé, pense que le moteur de la révolution est un « peuple asservi », mais il reconnaît qu'il ne peut s'en désolidariser parce que « la révolution, c'est la tempête ». Il ajoute : « la psychologie de notre race se résume en deux mots : voler, tuer... », mais « qu'elle est belle, la révolution, jusque dans sa barbarie ». Et il conclut d'une phrase célèbre : « Quelle déconvenue, mon ami, si nous, qui sommes venus offrir tout notre enthousiasme, et jusqu'à notre vie pour abattre un misérable assassin, nous n'avions réussi qu'à échafauder un gigantesque piédestal où se dresseraient cent ou deux cent mille monstres du même acabit ! » Mais aussi : « Pourquoi nous battre encore, Demetrio ? — regarde cette pierre comme elle roule encore et encore... »

Si *Ceux d'en-bas* se bornait à osciller entre ces deux pôles qui s'alimentent mutuellement, il n'aurait pas de véritable tension narrative ; son unité serait fallacieuse parce que la désillusion et la résignation sont des binômes prompts à s'épuiser et finalement à se refléter, se renvoyant leurs grimaces tel le singe au miroir. La critique, pour des raisons évidentes, s'est trop attardée sur ces aspects marquants de l'œuvre d'Azuela, et elle a négligé le cœur d'une tension qui confère aux pôles opposés leur dynamisme dans le discours narratif. Ce noyau de *Ceux d'en-bas* est, à nouveau, celui qu'Hegel attribue aux origines de l'épopée ; un acte humain, un accident qui souille l'essence, une particularité qui entame la généralité et qui perturbe la paix des tombeaux. Mais cette fois, un discours romancé inscrit dans une épique remplit cette fonction qu'en d'autres temps l'épique a remplie face au mythe qui la précédait.

Azuela rejette une épopée qui se contente de refléter,

voire de justifier : c'est un romancier qui traite le matériau épique pour l'écharper, le dégrader, en détruire l'unité fondamentale. D'une certaine manière, Azuela referme ainsi le cycle ouvert par Bernal Díaz, il soulève la chape de la conquête et nous convie à regarder les êtres écrasés par les pyramides et les églises, la corvée et le grand domaine, le cacique local et le dictateur national. Cette chape, c'est maintenant la pierre qui roule toujours : l'ouragan volcanique de la révolution cesse, sous cet éclairage, de rejoindre la fatalité pour apparaître comme cet acte humain, narratif, qui brise l'épopée antérieure, celle qui chante toutes nos prouesses historiques et qui n'arrête pas de nous menacer de l'habitude lénifiante de l'auto-encensement.

Par conséquent, ce qui pourrait paraître à première vue résignation ou répétition chez Azuela est critique, critique du spectre historique qui plane sur l'ensemble de ses personnages. Saint-Just, au milieu d'un autre ouragan révolutionnaire, se demandait comment délivrer le pouvoir de cette loi de l'inertie qui le ramène constamment à l'isolement, à la répression et à la cruauté. « Tous les arts — a dit le jeune révolutionnaire français — ont produit des merveilles. Seul l'art de gouverner a produit des monstres. »

Saint-Just parvient à la même conclusion pessimiste après avoir identifié le cours historique de la révolution tant qu'elle s'affirme contre ses adversaires, abat la monarchie et se défend de l'invasion étrangère : c'est la dimension épique de la révolution. Mais ensuite la révolution se retourne contre elle-même et telle pourrait être la dimension tragique de la révolution. Trotski a écrit que l'art socialiste ressusciterait la tragédie. Il l'a dit dans la perspective de l'épopée, prévoyant une tragédie qui ne serait plus celle de la fatalité ou de l'individu mais celle du conflit de classe, et, finalement, de la collectivité. Il ne savait pas à l'époque qu'il serait un des protagonistes de la tragédie du socialisme et que celle-ci se déroulerait dans l'histoire, et non dans la littérature.

Azuela connaît parfaitement les frontières de son expérience littéraire et historique et sa remarque est celle-ci : la dimension épique de *cette* révolution, la mexicaine, peut déboucher sur une reproduction du despotisme antérieur parce que — et c'est ici que se trouve la richesse authentique de son œuvre de romancier — les matrices politiques, familiales, sexuelles, intellectuelles et morales de l'ordre ancien, l'ordre colonial et patrimonialiste, n'ont pas été transformées en profondeur. Le tremblement de l'écriture d'Azuela traduit une prémonition hallucinante : Demetrio Macías — pourquoi pas ? — peut n'être qu'une étape de plus de ce destin ennemi, selon la formule d'Hegel. Le microcosme apte à remplacer Don Mónico est là, dans la bande de Demetrio et de ses acolytes, de ses clients et de ses favoris, le Blond Margarito, Cervantès le gandin, Solís, la Peinturlurée, la Perdrix, prompts à intégrer et à s'approprier les droits publics au gré de leurs appétits privés et du caprice du Chef.

Mariano Azuela sauve Demetrio Macías du destin ennemi grâce à une réitération de l'action qui, derrière son apparence fatale, rappelle l'acte épique d'Hegel. L'épique est une distantiation de l'acte humain face à l'acte divin. Mais Azuela, le romancier, permet à sa vision de transcender, à son tour, l'épique dégradée et d'atteindre, finalement, la résonance du mythe. Et ce mythe est celui du retour au foyer.

Comme Ulysse, comme le Cid, comme Don Quichotte, Demetrio Macías a quitté sa terre, il a vu le monde, l'a reconnu et méconnu, a été par lui reconnu et méconnu. A présent il rentre au foyer, selon les lois du mythe :

« Demetrio, pas à pas, regagnait le campement.

Il pensait à son attelage de bœufs : deux bêtes à la robe sombre, toutes jeunes, avec à peine deux ans de travail, sur ses deux arpents de terre bien amendée. Le visage de sa jeune épouse lui revint fidèlement en mémoire : son air affectueux et sa douceur infinie à l'égard de son mari, son énergie indomptable et sa morgue à l'égard des étrangers. Mais quand il voulut reconstituer l'image de son fils, tous ses efforts restèrent vains : il l'avait oublié.

Il arriva au campement. Allongés parmi les sillons, les soldats dormaient, se mêlant aux chevaux étendus sur le sol, la tête affaissée et les yeux clos.

— Les chevaux de rechange sont bien mal en point, mon vieil Anastasio ; ça vaudrait la peine qu'on reste une journée à se reposer.

— Ah, mon vieux Demetrio... ! Comme ma montagne me manque ! Si vous saviez... vous ne me croyez pas... ? mais aucune chance que j'y retourne... J'en ai un de cafard... ! On en a tous furieusement envie... !

— Combien d'heures d'ici à Limon ?

— Ce n'est pas une question d'heures : il faut compter trois jours bien tassés, mon vieux Demetrio.

Avant le lever du jour, ils partirent en direction de Tepanitlán. Disséminés sur la grand-route et à travers les champs en friche, leurs silhouettes ondulaient confusément à l'allure monotone et rythmée des montures, se fondant dans la lumière perlée du dernier croissant de lune, qui baignait la vallée toute entière.

Tout au loin on entendait aboyer les chiens.

— Aujourd'hui à midi on arrive à Tepanitlán, demain à Cuquío et ensuite... c'est la montagne — dit Demetrio ! »

Mais Ithaque est une ruine : l'histoire l'a tuée elle aussi :

« A l'instar des autres villages qu'ils traversaient depuis

Tepic, en passant par le Jalisco, Aguascalientes et Zacatecas, Juchipila était en ruines. La trace noircie des incendies s'inscrivait sur les maisons sans toiture, sur les balustrades brûlées. Des maisons fermées ; ça et là une boutique restait ouverte comme par sarcasme, pour montrer sa charpente dénudée, qui rappelait les squelettes blanchis de chevaux parsemant les routes. Les affres épouvantables de la famine barraient le visage terreux des gens, brillaient comme une flamme dans leurs yeux et quand les regards s'arrêtaient sur un soldat, ils brûlaient du feu de la malédiction. »

L'histoire révolutionnaire dépouille l'épopée de son fondement mythique : *Ceux d'en-bas* est un voyage de l'origine à l'origine, mais sans mythe. Puis le roman dépouille l'histoire révolutionnaire de son fondement épique.

Telle est notre dette profonde envers Mariano Azuela. Grâce à lui on a pu, au Mexique, écrire des romans modernes parce qu'il a empêché que l'histoire révolutionnaire, en dépit de ses énormes efforts en ce sens, nous soit totalement imposée comme une célébration épique. Le foyer que nous avons abandonné a été détruit et il nous faut en construire un autre. Nous ne sommes pas certains de pouvoir l'achever, nous dit Azuela depuis son temps, depuis 1916 ; il est possible que ces briques soient autres que celles d'antan, mais le fouet est resté identique. Ne nous leurrons pas, nous dit le romancier, même au prix de l'amertume. Il vaut mieux être triste qu'être bête.

Finalement, la critique et l'humour sauvent les révolutions des excès de l'autoritarisme solennel. Azuela nous a légué les armes de la critique. La révolution elle-même, celles de l'humour, qu'elle a dans le sang, cette révolution dont l'hymne célèbre un cafard fumeur de marijuana.

García Márquez : la figure du pouvoir

I

Dans le chapitre consacré à Rómulo Gallegos, j'ai évoqué la distance qui séparait, à l'époque coloniale, l'administration impériale espagnole et la vie de l'*hinterland* hispano-américain, isolé et arriéré. Dès le départ, il y a eu « deux nations ». La nation légale, consacrée par la législation des Indes. Et la nation réelle, celle qui vivait, derrière la façade de la loi, dans les domaines, les mines et les hameaux, de la Vice-Royauté de la Nouvelle-Espagne à celle du Río de la Plata. Le pays légal était protégé par la monarchie paternaliste des Habsbourg et des Bourbon. Le pays réel était mis en coupe réglée par les possédants, les caciques et leurs lieutenants. La devise du pays légal était « la loi se respecte », celle du pays réel : « mais elle ne s'applique pas ».

Les révolutions indépendantistes et l'apparition de nouvelles républiques décuplèrent et aggravèrent cet état de choses. Sur le plan formel, le pays légal, modernisant, progressiste, fondé sur l'imitation extralogique des institutions et des lois en vigueur en France, en Angleterre et aux États-Unis, était un paravent juridique superficiel, derrière lequel se trouvait toujours le vieux pays réel. *Pays légal* : en tant que protecteur du Pérou, en 1821, San Martín a aboli légalement le tribut indigène. *Pays réel* : rien n'a changé. Partout et toujours, l'inégalité légale de l'ère coloniale a été remplacée par l'inégalité réelle, déguisée en égalité légale, de l'ère indépendantiste. Dans son discours de Bucaramanga, en 1828, Simón Bolívar devait dénoncer une aristocratie de rang, d'office et de richesse qui, tout en parlant de liberté et de constitutions, les exigeait pour elle-même et non pour le peuple ; qui tout en aspirant à l'égalité, la voulait pour les hautes classes, non pour les basses.

Le pays réel a été décrit par Sarmiento en 1845, dans son *Facundo*. Selon lui l'Argentine se compose de deux nations, hétérogènes l'une à l'autre : ville et campagne ; dans les campagnes il n'y a pas de société et l'habitant, le *gaucho*, ne doit allégeance qu'à son chef. Le résultat est un monde où prédomine la force brute, l'autorité sans limite ni responsabilité. *Avant la lettre* [1], Sarmiento nous donne, dès 1845, la définition de ce que Max Weber allait désigner par la terminologie moderne de patrimonialisme, cette forme archaïque de domination, cette absence moderne de prévision et de sens de l'État et de la société au bénéfice de l'exercice irresponsable de l'autorité. Cette obéissance au chef et non à la loi donne à la vie politique ce tour que Sarmiento et Gallegos ont appelé « la barbarie ».

Et pourtant, ceux qui violent la loi ne cessent pas pour autant de l'invoquer ; ils se drapent dans sa toge et s'asseyent sur son trône parce que si le cacique local est la miniature du dictateur national, celui-ci est aussi une version miniaturisée du modèle ontologique du pouvoir parmi nous : le César romain qui a besoin du droit écrit

1. En français dans le texte *(N.d.T.)*.

— c'est-à-dire incontournable — pour se légitimer et légitimer ses exploits.

Gianbattista Vico nous explique que le corpus des lois républicaines de Rome, loin de disparaître ou simplement de tomber en désuétude avec l'avènement de l'Empire, en sort fortifié. La loi tribunitienne confère la totalité du pouvoir à Auguste — mais pour l'exercer, César doit créer une méritocratie qui, en prolongeant les concessions au peuple, permette à l'Empire de s'affirmer face à la noblesse. Ces concessions dûment faites au peuple, l'empereur renforcé face à la noblesse et porté par une méritocratie qui doit tout à l'Empire, César peut proclamer que sa légitimité est irréfutable, fondée sur une origine et justifiée par un destin qui dépassent sa personne. César manipule la plèbe mais doit lui faire des concessions : la principale, pour Auguste comme pour Napoléon et pour nos despotes éclairés, est la création d'une méritocratie renouvelable et redevable au système : des carrières ouvertes à tous, chaque soldat a dans sa musette son bâton de maréchal, et qui ne fait rien n'a rien.

Le système politique mexicain est sans doute l'exemple le plus achevé (et jusqu'à une date récente, les autres nations latino-américaines nous l'enviaient) de la tradition impériale romaine dans le Nouveau Monde. Mais dans leurs fondements mêmes, tous les systèmes dits républicains de notre continent relèvent de la réalité commune, élémentaire, prépondérante, du patrimonialisme.

Cette forme de pouvoir se manifeste ainsi aux deux bouts de la chaîne. D'un côté le gouvernant universel, œcuménique, le monarque de droit divin, le défenseur de la foi, le souverain absolu : les grands Césars, Moctezuma ou Charles Quint ; l'empereur aztèque, le possesseur de la grande voix (Tlatoani) ou bien l'empereur romaingermanique, sacré, maître de l'*imperium* de la loi : une autre grande voix.

A l'autre bout, nous avons les caciques locaux, minuscules, qui dominent la vie politique, économique et personnelle au niveau du village. Ce sont les Ardavín de Gallegos, le Don Mónico d'Azuela, le Pedro Páramo de Rulfo : les petits Césars.

Entre les deux, la figure dominante de la politique hispano-américaine est le demi-César, le médiateur-césarien, Monsieur le Président, le *caudillo* qui aspire à incarner la Figure Nationale, qui concentre dans sa personne tout le Charisme National et qui renvoie tout autant aux pouvoirs et aux pompes des empereurs qu'aux astuces du cacique, du maître provincial qui garde l'oreille collée au sol, écoute ce que les gens disent et se conduit comme le prototype du conquérant, Hernán Cortés : il écoute les paroles des hommes mais pas celles des dieux. Et quand il cesse de les écouter, il perd toute autorité. Il manipule le langage. Il s'abrite derrière la loi. Il fonde sa légitimité sur les mots de la loi. Il obéit à la loi mais ne l'applique pas. Sous le masque du langage de la loi, il pratique le langage du pouvoir brut. Mais sans le premier, le second ne serait pas tolérable. « La force des papiers ! » s'exclame Apolonio dans *Canaima*, quand l'Indienne Arecua est unie au cadavre du cacique Ardavín.

C'est notre Machiavel moderne. Il a pour nom Rosas en Argentine, le Dr Francia au Paraguay, d'abord Santa Anna puis Porfirio Díaz au Mexique, Juan Vicente Gómez au Venezuela, Maximiliano Hernández Martínez au Salvador et Rafael Leonidas Trujillo à Saint-Domingue — pour ne citer que quelques noms dans une véritable galaxie.

Tous posent au romancier latino-américain un problème de création et de culture. Comment un romancier pourrait-il inventer des personnages fictifs plus forts que les personnages de notre histoire ? Comment le roman pourrait-il triompher de l'histoire en Amérique hispanique ? Qui est capable d'inventer un personnage plus pittoresque qu'Antonio López de Santa Anna, le dictateur mexicain qui a occupé la présidence de la République onze fois entre 1833 et 1855 et s'est renversé lui-même par des coups d'État : le Don Juan, joueur et amateur de combats de coqs qui gagna la guerre des pâtissiers contre la France en 1836 mais perdit dans cette affaire une jambe qu'il fit enterrer en grande pompe dans la cathédrale de Mexico, qui la perdit chaque fois qu'il fut renversé, car la jambe fut traînée dans les rues par la populace, et qui la fit à nouveau enterrer, chaque fois qu'il revint au pouvoir, à grand renfort de baldaquin et de *Te Deum*, dans la même cathédrale ? Ce même homme qui perdit les territoires du Texas, du Nouveau-Mexique, du Colorado, de l'Arizona, du Nevada, une partie de l'Utah et de l'Oregon, et la Californie tout entière au cours de la guerre contre les États-Unis, et qui introduisit dans les États de l'Union la gomme à mâcher qu'il produisait dans ses propriétés de Veracruz ? Qui termina sa vie comme une misérable patte folle, pensionné par le gouvernement de Lerdo dans la capitale où sa femme, Flor de Mexico, dépensait toute la pension à louer des mendiants pour qu'ils fassent antichambre et appellent le pauvre vieillard « Monsieur le Président » ? Un romancier peut-il faire mieux que Juan Vicente Gómez, ce politicien andin retors qui fut président du Venezuela entre 1908 et 1935 et qui, au milieu de ce long mandat, inquiet de la tranquillité qui régnait sur la république, voulut découvrir quels étaient ses ennemis ? On raconte que dans ce but, il fit annoncer publiquement sa mort, et que, voyant éclater l'allégresse populaire, le dictateur, caché dans son palais derrière un rideau et contemplant la place publique, ordonna sommairement : celui-ci, fusillez-le ; celui-là, pendez-le ; cet autre, jetez-le aux crocodiles... Quand Gómez mourut pour de bon, entouré, selon la fable (fable : fabuler : parler), de centaines d'enfants naturels, cette fois, le public refusa d'y croire. Il fallut asseoir le tyran sur son trône présidentiel, en grand uniforme et la poitrine ceinte de l'écharpe, afin que le peuple, après avoir défilé devant lui et l'avoir touché, admette : « Cette fois, oui, il est bien mort. »

Faire mieux que Trujillo qui nomma général son petit garçon, Radamés, et qui voulut canoniser sa mère ? Dépasser Maximiliano Hernández, théosophe et amateur d'orchidées, qui prévint une épidémie de scarlatine en recouvrant de papier rouge les lampadaires de l'éclairage public salvadorien et qui exécuta en une seule fois trente mille paysans : les cendres d'Izalco remémorées par Claribel Alegría et Bud Flakoll dans le roman qui en porte le titre ? Inventer une plus jolie trouvaille que celle de la mère du général Enrique Peñaranda, dictateur bolivien des années 40 de notre siècle : « Si j'avais su que mon fils deviendrait président, je lui aurais appris à lire et à écrire » ?

II

Lire et écrire. Gabriel García Márquez tente de donner nom et parole au monde hispano-américain, mais il découvre que ce monde n'est plus désert, comme il l'était dans l'immense silence originel de *Canaima* et du *Partage des eaux*. Le moment virginal de la Création, évoqué par Rómulo Gallegos et par Alejo Carpentier, s'est évanoui. Le pouvoir occupe l'espace naturel. Et le rapport entre pouvoir et langage — nom et voix ; mémoire et désir —

est le thème du grand roman de García Márquez, *L'automne du patriarche*.

Le pouvoir y apparaît drapé dans l'étoffe d'un langage qui est celui de la loi. Le romancier utilise lui aussi le langage, mais pas pour justifier ou habiller le pouvoir : pour le mythifier en le mettant à nu. L'opération est profondément significative, sur le plan politique et également sur le plan historique et littéraire. D'un côté, nous sommes les héritiers d'une puissante tradition de droit écrit : celle de Rome. Gianbattista Vico, dans *La nouvelle science*, étudie la façon dont le droit romain émane des tensions sociales et du conflit de classes. Par la loi, les classes populaires tentent d'entamer le pouvoir des rois et des aristocrates, qui appliquaient la loi patrimoniale, changeante, non écrite. En 450 avant Jésus-Christ, les plébéiens et les décemvirs obligent la monarchie à publier la Loi des Douze Tables. C'est un événement fondateur de l'histoire latine et latino-américaine. Pour la première fois, on écrit le droit et on le rend public pour que le peuple puisse l'invoquer en sa faveur et au détriment de la noblesse.

Entre le Vᵉ et le Iᵉʳ siècle avant l'ère chrétienne, une chaîne de lois écrites fonde la tradition juridique romaine. La *Rogatio canuleia* confère aux plébéiens la légitimité solennelle dans les actes de mariage et de paternité. La *Loi petelia* libère la plèbe du paiement de ses dettes par la vassalité. La *Loi pubilia* institue le caractère obligatoire pour tous — nobles et plébéiens — du plébiscite. Et à côté de toutes ces dispositions, le cens et l'impôt deviennent des lois publiques, écrites, connues de tous, applicables à tous, que nul ne peut ignorer.

Sous l'Empire, le processus culmine avec la *Loi tribunitienne* que j'ai déjà mentionnée et qui, tout en conférant à Auguste la totalité du pouvoir, lui fait aussi obligation de protéger le peuple contre la noblesse, et le peuple contre lui-même, c'est-à-dire contre les excès antérieurs des démagogues. L'empereur, grâce à cette loi, peut manipuler le peuple, mais en même temps il doit lui faire des concessions afin de maintenir l'indépendance césarienne face à la noblesse.

Tel est le cadre des relations entre pouvoir et autorité à Rome. Aucun régime autoritaire effectif, en Amérique hispanique, n'a omis d'utiliser cette arme à double tranchant : manipuler les masses pour avoir les mains libres face à l'oligarchie ; et manœuvrer l'oligarchie pour avoir les mains libres face aux masses. Rosas, Francia, Santa Anna, Estrada Cabrera, Cipriano Castro, Gómez, Ubico, Perón… Tous, à leurs heures de succès politique, ont agi de la sorte. Et même les dictateurs les plus dépourvus d'appui populaire, comme Somoza ou les juntes militaires argentines, ont su manier les soutiens populaires tout en s'abritant sans cesse, bien évidemment, derrière le masque de la loi.

Le droit romain est à l'origine d'un credo culturel hispano-américain : seul l'écrit est vrai, même s'il est en opposition flagrante à la réalité. C'est ce qui crée une terrible tension qui, pour le meilleur ou pour le pire, parcourt comme un tremblement de terre la colonne vertébrale de la culture et de l'histoire ibéro-américaines : la foi dans le droit écrit d'origine romaine.

Cette foi est partagée par les conquérants espagnols, pour qui la conquête n'a pas de réalité tant qu'elle n'est pas relatée dans des lettres pour le roi et des chroniques pour le peuple. La monarchie elle-même, pour laquelle la réalité du Nouveau Monde est la réalité de l'ensemble des lois paternalistes qui fonde le gouvernement royal, indépendamment de la lointaine réalité coloniale, la partage elle aussi. Les révolutions indépendantistes se définissent et se légitiment en tant que gouvernements grâce à un ensemble de lois et de constitutions qui n'ont rien ou pas grand-chose à voir avec la réalité qu'elles occultent. Mais c'est cette légalité qui permet aux grands insurgés, tel Emiliano Zapata dans le Morelos, d'invoquer les droits octroyés par la monarchie, par écrit, contre les usurpations modernes des grands propriétaires.

Cette foi dans la parole écrite trouve donc son origine dans le droit romain. L'écriture est la source du pouvoir et elle est aussi son arme à double tranchant. La loi protège le peuple parce qu'elle est publique, c'est-à-dire parce qu'elle se trouve publiée. Mais elle légitime également le gouvernant et lui confère une mission historique : la mission de guider le peuple.

Le peuple, cependant, possède lui aussi un langage indépendant de la loi et du pouvoir, et son origine est aussi légitime que celle du pouvoir. Vico lui-même, toujours dans sa *Nouvelle science* qui est l'œuvre maîtresse de l'historiographie post-renaissante car elle place la responsabilité de l'histoire dans l'action et l'imagination de l'homme, confère au langage un pouvoir formateur, à la fois politique et littéraire. Chez Vico, l'origine du langage est l'origine des institutions politiques, des formes sociales et, naturellement, de la littérature. Et cette dernière possède le pouvoir radical, originel, d'engendrer des mythes. Première création du langage, le mythe nous permet de connaître les dieux, la famille, les héros, l'autorité, les sacrifices, les droits, les conquêtes, le courage, la gloire, la terre, l'amour, la vie et la mort des premiers hommes. Sans le langage littéraire — le mythe — nous en ignorerions tout ; il nous manquerait la continuité qui finit par changer le langage en loi, en institution, en pouvoir.

Vico ne se réfère pas seulement au monde classique

méditerranéen. Il évoque les mondes extra-européens auxquels le grand historien napolitain reconnaît une entière capacité de participation historique. Nous pouvons donc universaliser ces idées et partager l'imagination mythique (c'est-à-dire linguistique) de la tradition méditerranéenne ainsi que celle de la tradition aborigène des Amériques. Mythe et langage sont des réponses à la terreur première de la catastrophe naturelle. Nous parlons, la première fois, pour dire un mythe qui rende compréhensible ce monde qui, sans cela, serait inexplicable. Le langage mythique est la première réponse au chaos originel. Il rend compréhensible, ou du moins acceptable, ce qui se produit. Le mythe exige des mots pour se répandre. Le mythe et le langage apparaissent ensemble ; et ensemble ils engendrent la société civile car, écrit Vico, « les premières *fables (paroles)* ont dû renfermer des vérités civiles et ont dû, par conséquent, être les histoires des premiers peuples ». Vico, je le répète, n'était pas un eurocentriste. Il était capable de sentir que les mythes « nés de peuples qui s'ignoraient, ont dû partager une base commune de vérité ».

Ainsi le langage est-il la source commune de la littérature et du pouvoir. Le génie de Gabriel García Márquez dans *L'automne du patriarche* consiste à renvoyer de façon pathétique à cette grandeur et à cette servitude : ce qui sert à nous libérer sert aussi à nous asservir. L'écrivain n'a d'autre instrument que celui du langage et il le reçoit non dans la pureté formelle de la couleur, de la note musicale ou de la pierre à sculpter, mais déjà chargé de connotations, aussi usé qu'une pièce de monnaie courante, érodée par le contact de tant de doigts : propres ou sales, dignes ou indignes. Le pouvoir sera-t-il révélé par les armes du langage politique ?

L'histoire et la littérature de l'Amérique ibérique passent par ce conflit que j'ai essayé ici de dégager dans un triple mouvement et selon deux fonctions essentielles. Le mouvement nous a conduits de l'utopie fondatrice à l'épopée qui la détruit puis à la culture baroque, syncrétique, multiraciale qui conquiert la conquête et fonde notre civilisation indo-afro-ibéro-américaine. Ces fonctions sont de donner un nom et de donner une parole.

Dans *L'automne du patriarche*, García Márquez nous introduit dans ce monde de l'utopie vaincue, de l'épopée dégradée et du mythe latent où tout doit être nommé maintes fois pour ne pas être oublié ; où tout doit être écrit maintes fois pour que la vie puisse continuer et ne jamais devenir lettre morte, lettre exclusive du pouvoir, mais rester lettre vive et partagée dans l'imagination des sujets du pouvoir.

Il nous introduit, en guise d'entrée en matière, dans l'« antre du pouvoir », ce palais présidentiel où les vautours et les vaches mangent les rideaux tout en contemplant, du balcon, le coucher de soleil.

Le patriarche, Monsieur le Président aux pieds plats, éléphantesque et hernieux, gît à plat ventre, mort, et les vautours s'apprêtent à le traiter comme les meubles et les tentures : ils vont le déchiqueter. Est-ce là l'homme dont la parole évincera la nôtre ?

García Márquez concentre dans le roman du patriarche toutes les chroniques du pouvoir historique que j'ai mentionnées. La mère, Bendición Alvarado, est une oiselière qui a conçu son fils debout et qui (Peñaranda ; l'histoire) lui aurait bien appris à écrire si elle avait su que...

Mais aussitôt la fiction, le mythe interviennent pour enrichir notre représentation (notre compréhension) du personnage et de la situation : Doña Bendición voudrait bien que son fils soit renversé parce que cette dame en a par-dessus la tête de vivre au palais, c'est comme vivre toute la journée la lumière allumée.

Quand Doña Bendición meurt, le patriarche, comme Trujillo, tente de la faire canoniser, mais il échoue parce que le pape ne l'écoute pas. Par contre (la fiction et l'histoire se rejoignent), il lui fait construire un grand phare commémoratif dans la Caraïbe, ce qui fut l'hommage réel de Trujillo à sa chère maman.

Histoire : comme Peñaranda, le patriarche signe du pouce gauche ; mais (fiction, mythe) il n'a pas de ligne de vie dans la paume et il se demande si son destin n'est pas assumé par son double, Patricio Aragonés, qui, *lui*, a des lignes de la main. Le double (fidèle à l'histoire, tels les doubles de Moctezuma et de Cortés dont nous parlent Bernal Díaz et Sahagún) s'expose aux dangers afin de les écarter de son modèle. Dans le cas du patriarche, Patricio Aragonés doit, en plus, goûter les nourritures du maître. Mais (fiction, mythe) le double est mortel, tandis que le patriarche semble éternel.

Il arrive un moment où personne ne le voit plus vivant. Son image est sur tous les timbres et sur toutes les monnaies. Mais le patriarche est invisible. Et il nous fait savoir qu'il n'a aucune intention de mourir. Que les autres meurent, pas moi !

La longévité historique de tyrans comme Gómez, Salazar et Franco se change ainsi en mythe : le mythe de l'éternité. Le patriarche historique devient, en tant que mythe, histoire. Il arrache les pages des livres scolaires qui parlent du passé colonial espagnol. Rien avant lui ! L'histoire commence avec lui. L'histoire dure tant que lui dure. Et l'histoire finira *avec lui*. Telle est sa volonté autocratique : le patriarche gouverne comme si son destin (son pré-destin, plutôt) était de ne jamais mourir. Il est prédestiné à l'éternité.

Malgré tout, ce tyran historique, cet assassin, cet oppresseur, ce monstre dont la gorge émet un bruit de marécage, ce démagogue libidineux, ce patriote qui vend la mer Caraïbe à l'ambassadeur nord-américain Ewing, lequel la roule comme un tapis et l'emporte dans le désert de l'Arizona ; cet être humain misérable n'est pas dépouillé de son humanité par l'écrivain.

C'est une galerie des vices. Ce sont les défauts, tragicomiques, de toutes les figures que j'ai évoquées ici avec un rictus de joie amère. Mais García Márquez ne nous délivrera ni nous, ni le patriarche, ni, en réalité, l'histoire hispano-américaine, de la responsabilité d'une sympathie romanesque pleinement façonnée. García Márquez nous sauve tous de la simplicité manichéenne : il ne nous fait pas le cadeau facile de vivre dans un univers aux couleurs tranchées, en blanc ou en noir, à la moralité commode, les bons contre les méchants. Il nous sauve du manichéisme mais sans nous absoudre de l'opposition politique à une telle figure ni au système qu'il représente.

Rien ne nous est caché dans *L'automne du patriarche* ; aucune horreur ne nous est épargnée. Mais quand je dis que García Márquez ne nous cache rien, je veux dire : ni les failles terribles de l'être humain, ni les caprices et les faiblesses de la personne, ni les insuffisances de la compassion et de l'amour, ni cette tendresse perverse, qui font du patriarche un être humain effrayant, mais en toute hypothèse un être humain. Et cette humanité est notre calvaire et le sien. Si le pouvoir — les puissants — voulaient atteindre un sommet d'inhumanité qui les mettrait à l'abri des attaques ou des jugements des autres individus, García Márquez refuse ce droit au patriarche et à ses lecteurs, et par contre il nous force tous à contempler en pleine lumière le portrait total de ce monstre.

Comme nous, il est amoureux d'une femme, Manuela

Sánchez, et rien au monde ne peut compenser son absence : rien. La femme est absente et elle emporte avec elle l'air que respire cet homme (l'air que tu respires : García Márquez renvoie avec humour et habileté aux paroles des éternels boléros) ; elle emporte le rêve qu'il rêve, elle emporte cette même ville où il vit. Tout le pouvoir du monde est impuissant à combler un tel vide, et tout le pouvoir du monde est impuissant à *la* faire revenir.

Comme nous, il est trahi par son propre corps, châtié et humilié par sa décadence physique.

Comme nous, il est amoureux d'un lieu, d'une terre, notre terre, cette terre, la seule que nous avons, l'odeur de fruits pourris et les bruits du marché ; et avec lui, nous partageons « une profonde tristesse crépusculaire pour nos patries misérables ».

Comme nous, il se sent atterré quand tout à coup la mémoire lui manque. Il s'interroge, où ai-je déjà pu voir ce garçon que je retrouve à présent dans la foule ? Et, bien sûr, le patriarche peut envoyer ce garçon en prison le temps de se rappeler où il l'avait déjà vu, et le maintenir vingt ans dans un cachot, le temps de se rappeler, bien sûr, qu'un jour il a fait emprisonner le garçon.

Cela, certes, nous ne pouvons le faire. Lui, le patriarche, le despote, dont le caprice a force de loi, lui, oui, peut le faire.

En lisant García Márquez, nous réalisons toutefois que la pire condamnation du patriarche est justement cette révélation de son humanité. Tel est son châtiment : rester soumis à la vision de l'homme qu'il n'est plus, à la vision de son humanité égarée ; ne pas pouvoir jouir pleinement de son pouvoir parce que c'est un être humain, parce qu'il mourra, parce qu'un homme qui est lui-même a échappé à son pouvoir, et parce que, finalement, le pouvoir total implique la totale destruction de ce qui s'oppose à lui. « L'horreur, l'horreur », dit, d'une voix de fauve, du plus profond des ténèbres, la figure du pouvoir inventée par Joseph Conrad : Kurtz, maître du pouvoir sur le néant, le seul pouvoir absolu.

Telle est la façon, magistrale et déchirante, dont le grand écrivain qu'est Gabriel García Márquez utilise l'instrument du pouvoir, la parole, la légalité écrite, pour revendiquer le pouvoir des êtres humains, des hommes et des femmes, c'est-à-dire le pouvoir fabulateur, le pouvoir du mythe, et il rappelle au pouvoir que le mot de la tribu et la légalité fabulatrice nous appartiennent d'abord à nous tous et ne peuvent être délégués que provisoirement.

III

Dans *Cent ans de solitude*, García Márquez nous a menés d'une utopie de la fondation à une épopée corruptrice à l'aube d'un mythe qui nous a permis d'actualiser notre histoire ; de la dire et de l'écrire. L'écrivain y est parvenu par une vision ironique et humanisante du processus historique global de l'Amérique ibérique.

La technique littéraire de *Cent ans de solitude* est poétiquement radicalisée dans *L'automne du patriarche*. Voulant insérer dans le présent l'expérience du passé, García Márquez tente un télescopage poétique des temps et des personnages. Comme dans le précédent roman, nous avons tout ce qui a été dit, présenté comme un *soi-disant* : l'histoire officielle mais aussi la rumeur, la médisance, le ragot, le rêve et l'imagination, entrelacés dans une même trame verbale, un tissage sans raccord, un enchaînement sans ponctuation, sans autre césure que les virgules : une seule et longue phrase où la première personne du pluriel (le Nous) avant de se prolonger en une troisième personne du singulier (Il ou Elle) et d'aboutir à une personne du singulier, la seconde (Toi : le lecteur).

Tout s'assemble, la division est effacée, le peuple est au palais, le balcon est aboli, ainsi que les flambeaux ; la ligne de partage entre la scène et l'auditoire s'évanouit dans la prose carnavalesque que Bakhtine attribue à Rabelais. García Márquez nous donne à lire une grande prose critique, démocratique, égalitaire, tout sauf un exercice gratuit. Car si historiquement elle nous conduit du passé, d'une utopie fondatrice (le Macondo originel) aux perversions épiques (le Macondo historique) puis au souvenir du mythe (le Macondo solitaire), tant dans *Cent ans de solitude* que dans *L'automne du patriarche* elle nous introduit dans un nouveau territoire du présent, où cette expérience atteint un degré d'intensité poétique qui nous permet de la cerner en toute clarté.

Grâce à cette nouvelle optique nous pouvons alors nous détacher des faits, les replacer dans la perspective historique et les intégrer à notre conflictuelle modernité. Nous avons fait l'histoire : la conserver est notre obligation ; mais l'histoire n'a pas dit son dernier mot, c'est à chacun de nous de la continuer ; l'écrivain peut seulement opérer dans l'ordre du langage, un langage qu'il reçoit du passé, assiégé par le contexte, déterminé par les mots des autres et par la pluralité des discours qui coexistent dans tout système social.

Certes, un écrivain comme García Márquez remplit pleinement sa fonction littéraire et sociale. Il nous laisse, toutefois, au seuil de la continuité historique. Son imagination, sa parole, ont transformé cette histoire. Nous pouvons la voir d'une façon nouvelle et plus inventive. J'ai parlé d'utopie, d'épopée et de mythe. Mais la lecture de *L'automne du patriarche* me permet de changer, d'enrichir, de rajeunir ces termes, et de me demander, tandis que je lis à la fois Antonio Gramsci et García Márquez, si nous n'avons pas fait une lecture erronée de More et de Machiavel et si nous ne pourrions pas, comme le suggère l'écrivain et homme politique italien, faire une nouvelle lecture de l'utopie *vers* le pouvoir, comprendre Machiavel comme l'auteur d'une utopie dynamique, pas simplement comme l'écrivain politique qui décrit ce qui est mais comme le visionnaire d'une obligation de réalisme.

Le thème machiavélien de la conquête est le thème de la libération des énergies d'hommes neufs qui ne pouvaient hériter mais qui devaient gagner leurs royaumes selon un dosage de nécessité et de libre arbitre. Mais la vision du machiavélisme comme une utopie, et pas seulement comme une épopée de l'élévation personnelle, est la nouveauté théorique que propose Gramsci. L'auteur des *Noterelle sull'Machiavello* distingue le thème de cette nouveauté dans *Le Prince*, mais au lieu de placer l'œuvre sur le terrain de ce qui est (Machiavel en tant qu'auteur qui décrit les modalités réelles du pouvoir), il soutient qu'elle opère *vers* ce qui doit être ; elle dessine une utopie dynamique sur ce que doit être le prince s'il veut conduire son peuple vers la fondation d'un État nouveau.

Le Prince machiavélien, dans l'interprétation de Gramsci, utilise un peuple atomisé et isolé dans le but de structurer sa volonté collective. Il s'efforce de persuader le peuple de la nécessité d'accepter un chef puissant qui sait ce qu'il veut et comment y parvenir, et qui obtient que le peuple accepte dans l'enthousiasme cette dynamique.

Tel aurait pu être le problème des conquérants espagnols, par exemple, si, dans le cas des empires théocratiques du Mexique et du Pérou, ils avaient remplacé au sommet Moctezuma ou Atahualpa. Comment faire du pouvoir autocratique et vertical du despote indigène le pouvoir du prince de la Renaissance, maître de sa volonté et libéré de toute fatalité ? Peut-être la seule réponse possible est-elle cette idée gramscienne du machiavélisme comme utopie dynamique : comme une obligation de réalisme.

La conquête — en elle-même et en tant que triomphatrice des pouvoirs indigènes — est au principe de la relation qu'hommes et femmes ibéro-américains entretiennent avec le pouvoir, cette préoccupation que nous avons observée, sous des formes diverses, dans les romans de Gallegos, d'Azuela, de Rulfo et de García Márquez. Les conquérants auraient-ils pu, après avoir conquis les Indiens, conquérir aussi la Couronne d'Espagne ? Auraient-ils pu, comme les colonisateurs de la Nouvelle-Angleterre, être les pères de leur propre démocratie locale ? Investis d'une ambition de type individualiste, ils ont dû choisir entre l'individualisme comme démocratie et l'individualisme comme droit seigneurial. Ils ont choisi le second. Ils ont ainsi facilité la tâche de la Couronne. En se comportant comme leurs ancêtres l'avaient toujours fait, c'est-à-dire comme des nobliaux paresseux, capricieux et exploités, pénétrés d'ambitions féodales, ils ont contraint la Couronne à réagir, à les limiter, à les soumettre à des lois paternalistes abstraites — la législation des Indes — et à des décisions à titre précaire pour ce qui concernait leurs titres et leurs fiefs.

Cortés n'eut ni le temps ni l'occasion de se placer dans la perspective gramscienne de l'utopie dynamique. Bon nombre de ses lettres trahissent toutefois son ambition : promouvoir et rejoindre une communauté nouvelle, dirigée par des hommes nouveaux issus de la classe moyenne espagnole. Individualisme démocratique ou mentalité de seigneur féodal ? En toute hypothèse, la Couronne qui venait d'abattre le féodalisme espagnol au nom de l'unité monarchique et de l'absolutisme, n'allait pas permettre sa résurgence dans le Nouveau Monde, et rien n'indique qu'elle aurait toléré une orientation démocratique dans le processus colonisateur : elle venait d'abattre aussi les *Comuneros* de Castille. Cortés avait abattu Moctezuma, mais la Couronne abattit Cortés. L'autorité monarchique détruisit le conquérant, l'humiliant parfois, le glorifiant d'autres fois, l'annulant, comme facteur politique, en toutes circonstances. Rappelons que les *Lettres de Relation* de Cortés à Charles Quint furent interdites en 1527, et qu'en 1553 on interdit aussi l'exportation des chroniques de la conquête dans le Nouveau Monde. L'entreprise populaire, l'ascension chantée par Bernal Díaz, devient l'entreprise exclusive du pouvoir monarchique.

Gramsci fait une distinction fondamentale entre la politique de Machiavel en Italie et celle de Bodin en France. La première intervient au *moment de la force*, dans l'état-cité des Médicis. La seconde au *moment de l'équilibre*, dans l'État-nation d'Henri IV et de Louis XIII, lorsque la vie politique et économique de la nation est centralisée et remise entre les mains de gestionnaires de la classe moyenne en ascension : Mazarin et Colbert. Bodin peut invoquer les droits des classes moyennes — le tiers état — parce que les questions essentielles de la fondation, de l'unité et de l'équilibre ont été résolues en France. Machiavel doit invoquer les droits de la révolution parce que tout — l'unité du territoire, l'identité nationale, la société libérée du féodalisme — restait à construire en Italie.

García Márquez, dans *L'automne du patriarche*, nous offre l'image du dernier despote, anonyme, confondu avec ses doubles, et finalement mort et déchiqueté par les vautours. Le dernier tyran patrimonialiste, archaïque, antérieur au temps de la violence révolutionnaire, mais antérieur, aussi, au temps de l'équilibre démocratique. Les gouvernants du siècle dernier ont dû affronter ou contourner ce même problème : comment émerger de l'anarchie et créer des nations viables, comme remplacer les républiquettes balkaniques par des États-nations ? Comment remplir le vide laissé par l'État impérial espagnol et occupé par les caciques, les curés et les militaires ? Tant bien que mal, Juárez et Díaz au Mexique, Portales au Chili, Rosas et Mitre en Argentine, Justo Rufino Barrios au Guatemala, ont affronté ces questions. Certains, comme Rosas, ont conservé dans l'autorité unificatrice les germes de l'anarchie et de la violence. D'autres, comme Juárez et Barrios, ont créé à la base des institutions d'État pour faire barrage au personnalisme militaire. D'autres, comme Portales, ont tenté de donner l'allure d'un État à une société dynamique sur le plan économique, toujours plus démocratique et plus diversifiée. D'autres, comme Mitre et Díaz, ont voulu dresser une façade de progrès et de modernité sans changer le pays réel.

Finalement, des dirigeants comme Obregón et Calles au Mexique, Castro à Cuba et les sandinistes au Nicaragua durent définir le moment de la violence comme le moment de la fondation révolutionnaire dans le but d'obtenir l'unité territoriale, l'identité nationale et la viabilité institutionnelle. Les trois révolutions du XXe siècle en Amérique hispanique sont, cependant, différentes. Au Mexique, la société inaugurée par la révolution a fini par dépasser ses pères : le Parti et l'État. A Cuba, les transformations sociales n'ont pas trouvé de rechange politique à la hauteur des nouveaux paramètres en matière d'éducation, de santé et de travail. Un personnalisme pérennisé ne peut, en fin de compte, remplacer ni contenir la dynamique sociale cubaine. Au Nicaragua, une habile direction politique a su, à la fois, créer un État national, inexistant avant la révolution, se défendre dans une guerre imposée de l'extérieur, et rompre le cercle de la fatalité historique qui faisait du pays une marionnette des États-Unis. Un front politique d'opposition très disparate fait face aujourd'hui à l'État national. De cette tension, de ces conflits, naîtra ce que le Nicaragua n'avait jamais connu : une société civile moderne.

Elle existe déjà au Mexique, où la question est de ranimer la dynamique politique pour l'accorder à la dynamique sociale. Pendant longtemps nous avons eu un État fort et une société faible. A présent, une société de plus en plus forte grignote l'espace de l'État corporatif. En Argentine, par contre, une société civile assez forte devra créer des institutions politiques à sa mesure. Le Chili a une société civile démocratique qui a néanmoins succombé à la dictature militaire. Je choisis simplement trois exemples pour formuler ma question : l'Amérique espagnole peut-elle atteindre, par la voie révolutionnaire ou par la voie végétative, en passant par la violence ou en l'évitant, en invoquant Machiavel ou Bodin, quelque chose qui va plus loin que la simple force ou que le simple équilibre : la dynamique du développement dans la justice ?

De l'automne du patriarche nous sommes passés au faux printemps du technocrate. Il nous restait à subir les hivers du développement sans justice et les enfers de la dette, de l'inflation et de la stagnation dans tous les domaines. Le véritable printemps démocratique passera par de telles épreuves. Il ne pourra être, une fois de plus, le bien-être illusoire d'une minorité remettant à plus tard le bien-être de la majorité. Nous avons retenu bien des leçons. Le nouveau modèle de développement, fondé sur la démocratie politique, mais aussi sur la justice sociale, sera exigeant pour tous les acteurs de notre vie politique : de droite et de gauche. A tous il imposera des obligations. Il impliquera un effort sans précédent dans notre histoire. Il n'y aura pas de modernité gratuite en Amérique espagnole. Il n'y aura pas de modernité qui ne prenne en compte la totalité culturelle de nos pays. Il n'y aura pas de modernité par décret. Personne ne croit plus en un pays idéal séparé du pays réel. Grâce à des livres comme *L'automne du patriarche*, nous savons tous qu'il y a une autre écriture, celle de l'imagination, qui révèle le pouvoir du désir ainsi que la volonté du changement. La loi abstraite ne régnera plus jamais seule en Amérique hispanique. *Ce que peuvent les mots !* — ceux du pouvoir, mais aussi, dès à présent, ceux de l'écrivain et ceux de sa communauté.

José Lezama Lima : corps et parole du baroque

> Oh ! that this too too solid flesh should melt,
> Thaw, and resolve itsef in a dew...
>
> *Hamlet*, I, II, 129

1. LES ÈRES IMAGINAIRES

Le poète et romancier cubain José Lezama Lima représente une autre ligne de force de notre histoire culturelle : celle du baroque, que j'ai décrite comme une contraction entre l'utopie perdue et l'épopée pervertie du Nouveau Monde, dans la mesure où toutes deux, dans leur postulation américaine, reposent sur l'idée de l'espace, de la faim d'espace et de la libération de ce dernier, qu'Edmundo O'Gorman propose comme stimulants à l'intention de l'Amérique.

Le baroque est l'un des noms de notre fondation et il la révèle comme un acte à jamais partagé entre l'Europe et l'Amérique. Si l'Amérique est inventée par une faim d'espace européenne, si elle est nommée, exploitée et vaincue par une faim d'espace, c'est dans la construction, la recréation et le travestissement de ce même espace qu'elle trouvera son refuge et son nom : refuge et nom du baroque.

En 1550, lors de la controverse de Valladolid sur les droits de conquête, frère Bartolomé de Las Casas lui-même accepta le concept de guerres justes et injustes. Juan Luis Vivés répondit qu'une telle distinction était un piège qui pourrait justifier tous les principes de destruction et d'esclavage. *Dulce bellum inexpertis* : dans l'*Enchiridion*, Érasme demande aux nations de se rappeler que la guerre n'est douce qu'à ceux qui ne la subissent pas. Les peuples aborigènes en ont fait l'amère expérience, jusqu'à des extrémités inouïes de cruauté, d'extermination et d'esclavage. Le sermon de frère Antonio de Montesino à Saint-Domingue le jour de Noël 1511, la campagne de frère Bartolomé, les dessins illustrant la chronique du Pérou de Poma de Ayala et le Codex Osuna fournissent une preuve fracassante de la violence que les conquérants ont exercée à l'encontre des conquis.

Pourtant aucune littérature tragique n'a dérivé de ces faits, bien que Max Scheler explique que la tragédie est un conflit de valeurs condamnées à une extinction mutuelle. La conquête s'est traduite par l'extermination mutuelle de l'Utopie et de l'Epopée fondatrices du Nouveau Monde. Mais l'histoire ne s'est pas soldée par une tragédie car l'évangélisation chrétienne ne véhiculait pas de valeurs tragiques, mais un optimisme ultra-terrestre, et le monde des vaincus s'est effondré en l'absence d'instruments critiques pour se sauver de l'effroi et du fatalisme. La praxis de la civilisation n'a fait que creuser ces abîmes. La chance tragique de l'Amérique espagnole — cet acte de rénovation qui éclaire et transcende ce que nous avons été afin de continuer à être sans sacrifier aucune des composantes ; la tragédie comme conscience et contemplation de nous-mêmes et du monde — est restée en réserve, latente au cœur de notre culture.

Le vide a été comblé par le baroque douloureux du Nouveau Monde, réplique formelle de la culture hispano-américaine naissante à la défaite infligée à l'utopie de l'invention de l'Amérique et à l'épopée de sa conquête : défaite répartie entre More et Machiavel, entre le devoir-être et le vouloir-être, entre le désir et la volonté. Dans l'abîme entre les deux surgit, affamé et désespéré, Notre Seigneur le Baroque, comme l'appelle Lezama.

Mais la figure du baroque ne devient pleinement identifiable et compréhensible, à notre époque, que grâce à son insertion dans le champ des ères imaginaires proposé par Lezama Lima dans *L'expression américaine*. Personne n'a vu plus clairement que lui que, si notre histoire politique peut effectivement être envisagée comme une série de ruptures, l'histoire culturelle présente une continuité frappante. Même lorsque les luttes politiques, en elles-mêmes fragmentaires, essaient de projeter leur propre rupture sur la vie culturelle (négation du monde indien par les Espagnols ; négation des mondes espagnol, indien et métis par la modernité de l'Indépendance), le concept des ères imaginaires nous offre la chance de restaurer la continuité qui, fréquemment travestie, feignant souvent la mort et se fondant parfois dans le silence, a toujours su se maintenir grâce à ce même silence mimétique et à ses apparitions tantôt fantomatiques, tantôt fracassantes dans le syncrétisme, le baroque et la constance de la culture populaire : musique, gestes, meubles, artisanat, cuisine, érotisme, langage, vêtement, croyances, images, droits coutumiers… En somme, ce que Lezama Lima appelle la *contre-conquête* de ce qui est purement européen par ce qui est indo-afro-ibéro-américano, et ce que Vico, avant tout le monde, a appelé la société civile, l'histoire faite et alimentée par des hommes et des femmes.

C'est dans cet espace que s'inscrivent les ères imaginaires de Lezama Lima. C'est sa façon de dire que c'est l'imagination, et non pas les archives, qui fait les cultures. « Si une culture ne réussit pas à créer un type d'imaginaire », écrit Lezama, elle sera historiquement indéchiffrable « dès qu'elle subira le transfert quantitatif des millénaires ». Pour Lezama, la véritable histoire consiste à savoir à quel moment l'imagination s'est imposée comme histoire. Une humanité « divisée en ères correspondant à sa potentialité à créer des images » permettrait à la mémoire d'atteindre à la plénitude de sa forme. Il va sans dire que cette plénitude inclut la forme tragique ; et le point d'aboutissement de l'imagination doit être de la restaurer parmi nous.

Cette imagination, appliquée aux ères de la vie américaine, permet à Lezama de relier notre vie à la continuité des mythes, indigènes et européens ; de la conquête et de la contre-conquête ; du baroque et de l'utopie ; de l'exil romantique (Miranda et Fray Servando) et de l'enracinement *estanciero* (Hudson et Güiraldes) avant de nous projeter à nouveau dans l'errance, chantée et vécue du *charro* et du *gaucho*, porteurs d'une vie populaire qui transcende et prolonge toutes les manifestations précédentes, jusqu'au moment où elles sont fixées dans cette *forme* de la circonstance, cette *imagination* de l'événement qu'est l'art contemporain à partir de José Guadalupe Posada.

La plus conflictive de nos ères imaginaires est peut-être celle qui englobe la conquête, car elle signifie l'élimination de l'instance tragique au bénéfice du rêve utopique et de l'énergie épique, tous deux annulés à leur tour par l'exploitation coloniale et l'évangélisation chrétienne. L'absence d'issue tragique dans la culture hispano-américaine conduit à un manichéisme qui tente de donner raison au conquérant ou au conquis, en esquivant le conflit des valeurs et en nous permettant de transformer le conflit des cultures en mascarade politique. Créoles et métis ont achevé l'œuvre des conquérants espagnols, en soumettant l'indigène à un système d'exploitation pire que celui de la colonie. Le libéralisme et les modernisations successives ont dépouillé les communautés indiennes des garanties légales et des protections minimales assurées par la Couronne. Mais ces mêmes créoles et ces métis — nous-mêmes — avons été les dénonciateurs particulièrement incisifs de l'œuvre de l'Espagne en Amérique et les défenseurs hypocrites d'une culture indigène dont les monuments resteront à jamais comme autant de récriminations si ses hommes et ses femmes ne connaissent d'autre justice que nos paroles de défense et nos gestes d'offense.

Dans le chapitre consacré à Bernal Díaz, j'ai cité María Zambrano. Il est temps de se la rappeler à nouveau quand elle écrit que le conflit n'atteint pas au tragique s'il se limite à une destruction et si de la destruction n'émane pas quelque chose qui la rachète et la transcende. S'il n'en était pas ainsi, la tragédie ne serait rien d'autre que le récit d'une catastrophe.

C'est de la catastrophe de la conquête que nous sommes nés, nous, les Indo-Afro-Ibéro-Américains, et nous avons créé cette culture que Lezama Lima appelle culture de la contre-conquête. Cette culture, pour toutes les raisons et tous les faits que j'ai évoqués, a exclu la dimension tragique capable de nous doter de la conscience et de la volonté qu'aussi bien Lezama que Zambrano nous proposent pour que nous soyons complets. Un jour, peut-être, nous saurons voir notre histoire comme un conflit de valeurs où personne n'est anéanti par son adversaire mais où, tragiquement, chacun se résout dans l'autre. La tragédie serait donc, en fait, une définition de notre métissage.

Aussi bien Scheler que Zambrano nous préviennent que ce processus prend du temps, afin que la catastrophe se transforme en connaissance et l'expérience en destin. Lezama Lima tente d'accélérer la démarche, de restaurer la vision tragique dans l'imagination américaine et pour cela il ne connaît qu'une seule voie : la connaissance poétique.

2. LA CONNAISSANCE POÉTIQUE

Le roman moderne de l'Amérique espagnole est indissociable d'un travail poétique ininterrompu au moins depuis le XVIe siècle. Il n'y a pas de véritables ensembles narratifs en Amérique espagnole avant la seconde moitié du XIXe siècle ; en revanche, nous n'avons jamais manqué d'une tradition poétique et nous pourrions affirmer aujourd'hui que derrière chaque romancier hispano-américain il y a une foule de poètes hispano-américains d'hier et d'aujourd'hui.

Le romancier José Lezama Lima est son propre poète et ce n'est que justice chez un écrivain baroque qui crée sa propre forme et qui prétend nous offrir un roman qui est un mythe qui crée son propre mythe (l'exploit de Franz Kafka est de la même nature : à la recherche des mythes cachés, il a inventé un nouveau mythe qui est celui de Kafka cherchant les mythes cachés).

La poétique de Lezama est une conjugaison baroque du temps, du verbe et du corps incarné. L'unité de ces trois *surabondances* se nomme poésie. Et chez Lezama la poésie est connaissance. Non pas une méthode de connaissance, non pas quelque chose *approchant* la connaissance, mais la connaissance *elle-même*. Comment y accède-t-on ? En admettant qu'au cœur de tout savoir s'affrontent la relation de cause à effet et les réalités qui se dispensent de la causalité.

« Avec un regard courroucé la causalité et le non-conditionné se contemplent », écrit Lezama dans *Les ères imaginaires*. « Ils se savent irréconciliables et ils serrent les rangs, chacun retranché sur sa rive. » Schopenhauer parle de l'homme pétrifié quand il commence à mettre en doute les modalités purement causales de l'expérience et c'est dans cette suspension de la loi de la causalité que Nietzsche ancre « l'essence de l'ivresse dionysiaque ». Si la tragédie y prend sa source, sa mort survient quand, à travers le masque d'Euripide, le démon socratique entre en conflit avec le démon dionysiaque et l'emporte sur lui. Socrate combat la tragédie parce qu'il y perçoit l'absence du principe de causalité que le philosophe juge irrationnelle et absurde. Il a raison : la loi empirique et morale ne tolère pas une expérience circulaire ou récurrente qui nie toute individualisation parce qu'elle la soumet à un processus constant de réintégration dans le tout. La tragédie, nous explique Nietzsche, transforme la culture épique préalable sans la dépouiller de sa validité et elle attribue aux mythes qui, historiquement, précèdent l'épopée, et à la tragédie leur forme la plus parlante : c'est-à-dire que loin de les abolir, elle les conduit à une sorte de perfection. Les trois réalités se succèdent historiquement mais elles se soutiennent, aussi, historiquement, comme une promesse actualisée d'unité. Tel est le cercle de feu — mythe, épopée, tragédie et rénovation à travers le mythe — auquel je me suis si souvent référé dans ce livre.

Mais quand la religion exige des fondements historiques et rationnels pour se justifier et pour imposer ses dogmes, les mythes meurent et avec eux leur culmination tragique. Je suppose que la raison de cette déraison est que, comme le résume une phrase du *Prométhée* d'Eschyle, pour la tragédie tout ce qui existe est à la fois juste et injuste, et également *justifié* dans les deux cas. Cela est intolérable pour une religion ou pour un État qui sont dans l'obligation de désigner les coupables afin de rendre crédible leur bonté et leur innocence : leur propre justice.

Le sacrifice qui en découle est celui d'une connaissance poétique que Lezama Lima voudrait ressusciter, comme dans le cas des corps muets et glacés des statues, à l'aide des formes verbales. La véritable histoire, pour Lezama, est l'image du monde que nous connaissons à travers le mythe. Non pas la chronologie visible mais l'invisible. La somme des mythes crée les *ères imaginaires* où se produit l'autre réalité, l'histoire occulte. De toute évidence Lezama parie sur le parent pauvre de l'histoire, sur la Cendrillon de la volonté rationnelle et faustienne de l'Occident : les formes non rationnelles et intuitives de connaissance.

Le poète vénézuélien Guillermo Sucre a effectivement parlé, à propos de Lezama, d'« esthétique de l'intuition » qui écarte le causal pour se risquer à la synthèse créatrice, mais qui s'appuie, pour s'approcher de cette seconde réalité, sur ce qu'il y a de plus concret au monde : *le corps*. Lezama identifie l'image, la métaphore et l'analogie verbales *au* corps. C'est la concrétion corporelle qui jugule et qui brise les vannes de la causalité.

En outre, chez Lezama, le corps, dit Sucre, « est un corps qui se sait image ». L'image, à son tour, est un instant de la connaissance poétique. L'étape suivante est l'union avec une autre image afin d'intégrer la métaphore et, à partir d'elle, de rechercher l'analogie. Dans *Analecte de l'horloge*, Lezama explique : « Dans toute métaphore il y a comme une intention suprême d'aboutir à une analogie, de tendre un filet pour saisir la ressemblance, afin de préciser chacun des instants d'une similitude. »

Ainsi la métaphore, qui est la rencontre de deux images — de deux débauches verbales qui se reconnaissent comme telles —, tend à son tour vers l'analogie, lance ses filets afin de découvrir des ressemblances entre les choses, c'est-à-dire leur véritable identité. Dans la métaphore, le langage et la réalité perdent leur caractère incomplet ou fragmentaire, et se transforment non seulement en langage et en réalité en tant que tels, mais également en tout ce qu'ils évoquent ou provoquent. Dans la métaphore le monde de la réalité immédiate, sans cesser de l'être, peut se transformer en monde de l'imagination.

Pour Proust, la vérité commence quand l'écrivain prend deux objets différents et qu'il inscrit leur rapport, leur analogie dans une métaphore. « La beauté d'une chose est dans une autre chose », nous dit-il dans *Le temps retrouvé*. « Midi à Combray est dans la rumeur de ses cloches. » La voie de Proust est celle de Lezama, le seul romancier de langue espagnole qui se soit approché de la matière interne de *A la recherche du temps perdu*.

Le roman moderne naît quand Don Quichotte quitte son village pour arpenter le monde, contre lequel il vient buter car dans les lectures de son village tout se ressemblait alors que sur les vastes chemins du monde rien ne ressemble à rien. A partir de ce moment le romancier s'inquiète de restaurer la ressemblance sans sacrifier la différence. Pour Proust, ce travail caché derrière les plaisirs des jours procède, à son tour, de la résolution de la métaphore en épiphanie, qui est la seconde étape de la connaissance poétique, et, peut-être, son point culminant. Les instances sont célèbres, elles commencent avec les épiphanies de la madeleine, les clochers de Martinville, la voix de sa mère lisant George Sand, les pommiers en fleurs, les aubépines.

Finalement, quand l'œuvre culmine, celles-ci culminent également dans la triple métaphore des pavés de la cour de Guermantes, le bruit des petites cuillers et la blancheur des serviettes de table. La métaphore est rencontre : les images finales du *Temps retrouvé* ramènent dans leurs filets analogiques les images initiales, Venise, les arbres, la plage de Balbec, en récupérant le temps passé pour s'ouvrir à l'épiphanie finale (épiphanie : manifestation, apparition) de la minute délivrée de l'ordre du temps. C'est-à-dire que tout culmine quand le temps et son langage cessent d'être soumis à la succession causale, et qu'ils se manifestent, qu'ils apparaissent comme l'identification de la connaissance à la poésie.

Ainsi l'épiphanie littéraire nous révèle que la poésie est connaissance et qu'il s'agit ici, comme dirait Vico, d'une « connaissance aurorale ». La poésie est l'identité originale entre langage et histoire, quand tous deux étaient, nous dit Benedetto Croce en parlant de *L'Iliade*, « le même document ». Aujourd'hui histoire et langage sont séparés et seule leur apparition aurorale — la poésie — peut les réunir à nouveau, comme dans un commencement. Cela est-il possible dans un monde, comme dit Adorno, *trop détérioré* ? Dans *Paradiso* [1] Lezama Lima tente cette réunion héroïque, en passant par toutes les opérations qui constituent l'arsenal poétique : image et analogie, métaphore et épiphanie.

A propos de Lezama et de *Paradiso*, je donne à l'épiphanie la même valeur que James Joyce dans *Stephen le héros* : « Par épiphanie, j'entendais une manifestation spirituelle soudaine, surgie au milieu des discours et des gestes les plus ordinaires, ainsi qu'au cœur des situations intellectuelles les plus mémorables. Je pensais que l'homme

1. Les citations sont extraites de *Paradiso*, trad. Didier Coste, Paris, Éditions du Seuil, 1971 *(N.d.T.)*.

de lettres se devait de noter ces épiphanies avec un soin extrême, car elles expriment les instants les plus délicats et les plus fugitifs. »

Le mouvement poétique de Lezama dans *Paradiso*, analogue sur bien des points à celui de l'âme attachée à la matérialité des choses dans la philosophie de Plotin, est avant tout une tentative pour animer, à l'aide du langage, la matière, en transformant la statue en corps et en découvrant l'équivalent de ce corps idéal, matière qui aspire à Dieu, dans trois corps concrets, individualisés et parlants à l'intérieur du monde d'un roman.

Ce sont les corps de ses trois principaux protagonistes : Focion ou le chaos ; Fronesis ou l'ordre ; Cemi ou l'illumination qui les conduit tous les trois, en dépassant à la fois le chaos et l'ordre, à l'épiphanie de *Paradiso*. C'est l'image finale de la maison incandescente de La Havane, nimbant les corps de lumière pendant un instant — la minute échappant à la causalité, le temps imaginaire — avant de se disperser dans la matière, la quotidienneté et la mort.

J'aimerais suivre de près le mouvement complexe menant à l'épiphanie paradisiaque, tel qu'il se manifeste dans le roman de Lezama : jusqu'à lui, je ne crois pas que le roman américain écrit en espagnol ait manifesté une plus extrême complexité, une plus intense beauté spirituelle et linguistique.

3. CONTRE-CONQUÊTE ET BAROQUE

Les épiphanies de *Paradiso* se produisent moyennant l'entrée dans un monde différent du contexte « réaliste », un transfert direct de l'ordre de la causalité à l'ordre de l'occulte, du latent, du possible ou de l'oublié, cette esthétique de l'intuition dont parle Sucre. Il s'agit d'un cheminement poétique, ardu parfois, mais qui obéit à la conviction profonde de l'écrivain : les cultures constituent son imaginaire. Lezama Lima suggère que nous détournions l'emphase mise sur l'histoire des cultures et que nous l'appliquions, au contraire, aux « ères imaginaires ». Qu'est-ce qu'il entend par là ? « Si une culture — écrit-il dans *La quantité ensorcelée* — ne réussit pas à créer un type d'imaginaire », elle deviendra, au fil du temps « grossièrement indéchiffrable ». C'est pourquoi il propose une histoire de l'humanité « divisée en ères correspondantes à leur aptitude à créer des images ».

Dans *L'expression américaine* — une des grandes explorations de la culture de notre continent, à côté de celles de Sarmiento, de Reyes, de Martínez Estrada et de Mariátegui —, Lezama imagine les temps de l'Amérique ibéro-indo-africaine à partir de leur incarnation dans les mythes pré-hispaniques, le « double étonnement » de la conquête, le baroque colonial, le « cachot » de l'indépendance et la culture populaire du XIXᵉ siècle. Il observe une filiation du fabulateur indien au chroniqueur espagnol, et de celui-ci au seigneur baroque, à l'exilé romantique et au gentilhomme campagnard. Mais la fixité, au XIXᵉ siècle, de ce dernier est à nouveau mise en mouvement par la culture populaire : le *charro* mexicain et le *gaucho* argentin : « romance » *(corrido)* et « errance » (*recorrido*) qui culminent dans une nouvelle image : celle de José Guadalupe Posada, qui a son tour annonce un nouveau mouvement, non encore nommé car c'est le nôtre, celui que nous vivons.

Julio Ortega a raison de qualifier Lezama de « théoricien le moins traumatisant de la culture hispano-américaine, qu'il a comprise comme une continuité, toujours comme un accomplissement, jamais comme un problème... ». Mais le sens de la continuité chez Lezama est à cent lieues d'un éloignement ou d'une indéfinition. Bien au contraire, il signifie une approche effective, corporelle, dynamique de chaque étape de la continuité culturelle ou des « ères imaginaires » de nos contrées. Mais ces mêmes adjectifs nous indiquent clairement que, parmi tous ces moments de l'imaginaire, Lezama est plus porté vers l'un d'entre eux, le baroque, et qu'il l'emploie non seulement par préférence intellectuelle mais aussi, précisément, comme forme de sa création artistique.

La préférence et la forme finissent par se réunir, car Lezama est également un écrivain catholique et si son esthétique du baroque exige une incarnation artistique, elle réclame, en même temps, une justification morale, philosophique, spirituelle. Immergé dans la civilisation catholique de l'Amérique espagnole, contre-réformiste et fermée à la modernité, Lezama cherche avec un désespoir lucide une issue, en deçà du gâtisme d'un catholicisme cagot et stéréotypé, au-delà de notre identification contemporaine de la modernité avec le protestantisme capitaliste que nous nous empressons, cependant, de recouvrir d'une couche de pierre saint-sulpicienne, bigot, destiné à une consommation sporadique et à être en paix, comme le dit quelque part Emmanuel Mounier, avec nos réputations plus qu'avec nos consciences.

Le catholicisme radical, engagé, de Lezama l'amène à s'affronter à tout ce qui le nie et, heureusement, à ce qui, par le seul fait de le nier, l'affirme, le révèle et le fait nôtre, l'intègre à nos « ères imaginaires ». Lezama, comme dit Julio Ortega, recherche des continuités. Il écrit, par exemple, que c'est en Amérique que s'accomplit la renaissance espagnole. « A travers l'Amérique, le stoïcisme quévédien et le scintillement gongorin ont un soutènement populaire. » On ne doit pas voir dans la culture espagnole une copie mais une mimésis qui n'implique ni infériorité ni paresse. L'Amérique est un centre d'intégration et par là elle est la continuité de l'Espagne. Elle en est aussi l'expression exponentielle, car l'Espagne elle-même a été, en fin de compte, le plus grand « centre d'intégration » de l'Occident européen : Ibérie celte, phénicienne, grecque, romaine, juive, gothe, arabe, gitane...

La Renaissance accueille le chaos de la décomposition du monde théologique et se remet à penser à l'Arcadie : l'Âge d'Or, utopie, le bon sauvage... Cette réflexion n'a rien de gratuit. Elle vient conforter le témoignage selon lequel « dans un contexte aussi peuplé que l'Europe au temps de la Contre-Réforme, nous offrons avec la conquête et la colonisation une issue au chaos européen, qui commençait à devenir exsangue ».

Il s'est saigné dans les guerres de religion. Et il a saigné le monde indigène américain. Mais l'intégration de l'Amérique indienne à l'Occident — je cite un jeune et brillant essayiste et romancier mexicain, Héctor Aguilar Camín —, « en dépit de sa cruauté et de ses terribles conséquences démographiques, n'a pu se produire qu'à travers la symbiose du conquérant et des civilisations autochtones ». Ce qu'Aguilar Camín dit du Mexique peut s'étendre à l'Amérique ibérique : « L'implantation du système colonial en Nouvelle-Espagne n'a pas entraîné l'extermination des anciens habitants. » Cette réalité contraste avec la colonisation de l'Amérique anglo-saxonne, et surtout avec l'expansion de la république nord-américaine en direction du Pacifique, fondée sur l'extermination des Indiens. « La formule de la colonisation menée par les États-Unis a consisté à exterminer pour s'implanter, faire table rase pour mieux occuper. » De cette expérience n'a pas découlé une civilisation indo-anglo-américaine ; mais dans les Caraïbes non plus on n'a gardé aucune trace d'une civilisation indo-américaine. Dans les deux cas l'esclavage a relayé la mort. C'est dans les Caraïbes que naît la culture — ou l'« ère imaginaire » — afro-américaine. Avec elle, naît également le baroque, réponse aux insupportables vides historiques, charte de fondation des Caraïbes et de la phratrie de ses intellectuels, qu'ils écrivent en espagnol, en français ou en anglais. Le baroque est comme un courant identificateur qui s'écoule de l'embouchure de l'Orénoque, à travers les « îles du courant », jusqu'au Mississippi. Les poissons qui nagent dans ces eaux sont reconnaissables à leur coloration baroque : Alejo Carpentier, Gabriel García Márquez, Luis Palés Matos, Jean Rhys, Jacques Roumain, Edouard Glissant, Aimé Césaire, William Faulkner... Depuis le sud des États anglo-américains jusqu'au nord des confins bolivariens.

Mais dans le Sud nord-américain, le baroque mit très longtemps à se manifester, en tant qu'émanation d'une culture syncrétique, forgée dans l'échec, solidaire dans la défaite, exception au triomphalisme sans failles de la *polis* nord-américaine. Ce baroque porte le nom d'un grand écrivain, William Faulkner, péjorativement accusé par le critique Allen Tate de succomber à une sorte de « gongorisme du Sud ». Lezama avait raison : dans *Absalon ! Absalon !*, dans *Le bruit et la fureur*, les racines du « scintillement gongorin » deviennent baroques dans le Sud nord-américain.

En revanche, dans l'Amérique hispanique, l'ascension de « Notre Seigneur le Baroque » est rapide et éblouissante. Elle s'identifie avec ce que Lezama appelle la contre-conquête : la création d'une culture indo-afro-ibéro-américaine, qui n'annule pas, mais au contraire amplifie et renforce la culture de l'Occident méditerranéen en Amérique.

Il s'agit d'un baroque douloureux : il se présente comme une abrogation syncrétique, comme le refuge des anciens dieux, l'entrepôt des temps aborigènes. L'angoisse tourmentée des statues ibéro-africaines de l'Aleijadinho à Cogonhas do Campo, les paradis indigènes compris dans les espaces chrétiens de Quito et d'Oaxaca, les balcons qui pendent comme des cages à Lima et à La Havane sont l'œuvre des artisans indiens, noirs et métis qui ne pouvaient s'exprimer qu'à travers l'argile et la couleur. L'œuvre de Sor Juana Inés de la Cruz donne plus d'ampleur encore à cette idée : le baroque fut également le refuge de la femme et, dans le cas de *cette* femme, il s'est identifié à la sauvegarde de la parole, à cette *nomination* même dont j'ai signalé qu'elle était un des foyers de la prose narrative hispano-américaine.

Il s'agit cependant d'un baroque plein, non « dégénérescent ». Il représente, écrit Lezama, « aussi bien en Espagne que dans l'Amérique espagnole, des acquisitions de langage peut-être uniques au monde, des meubles pour les habitations, des formes de vie et de curiosité, un mysticisme qui professe de nouvelles inflexions dans la prière, des façons de préparer et de savourer les mets, tout cela reflétant un style de vie global, raffiné et mystérieux, théocratique et intériorisé, erratique dans la forme et profondément enraciné dans ses essences ».

Baroque indo-ibérique de Tonantzintla, de la chapelle du Rosaire à Puebla, des églises de l'architecte indigène Kondori, au Pérou et en Bolivie, des *Commentaires royaux* de l'Inca Garcilaso de la Vega. Baroque ibéro-africain : l'architecture et la statuaire de l'Aleijadinho à Ouro Preto. Baroque métis, la poésie de Sor Juana, la curiosité synthétique et dévorante de Carlos de Sigüenza y Góngora, et, enfin, la narration de l'histoire nationale (indienne, créole, métisse) du Chili par Molina et du Mexique par Clavijero. Baroque créole : la peinture, l'étiquette, le mobilier, l'architecture et, peut-être, l'érotisme même de la Vice-Royauté, évoqué par Fernando Benítez dans *Les démons du couvent*. La contre-conquête se manifeste rapidement à travers la culture du baroque, sur tous les plans. Elle n'est pas, comme dans le Sud de l'Amérique du Nord, un avenir tardif. C'est l'ère imaginaire qui suit celle du cosmos indigène, détruit ou enfoui. Elle est la contraction de l'utopie vaincue par l'épopée.

Dans quelle mesure ce baroque américain — art, en fin de compte, « de la reconquête » — participe-t-il de sa contrepartie européenne ?

Dans sa brillante étude sur le passage du monde « univoque » du Moyen Âge au monde « pluridirectionnel » de la Renaissance — dans *L'œuvre ouverte* —, Umberto Eco conçoit le baroque comme une attaque contre les hiérarchies et leurs privilèges, une négation du donné, du statique. Le baroque est une forme dynamique, la forme du nouveau monde de la science et de la découverte, le monde de Copernic et de Colomb qui, au lieu de respecter le cœur des choses essentielles et éternelles, les déplace, multiplie les axes de l'univers et recherche une vision indéterminée des choses. La forme baroque est un objet en mutation perpétuelle et l'objet de l'art baroque ne recèle plus cette beauté essentielle que n'importe qui peut contempler, mais un mystère qu'il faut découvrir ; il est un devoir, un stimulant.

L'icône, symbole byzantin d'une culture théologique, de ce « modèle archétypique et unique » dont parle O'Gorman, est déplacée par la peinture sculpturale de Michel-Ange ou de Luca Signorelli, où le spectateur est invité à se mouvoir pour capter l'œuvre et ses figures en totalité comme s'il admirait, effectivement, les statues du même Buonarroti, du Bernin ou de Donatello. Ce qui compte dans le baroque européen, c'est que le corps a été libéré, y compris aux dépens des exigences de la pierre qui le fixe, mais en redoublant, d'une certaine façon, l'obligation du spectateur de tourner autour de la statue pour lui conférer son mouvement, son indéfinition, sa plénitude baroques.

En cela il s'assimile à un autre déplacement, le premier du roman moderne, celui de Don Quichotte, qui déplore les similitudes perdues mais qui témoigne, également, de ce que tout, désormais, est différent. Contre « l'élémentaire et grossière loi de la symétrie », contre l'ordre, contre la rétention, contre la prison, les différences qui étonnent le Chevalier à la Triste Figure sont celles du désordre baroque. Les villes (et n'est-ce pas ainsi que Lezama Lima conçoit sa Havane ?) cessent d'être les forteresses symétriques du Moyen Âge, avec leurs créneaux, leurs donjons et leurs ponts-levis, pour se transformer en villes ouvertes, non plus *emmurées* mais *énamourées*.

De leurs labyrinthes. Physiques, comme celui de *La Célestine* ou du *Lazarillo*, urbains, ou verbaux, comme ceux de Góngora. De leurs représentations dans la représentation — Shakespeare, Cervantès, Vélasquez. De leurs miroirs — Van Eyck, à nouveau Vélasquez, Titien. De leur vision du monde à l'envers, désordonné : le monde comme auberge et comme place publique : lieux de rendez-vous, tavernes, gargotes, parvis, bordels, retables, montreurs de marionnettes, lieux communs à Don Quichotte, Don Juan, Lazarillo, la Célestine, Quevedo, et leurs *corps* déplacés.

Culture d'une société en voie de changement, dit José Antonio Maravall dans son magnifique livre sur le baroque en Espagne, le baroque est indissociable d'un sentiment d'instabilité et d'une vision de chaos et d'ébranlement. Les plaintes de Valdés et de Vivés, au XVIe siècle, à propos de la catastrophe européenne et de la nécessité d'une restauration utopique dans le Nouveau Monde, se répètent, au XVIIe, chez Campanella et Saavedra Fajardo : celui-ci fustige ce qu'il appelle « les folies de l'Europe », et le baroque, dit Maravall, table désormais sur « une conscience du mal et de la douleur, et il l'exprime ». Après la terrible guerre de Trente Ans, le baroque européen cesse d'être célébration de l'espace et de l'esprit délivrés ; il ressemble de plus en plus au baroque des espaces clos — églises et balcons — de l'abrogation syncrétique du Nouveau Monde.

Dès lors, des deux côtés de l'Atlantique, le baroque sera l'art de l'inachevé, du difficile, de l'instabilité et des caprices de la fortune, du temps et de la gloire. L'Espagne et l'Amérique espagnole chantent ici le même chant désenchanté que Góngora :

Les heures ne t'accorderont aucun répit ;
ces heures qui peu à peu liment nos jours,
ces heures qui peu à peu rongent nos années

et de Góngora à Cernuda, et sa vision dépenaillée, douloureuse et souffrante de l'Espagne, l'Être de Sansueña. De Sor Juana.

Ce que tu vois là, leurre aux mille couleurs,
n'est qu'un souhait périmé et tout bien considéré
il est cadavre, et poussière et ténèbre et néant

et de Sor Juana à Lezama Lima lui-même, qui s'exclame dans un des poèmes de *Rumeur ennemie* :

Ah, te voilà qui t'échappes à l'instant précis
où tu venais enfin de précisément te définir...

Paradoxe extrême et douloureux qui éclairera la densité narrative et la totalité du roman de Lezama Lima, *Paradiso*.

Car si dans le poème que je cite, Lezama interpelle la fugitive d'un instant :

Ah, mon amie, si dans le marbre pur des adieux
tu avais sculpté la statue qui pouvait nous accompagner

dans le roman ce désir ne s'accomplit que pour exiger, comme la mort exige la vie, le mouvement qui nous fait perdre ce que nous avons aimé.

Ère imaginaire, somme de traditions indigènes, africaines et européennes dans l'espace du Nouveau Monde, réponse de la contre-conquête à la conquête, le baroque américain devait être, pour Lezama, distinct du baroque européen et supérieur à lui. Comme lui, c'est un art des déplacements et des corporéités : mouvement et incarnation, pluralité et désordre, changement et rencontre. Mais la différence du baroque américain n'est pas seulement historique — contraction d'utopie et d'épopée, venant remplir un vide qui nous est propre —, elle est aussi intrinsèque. Lezama voit dans le baroque européen une accumulation sans tension ; affirmation évidemment discutable. Mais dans le baroque américain il découvre ce qu'il appelle un « plutonisme », c'est-à-dire un feu originel qui dans un premier temps fragmente, et ensuite, réunit. Dans son examen de l'architecture baroque de Kondori, le bâtisseur indien, Lezama distingue clairement la rencontre des feuilles de la forêt vierge américaine avec le motif grec trifoliolé, du son des *charangos* avec les violes de gambe, des demi-lunes incaïques avec les acanthes corinthiennes. Recomposer, réorganiser ce qui a été brisé. Nous avons souligné que ce fut là, aussi, la mission, méprisée ou invisible, parfois, de la polyculture espagnole. Que cette mission, interrompue par l'expulsion des juifs et des Maures de la péninsule, ait été récupérée et étendue à l'Amérique par notre baroque, voilà qui est une causalité distinctive.

Une fois cet acquis posé, il convient de savoir comment il s'incarne. C'est-à-dire comment il prend corps, car il n'existe pas de baroque — précisément parce qu'il réunit des contraires en mouvement et qu'il remplit des vides intolérables — sans une corporéité qui donne forme au mouvement et visage à ce qui auparavant en était dépourvu, ou qui n'était que regard frontal, iconique, sans tension.

Car le corps est le siège d'Éros. Comment le concilier, alors, avec une culture spirituelle, catholique, qui dans la nature et dans le corps voit la tentation et la chute ? Lezama oppose la chute du corps à sa résurrection, promise par le christianisme. Et c'est sur cette tension qu'il construit son grand roman, *Paradiso* : roman baroque, érotique, catholique, qui ne serait rien de tout cela sans un corps ou sans les corps, qui permettent d'incarner le mouvement, la tension et le paradoxe d'être, en même temps, matière et esprit, corruption et résurrection.

4. LE CORPS DU BAROQUE

La lecture du roman de Lezama nous permet de constater qu'une bonne moitié de l'œuvre conjugue la réalité immédiate du texte avec une approche des problèmes du corps. Avant tout, Lezama veut nous faire comprendre que sans le corps il n'y aurait pas de littérature. Mais il nous demande également, plein d'espoir, si un corps vivant, conscient de lui-même, peut finalement exister sans la littérature ? Le corps apparaît d'abord comme une statue pétrifiée dans l'espace et le récit initial du livre consiste à observer le passage de la statue — perfection, « définition optimale » — à la fluidité et à l'incarnation.

De l'espace occupé par la statue au temps vécu par le corps : la médiation étant assurée par le verbe et l'image, la poésie et la peinture.

Comme la fugitive du poème de Lezama, le corps atteint durant un instant sa définition optimale dans la statue, mais en échange de l'immobilité sculpturale. Le baroque de Lezama définit sa beauté dans cette mort parfaite qui en est la négation. Le poète le définit comme « un tourbillon de coïncidences qui se fixent dans la sculpture ». Ce désir de suspendre le déferlement typique du baroque dans l'instant immobile de la statue, l'incite à concevoir le groupe d'un concert baroque comme une nature morte. Le gel des figures qui dansent est lui aussi assimilé à une nature morte : « En dansant les couples se changeaient en arbres givrés... La lumière blanchissait si excessivement les couples que même ceux qui étaient sanglés de drap noir semblaient être des cierges glacés. »

Le baroque interne du corps ressemble lui aussi à une sculpture, à un « arbre bronchial » ; l'ombre elle-même est baroque, dans son état le plus achevé elle est sculpturale ; et si l'architecture a un visage, à l'image de l'escalier de l'Université, l'homme possède une architecture sculpturale, à l'image d'Alberto Olaya lorsqu'il s'arrête avec indifférence dans l'agitation d'un coin de rue, « comme une statue », remarque Lezama, comme un « bloc de sable d'une seule pièce », modelé par le brouillard côtier.

Le verbe recteur de cette veine pétrifiante de *Paradiso* nous est fourni par l'auteur, lorsqu'il conjugue le verbe anglais geler : *freeze, froze, frozen*.

Mais la fixité glacée appelle la métamorphose, car tout ce que nous avons lu est un « comme si », c'est la comparaison de l'image et non pas l'identité de la métaphore. Lezama retarde jusqu'au-delà de la moitié du roman le cri de guerre du baroque, « on rejette l'*horror vacui* », car il craint — et il nous en persuade — que l'horreur du vide ne soit pas l'origine du baroque, mais simplement une de ses étapes. Après la fixité sculpturale, réalité première de la perfection chez Lezama, vient le mouvement obligé du spectateur autour de la statue, qui prétend ainsi lui insuffler à son tour le mouvement. C'est ce qui s'est produit pour le baroque historique qui a d'abord été architecture et seulement après, peinture, et peinture architecturale et sculpturale. Ortega dit de Vélasquez qu'il est le peintre qui libère la peinture de la sculpture et Foucault va encore plus loin quand il fait remarquer que Vélasquez, dans *Les Ménines*, réussit à intégrer le spectateur dans le tableau mais aussi le tableau dans le spectateur. Le peintre des *Ménines* ne nous regarde que parce que nous tenons la place de son modèle. Son regard nous salue et en même temps prend congé de nous. Mais, en regardant dans le vide, il accepte également autant de modèles qu'il y a de spectateurs. Le sujet et l'objet, précise Foucault, inversent leurs fonctions vers l'infini.

On ne saurait concevoir de plus grande ouverture au caractère inachevé du baroque, qualité unique capable d'admettre non seulement la pluralité des lectures mais aussi le syncrétisme constant des éléments qui composent le discours — lu ou regardé — et l'exercice de substitution et de condensation permanente de l'incertain et de l'inachevé. Réciprocité pure, dit Foucault de Vélasquez, et il pourrait le dire de Lezama car dans le roman, comme dans le tableau, toutes les lignes, tous les regards convergent vers quelque chose d'inaccessible, extérieur au tableau (au livre) mais reflété dans la profondeur de chaque regard (et de chaque mot). Si le monde est d'abord vu comme statue, le monde, comme les statues, est contemplé par des personnages dotés de réciprocité : ils se voient et ils sont vus. C'est cette vision multiple qui anime les statues, mais pour Lezama sa pleine intégration des différents points de vue doit survenir dans un milieu dynamique, qui est celui de la peinture. Sur l'échelle de la matière inanimée à la matière dotée d'esprit, Lezama nous introduit d'abord, il nous fait passer, de la sculpture à la peinture, ce qui est comme un passage de la pierre à l'eau.

La grand-mère Munda apparaît dans l'escalier, nous dit l'auteur, comme « une pure composition de Vélasquez ». Tous les personnages de *Paradiso* commencent à exister en tant que portraits retouchés, Holbein retouché par Murillo, mendiants dont les sourires sont touchés par la lumière de Rembrandt. Lezama invoque des exemples d'inachèvement et de réciprocité pour doter les personnages, qui auparavant possédaient une architecture pétrifiée, d'une nature picturale. C'est-à-dire que le roman décrit la façon dont les personnages occupent une place dans l'espace et un instant dans le temps, instaurant du même coup un récit chronotopique et non pas psychologique ou descriptif.

« Le temps, tel une substance liquide, couvre comme d'un masque le portrait des plus lointains ancêtres, ou bien au contraire se traîne, se laisse presque absorber par les jeux terrestres et grandit le personnage au point de lui donner la consistance d'un Desmoulins, d'un Marat aux poings serrés, martelant les réactions diverses, les échos ou le dégoût d'une assemblée thermidorienne. On dirait que ces ancêtres vont apparaître sous la mer après ces imprécations, ou geler définitivement, quand ils réagissent comme les gouttes de sang qui leur survivent, en frappant d'une bonne claque l'étoile qui se reflète dans la glace de la salle de bains ; mais ce sont des moments d'illusoire abondance ; on les voit s'ancrer dans le stylisme, rechercher l'appui d'un porte-parapluie ; ils butent sur une boîte de crayons de couleur ; leurs yeux, tels des portes qui se seraient ouvertes sous le souffle d'un Éole souriant, se fixent sur un vaisselier, reculent, redoutent que le petit courant d'air qui leur a ouvert la porte ne souffle les vitres ; ils s'appuient sur un chapeau circassien de carnaval, couvert de givre et de petites plumes. De leur longue vie, ce geste fut-il le seul qui eût du relief ? ou au contraire la brutale térébenthine du temps les a-t-elle réduits, rapetissés, au point de déposer leur essence en ce seul geste, comme si c'était une cage à la porte ouverte pour attraper un oiseau errant ? Visages que seul a conservés le cérémonial de leurs salutations ! »

Ici, le temps est une « brutale térébenthine » qui réduit, rapetisse et emprisonne dans un espace fixe. Le temps est prisonnier de l'espace et dans *Paradiso* il apparaît d'abord comme inséré dans cet espace carcélaire ; l'« avorton satanique du baroque carcélaire », dit Lezama, comme si sa térébenthine était celle de Piranèse, le dramatique graveur de prisons. Et même lorsque le temps est décrit, au début du roman — comme par une négligence humaniste de Lezama — comme « temps déjà fait pour l'homme », la phrase ne nous convainc pas : le temps de *Paradiso* est trop inséré dans ce que l'auteur appelle « le monstre de l'extension » et il réclame un contenu spécifique afin de valoriser le mouvement, afin de s'opposer à la concrétion immobile de la statue comme quelque chose de plus que la description du mouvement, répétons-le, dans l'espace, et pour qu'on le comprenne comme mouvement dans le temps.

Comment transcender l'espace gelé, sculptural, architectonique, d'une entropie consommée, monde mort, inanimé ? Comment le ressusciter ? Quel contenu donner au mouvement du temps ? Quelle direction imposer à l'image inachevée et ouverte de la peinture « vélasquienne » ? La réponse de Lezama est érotique et contradictoire. D'un côté, seul Éros peut embrasser le corps de la statue et lui donner vie ; et la statue cesse d'en être une quand elle bouge, certes, mais surtout quand elle parle. Corps et parole sont indissociables chez Éros. Lezama, dans *Paradiso* — comme *Les Ménines* dans l'analyse de Foucault —, base la réciprocité pure sur le fait même que l'animation, le fondant, la fluidité des corps apparaît comme un acte verbal, sans autre répondant que les paroles du poète. Les statues s'animent, mais elles s'animalisent également. Une nuée pestilentielle s'échappe de l'aisselle d'un gendarme londonien et se loge comme une divinité dans le corps du Dr Copek, le médecin civil, cubano-danois, de l'entourage du colonel Cemi. Les princes prisonniers dont se souvient l'esprit martial du colonel étaient « introduits dans de longs sacs en peau de saurien ». Cette image du corps sanglé dans du cuir, son homologue mort, nous prépare à l'image de transition où le colonel se rappelle une des nuits de Schéhérazade — la première conteuse — dans laquelle un roi des îles Noires avoue qu'il « était homme de la tête à la taille, et que son autre moitié était constituée de marbre noir ».

Quant au colonel, une rumeur sensuelle, celle de l'eau, viendra remplacer dans les corps l'impression visuelle : une espèce d'impression palpatoire, une sexualité infinie engendrée par le souvenir d'un attouchement impossible. La prison de cuir, le sexe de marbre sont autant d'inexactitudes chez celui qui reconstruit les corps à l'aveuglette, en palpant l'eau et en écoutant « le bruit des cascades filtrées par les murs d'une prison ».

Image, métaphore et analogie sont les instruments dont se sert Lezama pour assimiler le corps aux éléments anti-pétrifiés, fluides, ignés : c'est-à-dire tout ce qui, n'étant pas le corps, peut l'animer, dans la mesure où le corps ne fuit pas une comparaison verbale avec ce qu'il n'est pas, comme dans l'épisode de la piscine où l'eau et l'asthme, le liquide et la respiration menacent d'asphyxier le petit Cemi, destin dangereux si nous ne nous rappelions pas que les statues ne respirent pas.

Et qu'elles ne parlent pas. Car pour nous persuader que la statue s'est changée en corps, la parole est aussi nécessaire que le mouvement. La parole — le discours poétique — confère du temps au corps.

Corps et parole : Plotin a dit que la matière n'est compréhensible qu'en termes d'irréalité et de négativité. Pourquoi ? Parce que, en toute rigueur, il n'y a que de Dieu dont on peut dire *ce qu'il n'est pas*. Et si Dieu est définissable négativement, dit le philosophe des *Ennéades*, à plus forte raison c'est le cas pour le corps, la matière. Le corps, en particulier, est la prison de l'âme : on en revient à Piranèse, aux prisons métaphoriques, à O'Gorman, au cachot comme symbole de la lutte pour l'indépendance : cachots de Francisco Miranda et de Fray Servando Teresa de Mier, évoqués par Lezama dans *L'expression américaine* ; et grotte de Platon où l'ombre est réalité ; et tour de Sigismond, prison où la vie est un rêve. Corps captifs dans la grotte, la tour, le cachot, l'hostie... Le corps doit se délivrer du corps — sa prison, son hostie — pour revenir à Dieu. Le sacrement eucharistique est le symbole de ce paradoxe. Un corps prisonnier communie avec un autre corps contenu dans une forme circonscrite pour participer à une libération mutuelle. Notre salive libère-t-elle le Christ de sa prison eucharistique, de même que le corps divin libère notre âme prisonnière d'un corps déchu, annonçant sa propre rédemption ?

Lezama, romancier catholique, est suprêmement sensible au mystère de l'insertion de la divinité dans l'histoire par l'entremise du corps du Christ. Il se propose d'animer la chair car si son mouvement est, comme disent les manichéens, le siège du Dieu méchant (si le corps est péché et preuve de la déchéance de l'homme), il est *également* la promesse de la résurrection de l'homme dans son corps. Et si cela n'est pas certain, le Christ non plus n'est pas certain.

C'est pourquoi il n'y a qu'un pas dans l'assimilation de la chair au verbe et si au début José Eugenio Cemi voit la demeure de ses voisins comme un polyèdre, rapidement la figure géométrique fait place à la peinture inachevée d'une « surface plane de lumière pétrie et puis subdivisée » et finalement ces réalités, changées en mots, transforment le réel grâce à des phrases qui se déplacent « à la façon des mille-pattes avec une queue en tête de serpent et une tête à saillies et rentrants de clé, de clé pour décoder » afin de « lui délivrer labyrinthes et baies pour le reste des années que Kronos devait lui accorder ». La parole fait don du temps à la peinture. Le temps fait don de la parole au corps.

Corps et temps : ici sont rassemblés les éléments que la parole va animer de concert dans *Paradiso*, en rejetant le véritable monstre qu'était l'extension dans la première libération baroque. L'espace qui a délivré l'homme de la Renaissance l'a également rapetissé et il est devenu sa seconde prison, plus vaste que la précédente, la prison neuve de l'humanisme qui lui avait ouvert les portes des cités sans murs de la modernité. Monstre de l'extension pure, prison de l'architecture pétrifiée, perfection fugitive de la statue, mouvement inachevé des regards, corps qui disent des phrases afin de percer avec leurs têtes le code des portes qui sont toujours fermées : celles du temps qui a été ou qui sera.

Continuité dans l'être : le colonel José Eugenio Cemi est mort et sa mère pense à « un mot qui parcourrait de nouveau son corps glacé ».

La question implicite est la suivante : le corps mort peut-il réincarner ? Le verbe peut-il assurer cette résurrection ? La parole peut-elle animer le corps inerte ?

Lezama part de l'expérience du baroque comme obligation de multiplier les points de vue sur les objets en tournant autour d'eux, en les dépouillant de leur valeur absolue, frontale, d'icône. Il faut tourner autour d'une statue du Bernin pour que cette statue *soit*. Frontalement, elle est dépourvue d'un véritable *être*. Mais cet être comprend-il le passage de l'inanimé à l'animé ? Inclut-il réellement l'incarnation de la statue ?

Paradiso de José Lezama Lima est en premier lieu un roman où les statues tournent et s'incarnent pathétiquement. Le premier chapitre du roman n'est qu'une évocation spectrale du corps dans l'espace, du corps dans le contexte de son foyer et pris d'une fringale, non pas d'espace, mais de temps : pouvoir compter avec le temps, le temps vécu comme une *demeure* personnelle — une chose personnelle.

Il y a un corps malade, celui du petit Cemi, couvert de cloques et de crevasses aux couleurs violentes, il y a la peur des croix peintes sur le corps et la crainte que personne ne veuille l'embrasser, le corps couvert d'esquarres et ses fonctions élémentaires : l'urine du petit Cemi est un liquide orangé, presque sanguinolent et les anges pressent l'éponge de ses reins au point de le laisser sans forces.

Il y a une cuisine cubaine, havanaise, inépuisable, avec ses crèmes et ses flans et ses confitures et ses abricots, qui transporte la maison « jusqu'à l'essence suprême » qui est celle d'alimenter, de restaurer le corps.

Il y a la décision capitale de Baldoviana la nourrice : mystérieusement, il faut être responsable du corps.

Et à partir de la responsabilité du corps, de sa faim et de son alimentation, de sa maladie et de sa santé, on peut forger un récit — une vie — « qui (s'ouvre) interminablement » et qui dessine « des débarquements dans des pays non situés dans le temps ni dans l'espace ». Mais pour libérer le corps et lui donner des temps et des espaces où il pourra débarquer, il faut briser une camisole de force, celle de « l'élémentaire et grossière loi de la symétrie ». A la causalité et à la pure extension vient maintenant s'ajouter la symétrie comme prison du corps, du temps et de la parole. Comment la transcender ? Lezama nous propose un voyage textuel.

5. LES TEXTES TUTÉLAIRES

Le premier chapitre est comme un condensé symbolique de sa réalité et de son actualité littéraire, mais aussi de l'immense charge culturelle que véhicule ce grand roman, un des sommets du baroque hispano-américain et européen. Lezama Lima nous invite — *Paradiso* possède son poète tutélaire — à suivre la voix de son narrateur tandis qu'il traverse « une forêt obscure », mais ce premier chapitre nous prépare aux débarquements dans des pays inédits moyennant une évocation implicite de toute l'histoire antérieure aux modalités que Lezama utilisera pour son périple baroque.

Le livre a aussi son philosophe tutélaire. Je l'ai mentionné il y a un moment. C'est Plotin, le philosophe néoplatonicien du IIIe siècle, né en Égypte et mort à Rome, et *Paradiso* est en grande partie non pas une illustration, mais une représentation, une « mise en pièce » des *Ennéades*. Le roman ne se contente pas de s'en inspirer ni de les évoquer. Il y a représentation réelle d'une pensée dans un roman dont le texte et le contexte — la civilisation chrétienne de l'Amérique — justifient qu'un philosophe païen s'y manifeste, non seulement pour des motifs de contraste esthétique, mais parce que l'éloignement et la différence de Plotin mettent finalement en relief la thématique de *Paradiso*. Ils en font également une thématique imprévisible.

Comme dans les *Ennéades*, dans *Paradiso* le corps marque l'accès au monde. C'est la première chose que nous voyons, que nous touchons, que nous sentons. Il est l'accessible, le pénétrable. Mais si le corps est ce que matériellement nous voyons en premier, spirituellement c'est Dieu que nous voyons d'abord.

Le Dieu néo-platonicien de Plotin est Un. Unité qu'on ne peut multiplier, ni diviser non plus, et à laquelle on ne peut attribuer de qualités : ni négatives, ni positives, ni pensée, ni activité, ni volonté. Dieu est Un, rien ne le distingue, rien ne le désigne, il ne saurait même pas se distinguer de lui-même, distinguer son Moi de son Moi. Comment assigner, dans ces conditions, le Bien à la Divinité ? Plotin répond : de la même façon qu'on l'identifie à l'Unité. Unité et Bien sont des prédicats de la Divinité, non pas des qualités qu'on lui assigne. La Divinité *est* parce qu'elle est Unique et Bonne, et ces prédicats ne peuvent être divisés, ni comparés, ni imaginés comme objet de la volonté, de l'activité ou de la pensée de Dieu. Le Dieu néo-platonicien est un, indivisible, bon, éternel. Il est dépourvu de temps. En conséquence, il ne peut créer le monde, qui est changeant, fini, animé par la volonté, la pensée et l'activité, c'est-à-dire par tout ce que Dieu n'est pas.

Pour expliquer le monde comme œuvre de Dieu, Plotin a recours à une métaphore. Le monde n'est pas une création divine. Il est émanation de Dieu. L'émanation ne modifie pas Dieu. Il est le produit de la loi de la nécessité, qui fait procéder l'imparfait du parfait. Mais le parfait ne change pas pour autant. Il est irresponsable de son émanation. Plotin compare Dieu au Soleil qui nous éclaire mais qui n'en perd pas pour autant sa taille ni son éclat. Il est étranger à ces conséquences calorifiques ou éclairantes. Plus baroquement, peut-être, Plotin a recours également à la métaphore du miroir qui dédouble celui qui s'y regarde, sans diminuer ni modifier ce qui est reflété.

Qu'est-ce qui émane de la Divinité, non pas par volonté, pensée, acte ou accident divin mais strictement en raison de la nécessité naturelle — *secundum necessitatem naturae* — ? La Pensée, d'abord : le pont entre l'unique (Dieu) et lui-même (la Pensée). Ainsi l'Entendement est-il l'origine de la pluralité. Dieu continue à être *unité* pour toujours. C'est l'Entendement qui promeut la *multiplicité*, y compris la multiplicité du temps, qui n'est qu'une mimésis de l'éternité (le miroir mobile de l'Eternité, selon la belle formule employée par Platon pour définir le temps).

L'Entendement de Plotin est comparable au Mythe : il vit dans un éternel présent, c'est là son temps. De l'Entendement dérive l'Âme, qui est le pont entre le monde supra-sensuel (la *surnature* de Lezama) et le monde sensuel, tactile, de tous les jours. Ainsi l'Âme se tourne vers le haut, vers l'Entendement et, par son conduit, vers Dieu ; mais aussi vers le bas, en direction de la Nature, des choses, du corps. Dans ces conditions, Plotin distingue deux âmes, l'une supérieure (tournée vers Dieu) et l'autre inférieure (tournée vers la Nature). Les âmes individuelles participent de cette dualité, elles se tournent vers Dieu, mais elles sont aussi corps naturel. L'âme précède le corps, auquel elle s'unit, et elle survit à la mort de celui-ci. Cependant, l'âme libérée du corps perd tout souvenir de son habitacle charnel.

Sous l'âme, à la fois corporelle et non corporelle, se trouve, en fin de compte, le monde matériel, ultime émanation de Dieu, mais aussi sa négation : obscurité impénétrable en soi, uniquement éclairée par la forme, rachetée par la lumière de la création humaine ; c'est-à-dire par l'art. La matière privée de lumière (de forme, d'art) est le Mal.

Entre le mal de la matière inerte et le bien de l'unité suprême, Plotin pose la possibilité pour l'homme de s'élever. L'élévation débute, à partir de la contamination matérielle, grâce à l'érotisme. Éros est le principe de purification. Il participe de la matière obscure, mais il aspire à la plénitude sensorielle, démarche indispensable pour s'approcher de la pensée, de l'entendement et de là passer à l'union mystique (la seule possible) avec Dieu. Grâce à elle, écrit Plotin, « l'homme pourra voir [...] aussi bien Dieu que lui-même : un moi radieux, nimbé d'une lumière intelligible [...] léger, sans charge ni chagrin ». *Désirable* légèreté de l'être ; mais *insupportable* dans la mesure où elle nous force à constater qu'elle est aussi éphémère que notre corps. Comment assurer l'union externe de notre Âme avec l'Unité ? Telle est l'aspiration mystique de saint Jean, la question problématique de Simone Weil, la résignation ironique de Milan Kundera. Corps, âme et Dieu cohabitent donc dans le roman le plus exigeant, le plus profond et le plus religieux de l'Amérique espagnole : *Paradiso* de José Lezama Lima.

6. PAROLE ET CORPS

La fonction première de la parole chez Lezama est de parcourir le corps et *Paradiso* nous en offre mille exemples. J'en choisis un seul. Au cours d'une veillée familiale, afin de préparer l'atmosphère, l'oncle Demetrio tire de son portefeuille une lettre que lui a envoyée Alberto Olaya quand il se trouvait encore sur l'île des Pins. Alberto est présent et il prend ombrage qu'on donne lecture de ce qu'il considère comme « un simple griffonnage pour faire plaisir à un oncle dans son éloignement ». Mais l'oncle Demetrio dit au jeune Cemi de s'approcher et d'écouter attentivement la lettre de l'oncle Alberto afin de mieux le connaître, de deviner sa joie de vivre et d'entendre, pour la première fois, « une langue devenue naturelle, avec tous ses artifices d'allusions et d'aimables pédanteries ».

Cette autodéfinition de Lezama Lima n'est pas gratuite : elle permet à Cemi de comprendre que « quelque chose de très fondamental s'était produit, était parvenu jusqu'à lui ». L'oncle Alberto, si accessible, si diabolique, si présent, était cependant doté d'*une autre* présence, contiguë mais aussi vibrante que celle de tous les jours. Non pas un *döppelganger*, non pas un *spectre*, mais une présence identique bien que voisine, qui est sa *parole*. Alberto Olaya est toujours deux : il est lui et sa parole. Finalement, il est un représentant de l'histoire à l'intérieur de l'histoire : il incarne le dédoublement propre à tout personnage de roman. Il n'y a pas d'être réels dans une fiction sans la réalité de la parole. Benveniste va jusqu'à affirmer que le personnage n'est qu'un nom ; et son action, un verbe. Julio Cortázar tente de deviner, au-delà de l'épuisement du personnage psychologique, une figure, c'est-à-dire l'annonce d'un nouveau personnage possible. Et ce n'est pas un hasard si aussi bien Cortázar que Lezama Lima nous obligent à penser : quel est le spectre, quel est le double : le personnage, par rapport à la parole ; ou la parole, par rapport au personnage ? En tout cas, le naturalisme — le réalisme plat — est la véritable illusion romanesque, le *mensonge* de la *fiction*. Dans *Paradiso*, les personnages ont toujours un double, leur parole ; mais la parole est, en outre, la *nature* du personnage.

Ainsi, la démultiplication du personnage « Alberto Olaya » n'est pas simplement un procédé romantique : c'est une nécessité baroque, intimement liée, chez Lezama Lima, à sa conception du temps et de l'espace, et à la situation de l'individu — de l'homme américain — dans cet ensemble.

Je disais plus haut que dans son analyse des *Ménines* de Vélasquez, Foucault démultiplie l'espace de la peinture, qui s'ouvre à autant de modèles qu'il y a de spectateurs. Mais il s'avère également que cette incorporation du spectateur-modèle dans la peinture annule l'espace entre la peinture et celui qui la regarde : ouverture, mais en même temps abrogation de la distance, du monstre de l'extension. De même que la peinture de Vélasquez entre en nous, nous entrons nous-mêmes dans la peinture : telle est la dynamique des *Ménines*, expliquée par Ortega y Gasset. Je crois qu'en outre la peinture de Vélasquez démultiplie les possibilités du récit. Bien que les rois d'Espagne soient reflétés dans le miroir au fond de la peinture, rien ne nous assure réellement que Vélasquez ou la cour les regarde, ni qu'ils soient les modèles du tableau, ni que lui ou les spectateurs occupent *la place du roi*[1]. Vélasquez, la cour, le gentilhomme vêtu de noir qui entre dans (ou sort de) la peinture et les monarques eux-mêmes sont peut-être les témoins d'autre chose : de ce qui *n'est pas* là, de ce qui est imaginaire pour tous et chacun des éléments de cette peinture/récit, qui, ainsi, cesse d'être pur espace pour se changer également en temps. Le récit, nous l'avons déjà dit, est les deux choses : il est *chronotopie*, temps et espace.

Le baroque, né d'une faim d'espace, n'est pas un substrat de récit, il n'est pas histoire aux deux sens du

1. En français dans le texte *(N.d.T.)*.

mot : chronologie successive ou imagination combinatoire ; passé en tant que tel et passé en tant que présent ; fait enregistrable et événement continu — s'il n'est pas, pour toutes ces raisons, temps. Je soupçonne que la vieille rivalité entre les partisans d'un baroque-comme-chaos-originel et ceux d'un baroque-comme-volonté-d'artifice a son origine dans ce témoignage du Nouveau Monde : tant que le baroque a été la terre nouvelle, d'abord désirée et ensuite nécessairement découverte pour apaiser la faim d'espace de la Renaissance (tant qu'elle ne fut qu'extension), il a subi l'histoire : histoire des bottes, des roues des canons et des fers des chevaux qui ont foulé cette terre. Tant qu'il n'a été qu'espace, il n'a été que l'épopée dévastatrice du monde antérieur, mythique, de l'indigène américain. En Amérique l'Européen a remplacé le mythe aborigène par son propre mythe : l'utopie. Celle-ci n'a pas survécu non plus à la poussée épique de la conquête. Tous deux — mythe indigène, utopie européenne — n'ont survécu que grâce à la synthèse du baroque américain, réponse au chaos historique et volonté salvatrice de trouver un artifice face au vide. Il les reflète tous les deux. Il est leur parole, leur forme.

Afin de parvenir à ces certitudes provisoires, je lis *L'expression américaine* et je me souviens de ce merveilleux être humain que fut Lezama, le pléthorique Lezama Lima, assis comme un bouddha tropical dans une brasserie du parc Almendares de La Havane, commandant ces friandises cubaines qui abondent dans *Paradiso*, le *tocinillo de cielo*, les *cascos de guayaba con queso*, me parlant de ces choses qu'aujourd'hui je répète, tandis qu'il avait l'air d'attendre un palanquin porté par des éphèbes qui l'emmènerait jusqu'à sa maison exiguë de la rue Trocadero. Le palanquin n'arriva jamais et Lezama transféra comme il le put sa corpulence à travers les labyrinthes baroques de la Vieille Havane en citant Plotin, alors qu'il entrait dans sa maison aux livres accumulés et qu'il se faufilait de biais entre les étagères en répétant les mots du philosophe du corps ennemi : « La caractéristique de l'esprit est le mouvement d'une chose à l'autre ; au contraire de l'entendement, l'esprit ne possède pas l'être en tant que totalité, mais partiellement ; et son mouvement continuel d'une partie à l'autre produit le temps, qui est la vie de l'esprit en mouvement. »

C'est par cette brèche philosophique et sensuelle ouverte par Plotin que commence à se remplir *Paradiso*, texte premier de la perfection de la statue immobile, peuplé de figures prémonitoires du mouvement et du changement : du temps et de l'histoire. De façon caractéristique, dans un art aux secrets syncrétiques dont l'historicité, comme dit Lezama, réside dans le fait qu'il est *l'art de la contre-conquête*, l'art des prêtres indiens et des sorciers noirs déguisés à l'intérieur de l'église chrétienne, temps et histoire se manifestent d'abord dans *Paradiso* en tant que métamorphose et leurs officiants en tant que sorciers. Les sœurs Rialta et Leticia, la mère et la tante de José Cemi, sont comparées aux « ensorceleuses de Thessalie », source des *Métamorphoses* latines d'Apulée. La nounou-sorcière, Mamita, est une figure mythico-magique qui exprime ses craintes par des mots qui jaillissent de la « peur qui la pétrifiait ». Et il y a un mendiant assis à l'entrée d'une église de Cuernavaca qui demande l'aumône « pour l'amour de Dieu », que quelqu'un passe *ou non* en face de lui : « En entrant dans l'église, il fut surpris d'entendre que parfois la prière du mendiant coïncidait avec le passage devant lui de la personne sollicitée, alors qu'à d'autres moments il semblait assis là pour mesurer selon un rythme différent le temps d'une autre éternité. »

Le temps d'une autre éternité. De même qu'on ne se résigne pas à accepter un corps naturel qui ne soit pas animé par la fiction verbale ; de même qu'on ne se résigne pas à accepter un espace vide, Lezama rejette le temps positiviste, unique, absolu, newtonien, « s'écoulant équitablement de lui-même et par lui-même » (*Principia*, 1687). Mais il rejette également le langage de ce temps, qui est le langage propositionnel qui, finalement, conduit au silence de Wittgenstein. Au-delà du silence, nous rappelle le philosophe viennois, se trouve le langage irréductible à la raison, qui est celui de la poésie et du mythe. Langage multiple d'un temps et d'un espace eux aussi multiples, dont Lezama pense qu'il doit être adopté par le roman moderne hispano-américain, à partir du baroque — « Notre Seigneur le Baroque », le « premier Américain à apparaître maître de ses capitaux... ».

Temps, espaces, langages multiples. Temps doubles, temps multiples, temps simultanés, les seules capables de faire place à l'expression américaine, à cette « surabondance » que Lezama, sous le signe du baroque, opposera à la causalité simple du monde rationnel, et qui sera la plus sûre instance de son humiliation érotique au seuil du tragique, latent dans notre culture, prisonnière de l'utopie, qui n'y a jamais atteint.

Le temps d'une autre éternité, double, multiple, simultané se manifeste dans le merveilleux démarrage du chapitre VI, où Mela, la vieille grand-mère, se déploie « comme une gorgone sur les nodules du temps » et, à quatre-vingt-quatorze ans, elle connaît et nous communique un temps immense qui est errance évaporée pour la chair du miroir. Temps qui échappe à sa propre succession pour se situer sur des plans « favoris, tyranniques », où « les ombres et les vivants avaient la taille qu'ils avaient atteinte au siècle dernier ». Temps de la généalogie et de la mémoire, temps travesti, comme les danseurs des carnavals latino-américains de La Havane et de Huejotzingo, de Rio et de Panama, où la joie de l'instant ne suffit pas, mais où le masque contient le mystère du passé et le donne en spectacle.

A partir de l'apparition de ce temps, qui est finalement celui de *Paradiso*, il devient impossible de le distinguer, ou de distinguer la parole et le corps incarnés *du texte lui-même* du roman, qui est un espace occupé par le corps verbal. De l'occupation, Lezama passe à l'appropriation des temps par le corps verbe-espace. Mais de cette opération naît, au bout du compte, le Nom d'*autre chose*. La somme n'implique pas l'unité et le corps verbal intègre temps et espace uniquement pour atteindre quelque chose de différent. Comme chez Plotin, où règne le désir de l'unité-dans-la-diversité, partagé idéalement avec l'Antiquité classique, cette passion, chez Lezama, est une fringale de l'Un et, comme chez le philosophe, chez le romancier la passion se manifeste à travers le double mouvement. Le premier est la démultiplication, la surabondance qui nous éloigne de l'unité, mais qui en est le produit. Le second est le mouvement de retour à l'unité. La passion de l'unité perdue ne fuit pas l'univers matériel qui forme en lui-même, comme nous venons de le voir, une unité où coexistent la bonté et le mal. Le mal, cependant, est l'attribut du seul monde matériel, car le mal purement spirituel est impensable. Mais le monde matériel n'en offre pas moins la meilleure image possible du monde de l'esprit *au niveau de* la matière.

Il n'y a là aucune tautologie déguisée. Il faut y voir l'annonce de la réalité totale qui ne peut l'être si l'on ne prend pas en compte le mal et la souffrance externe comme éléments nécessaires de l'unité. *Paradiso* est un roman qui mérite d'être lu avec, dans une main, les *Ennéades* de Plotin et, dans l'autre, *La naissance de la tragédie* de Nietzsche. La matière cesse d'être le mal dès que la forme l'illumine, et la forme de la matière ne saurait se séparer de ce qui est sa voie vers Dieu, à savoir l'érotisme, comme nous le dit Plotin. Et pour Nietzsche, la raison explique tout, sauf l'inexplicable. Il revient à l'art, non pas d'expliquer, mais d'affirmer la totalité du réel, y compris le réel-inexplicable.

Nous avons vu dès le départ que la poésie était pour Lezama la connaissance même. On y arrive à l'aide des images, de la métaphore qui les réunit et de l'épiphanie qui résout la connaissance en expérience : la plus haute n'établissant aucune dichotomie entre ce qu'on sait et ce qu'on sent. De même nous avons vu comment, chez Proust, il est nécessaire, pour parvenir à l'épiphanie, d'atteindre « une minute libérée » de la succession causale du temps et du langage. Enfin je rappelais que les épiphanies de *Paradiso* se produisent également grâce à une entrée dans un monde différent de l'univers « réaliste », grâce à un transfert direct de l'ordre de la causalité à l'ordre de l'occulte, du latent, du possible ou de l'oublié. Ce n'est qu'ainsi qu'on peut comprendre ce qui, en termes traditionnels, peut être considéré comme « argument » dans *Paradiso*.

7. FAMILLES PROCHES ET LOINTAINES

Comme l'œuvre de Proust, *Paradiso* est une chronique familiale et le chemin de la « famille proche », pense le colonel Cemi, était « le seul moyen de parvenir à cette autre famille, lointaine, enchantée, surnaturelle ». Plus d'une fois, Lezama fait appel à la technique du roman byzantin, si souvent utilisée par Luis Buñuel dans ses films et par Juan Goytisolo dans ses romans, pour passer d'un récit à l'autre à l'intérieur du premier. Ces récits dans le récit préfigurent les épiphanies de passage. L'oncle Alberto Olaya entre dans un cinéma et il s'évade loin de la salle, des fauteuils et de l'écran pour créer un temps nouveau, une relation secrète et insoupçonnée avec un paysage temporel fait de lumières, de souris et de portes qui s'ouvrent sur d'anciens royaumes oubliés.

Le jeune Cemi répète l'expérience de son oncle. Des années plus tard il entre à son tour dans un cinéma pour y voir une version du mythe de Tristan et Iseult signée par Jean Cocteau sous le titre de *L'éternel retour*, et il se retrouve, sans sortir du cinéma, dans un parc, face au couple formé par Lucía et Fronesis. Mais il est également fort possible que le couple, sans quitter le parc, soit entré dans le cinéma où Cemi les regarde. Les deux réalités sont indissolublement liées. Le lecteur n'est pas habitué à de tels sauts de la mort. Il cesse d'être un lecteur passif ; il crée ce qu'il lit ; il croit à ce qu'il lit.

Derrière chaque réalité il y en a une autre, beaucoup d'autres, et plus près, *tout près* en vérité, se trouvent les morts, la mort. Le mode, mais également la réalité de cette réunion métaphorique, correspond à ce que Lezama Lima définit comme la *surnaturalité*. Il la définit à travers l'expérience de José Cemi : « Ce caractère visible de l'absence, cette maîtrise de l'absence, était le trait le plus fort de Cemi. Chez lui, ce qui n'était pas là était là ; l'invisible occupait le premier plan du visible, se changeant en un visible aux vertigineuses possibilités. »

La surnature conduit à une *surabondance* dont le nom est Dieu. Mais, paradoxalement, le chemin menant de la première à la seconde passe par le péché et par la mort. Le corps est le siège de la chute et la patrie de la mort. Mais il est objet de cérémonie et d'hommage. Pourquoi ? Parce qu'il va ressusciter. Et s'il n'en est pas ainsi, Dieu n'existe pas.

Cet argument de Lezama Lima court comme une veine coronaire vers le cœur de *Paradiso* (comme l'a fait remarquer un de nos meilleurs critiques, Ramón Xirau) en entraînant la phrase de la foi. Point n'est besoin de croire en ce qui est certain puisque c'est possible. De même, Dieu existe parce qu'il est absurde, parce qu'il est incroyable, parce qu'il inscrit la mort dans le destin de tous les hommes mais en promettant la résurrection finale pour que tous se retrouvent dans le destin du Christ.

La divination de la résurrection est le jeu — tous les jeux — du corps dans *Paradiso*. Les corps imitent la résurrection, ils la rodent à travers la fête, le carnaval, la rébellion politique, la rhapsodie verbale. Rodage individuel et collectif, prémonitoire et mémoriel, divination de la résurrection mais souvenir de la mort, seule une vision convergente peut percevoir sa réalité. Une vision simultanée et successive, comme celle de l'homme qui part offrir la mort (car elle l'attend mais il ne la possède pas encore).

Cette périlleuse épiphanie, transfiguration de l'individu dans la fête et dans la mort, est décisive pour mettre José Cemi, l'adolescent, le jeune homme, « en marche ». C'est ce que lui dit Rialta, sa mère : « Écoute bien ce que je vais te dire : ne refuse pas le danger, mais va toujours au plus difficile. Il y a le danger que nous affrontons en tant que changement de nous-mêmes, mais il y a aussi celui que courent les malades, et cette dernière espèce de danger n'engendre en nous aucune naissance, c'est un péril sans épiphanie. Mais quand un homme, au fil de son temps, est allé au plus difficile, il sait qu'il a vécu dangereusement, même si son existence a été silencieuse, même si les vagues se sont succédé très doucement ; il sait qu'au jour qui lui a été assigné pour sa transfiguration, il verra, non pas les poissons dans le courant, mouchetures de la mobilité, mais les poissons dans la corbeille stellaire de l'éternité [.]. La mort de ton père a été un événement profond ; je sais que mes enfants et moi nous lui donnerons sa profondeur tant que nous vivrons, car il m'a fait former le rêve que l'un de nous lui rendrait témoignage en nous transfigurant pour remplir cette absence. »

Et le narrateur Lezama conclut : « Je sais que ces paroles sont les plus belles que Cemi ait entendues de sa vie, après celles qu'il avait lues dans les évangiles, et que jamais il n'en entendra d'autres que le mettent aussi résolument en marche. »

Ce qui est extraordinaire c'est que l'épiphanie est à la fois l'événement le plus profond mais aussi le plus instantané, le plus fugitif : « Quand avec deux doigts de sa main droite il eut emprisonné le grillon, il s'aperçut que c'était son rêve qui s'était échappé. »

Si l'éternité et l'instant sont le même temps et s'ils sont le temps de Lezama, il est certain que la patience et l'instant trouvent leur identité dans l'être présent. Au chapitre IX nous lisons quelques lignes sur « la joie de savoir qu'une personne qui appartient à notre entourage, que notre ami a aussi gagné son temps, qu'il a aussi fait du temps un allié qui le fortifie et le polit, telle la marée revenant sur les rameaux du corail ».

Gagner son temps, chez Lezama, c'est reconnaître que l'instant est l'aspect temporel de la métaphore, que la métaphore est l'analogie d'un instant et qu'en elle se réunissent, littérairement, deux termes, mais aussi, temporellement, deux temps, discordants. L'instant de Swan sera sa patience, et la patience de Job son instant ; la vie de Julien Sorel sera sa mort et la mort de Sydney Carton sa vie ; le péché de saint Augustin sera son salut et le salut de Raskolnikov son péché ; la folie de Don Quichotte sera sa raison et la raison d'Ivan Karamazov sa folie. Échapper au mal de la matière, entreprendre l'ascension de retour vers l'unité, c'est passer par cette unité des contraires, par ce rejet de la morale manichéenne.

C'est là même le sens de l'activité du trio qui concentre l'écriture médiate, la réalité textuelle seconde de *Paradiso*, une fois que les corps et leur texte immédiat ont été animés par le baroque : l'activité littéraire et humaine de Cemi, Fronesis et Focion. Les trois jeunes Havanais sont les acteurs d'une souffrance qui veut se rebeller pour chercher la totalité *métacausale*. Celle-ci se construit dans l'austérité, à travers des pertes et des gains mutuels et sous une énorme interrogation du destin :

Ressemblons-nous à Dieu ?

Nos corps ressusciteront-ils ?

Sommes-nous mortels parce que nous serons immortels ?

Une jeunesse qui leur brûle les doigts et une intelligence non moins ardente soutiennent les trois protagonistes dans la construction de leurs destins, mais ces derniers ne sont compréhensibles que si derrière le vérisme de leur univers d'adolescents havanais, nous réconnaissons, d'une part, la voix collective, baroque, où un *nous* très vaste, celui du palimpseste intellectuel et de la synthèse linguistique de la contre-conquête, dialogue avec eux. D'autre part, néanmoins, nous devons reconnaître la somme des *ères imaginaires* qui accompagne toute individuation et qui lui permet, si elle le souhaite, de dépasser la causalité pour atteindre la poésie tragique, « la racine », dit Lezama, « où il n'y a ni pureté ni impureté ».

Focion est le *chaos* qui nourrit l'*ordre* de Fronesis. Cemi est « maîtrise de l'absence », « *visibilité de l'absence* ». Les trois jeunes personnages nous renvoient à l'ordre/désordre baroque du début mais avec un sens nouveau, rempli de temps, qui ne sera jamais plus « le monstre pur de l'extension ». Focion, Fronesis et Cemi — le chaos, l'ordre et la visibilité de la réalité *autre* — empruntent les chemins de l'Ecclésiaste : des sentiers qui semblent droits et qui ont une finalité, une rectitude, un but, mais qui n'échappent pas pour autant à la mort, parce qu'ils y conduisent eux aussi, comme les chemins tortueux.

On sait cela à l'instant à la fois lucide et stupide de l'adolescence, et la seule rébellion possible passe par une passion explicite pour certains, tacite pour d'autres. Il s'agit de chercher « une succession de la créature au-delà de toute causalité du sang et même de l'esprit, la création de quelque chose fait par l'homme, encore totalement inconnu de l'espèce ».

Vaine illusion, espérance bornée, car si le nom de cette création est l'œuvre d'art, comment concilier sa nouveauté radicale avec la conviction que « ce qui n'est que nouveauté s'épuise en des formes élémentaires » ? Entre Focion et Fronesis, entre le chaos et la lucidité, la rébellion des jeunes souffre, car elle ne peut se concrétiser dans une œuvre qui répéterait — ce verbe lui-même est un contresens — les attributs créateurs de Dieu. Si l'œuvre d'art est la créature sans causalité, le prix n'en a pas été payé par Dieu : celui de la souffrance. Le prix payé par Prométhée. La frontière de Plotin.

Nietzsche a soutenu qu'il n'y a pas de souffrance dans la rébellion car la souffrance est réservée aux esclaves. Fronesis n'est pas d'accord avec lui et il nous dit que Nietzsche n'a connu que la Renaissance et le Monde Classique imaginé par la Renaissance. Lezama se place dans la perspective médiévale, chrétienne, et il perçoit la rébellion comme une souffrance : « La souffrance — dit Fronesis — est prométhéenne... l'homme souffre parce qu'il ne peut pas être un dieu, parce qu'il n'est pas immuable. L'accomplissement de tout destin est la souffrance. »

L'artiste adolescent peut croire que la seule réponse à la

mutabilité et à la différence de l'homme réside dans la création d'une œuvre d'art qui « embrasserait la totalité de la conduite de l'homme ». Mais la rébellion nécessaire pour y parvenir est souffrance, car le rebelle ne peut ressembler à Dieu — il ne peut pas créer quelque chose d'inconnu à l'espèce — et il doit se plier à la tradition, payer le prix de l'histoire, c'est-à-dire la reconnaissance du vaste « nous » qui, vu avec les yeux de la souffrance, de la dette, est le véritable porteur du « verbe » qui est, à son tour, « la surnature qui féconde la cité ».

La plénitude esthétique est alors perçue par Cemi et par Fronesis dans la « profondeur reliant l'attente et l'appel ».

En d'autres termes, les deux jeunes gens doivent attendre une « annonciation » qui leur dira : tu es nature, mais une nature qui « doit atteindre à la surnature et à la contre-nature, avancer en reculant et reculer en avançant ». Entre la genèse et la mort de tout ce qui existe dans la nature, y compris eux-mêmes, les artistes adolescents n'ont pas d'autre issue que de « rester à l'écoute, caresser et prendre congé… ». Tout cela fait partie de leur création : l'attente, la caresse et la séparation.

Telle est la « surface reconnaissable » de l'art et de la vie. Elle nous rend communément aveugles à l'activité humaine la plus profonde, celle qui, entre les caresses de l'attente et celles de l'adieu, reconnaît la proximité du péché et de la mémoire, du corps et de l'art. Dans ces passages, l'inspiration augustinienne de Lezama est particulièrement intense. Le grand chapitre érotique de *Paradiso* est joyeusement stérile, comme les frondaisons platéresques d'une église coloniale. Mais les sens persistent à jamais en nous, ct pas uniquement dans l'acte exceptionnel qu'est l'accouplement charnel, et si nous les subissons comme un péché quand bien même nous ne les utilisons pas (ou nous ne les utilisons *plus*), c'est parce que la santé des sens est dans la conjonction et non pas dans la solitude du corps individualisé.

Fronesis parle des onze organes des sens, en y incluant les orifices non mentionnables. Par ces mots il voudrait persuader Focion que la multiplication des sens est multiplication du péché. Il voudrait ainsi introduire l'ordre dans le chaos de son ami. Entre les deux — l'ordre réducteur de l'un, le désordre proliférant de l'autre — Cemi, porteur de l'absence visible, gomme toute faute des actes sensuels car le seul péché serait la mémoire du péché et non pas l'acte présent des sens : « ... le souvenir d'un acte — dit Cemi — [...] l'entache de culpabilité, car tout acte doit être pur, sans réminiscence, sans devenir, à moins qu'il ne se déroule dans la nuit maléfique... ».

L'acte pur s'appelle amour. Cemi le perçoit avant même que, depuis le *chaos* ou depuis l'*ordre*, Focion ou Fronesis puissent en prendre conscience et qu'ils le définissent en le dépouillant de la pureté potentielle d'être un acte érotique tourné vers la réunion avec Dieu. Mais si l'amour n'est pas un péché, ajoute Cemi, ce n'est pas uniquement parce qu'il s'adresse à Dieu, intention qui peut être ou non comblée, mais parce que, invariablement, il essaime dans la mort. Je comprends que Lezama nous dit que nous sommes divisés, que nous avons perdu l'unité, non seulement avec Dieu mais avec nous-mêmes, avec notre sexualité mixte, préalable au dualisme sexuel. Après la perte de l'androgynie, après l'oubli de l'Un sexuel capable de se féconder lui-même, nous nous voyons contraints de choisir entre le péché qui est souvenir de ce que nous avons vécu, et l'amour qui nous permet d'être ce que nous étions, mais qui nous promet aussi, fatalement, la mort. Nous avons tué « ce que nous avons été » pour parvenir à être « ce que nous n'étions pas ».

Cemi échappe à ce vertige, proche du chaos de Focion,

grâce à une réflexion qui se rapproche, à son tour, de l'ordre de Fronesis. Il rappelle que pour saint Thomas il existait deux péchés contre le Saint Esprit : « l'envie de la grâce fraternelle et la crainte désordonnée de la mort ».

Le protagoniste de *Paradiso* comprend que la grâce fraternelle — en premier lieu celle qui l'unit à ses deux amis et qui les unit tous les trois — va être pénétrée et peut-être vaincue par la crainte désordonnée de la mort. Il admet, au cœur le plus obscur mais aussi le plus infaillible de sa jeunesse, que seule l'acceptation ordonnée de la mort supprime les contradictions de l'esprit, dépasse la répétition du péché et permet de participer de la grâce fraternelle.

Si cela est possible, ni l'amour ni la mort ne sont péché, sous aucune de leurs formes. Le savoir est la condition première « pour ne pas se laisser emmurer — comme le redoute Cemi — dans un labyrinthe mineur », mais pour découvrir la catégorie des secondes réalités, de la surabondance.

Chez Lezama Lima, les êtres choisis pour entrer dans ce labyrinthe et y connaître cette réalité totale qui est elle-même mais aussi la somme de ses contradictions, de ses oppositions, de ses latences, sont nos vieilles connaissances les petits-enfants d'Érasme, les fils de Don Quichotte, les frères d'Oliveira et de Pierre Ménard : les fous, les enthousiastes, les enfants, les amoureux.

Le père de Focion, le Dr Focion, est un fou innocent qui reçoit une clientèle inexistante, réunie dans le vide de son cabinet de consultation par sa femme Celita, transformée pour l'occasion en infirmière « Eudoxie », sa Dulcinée du bien dire. Son fils, « cerné par la folie, grandit hors du péché originel ». Il perd son innocence : la tentation apparaît sous forme de « harangue clandestine », de « larves », de « squelettes dans le désert », de « pluies de sable ». La tentation de Focion est le *chaos* qui l'éloigne de la folie innocente de son père, mais qui le rapproche de la lucidité de Fronesis, un *fou ordonné* qui est capable de recevoir le chaos de Focion et de le transformer en image, en ressemblance, en don poétique.

Presque par contagion avec ce que Focion a cessé d'être, Fronesis rejoint la lignée des enthousiastes, des illuminés, celle, répétons-le, d'Érasme, de Don Quichotte et du bouffon du roi Lear, mais avec une descendance encore plus conflictive, encore plus démoniaque et angélique, formée de couples redoutables.

Heathcliff et Micawber, Aliosha et Mishkine, le capitaine Achab et le sinistre petit Pip, Bringas et Nazarín, les innombrables K. de Kafka, mademoiselle Rosa et l'idiot Benjy. Buster Keaton, le fou innocent, le clown triste, l'irréductible enthousiaste. Les mondes érasmiens de Lezama et de Cortázar sont donc limitrophes.

Tout le problème pour Fronesis consiste à savoir si, nourri par le chaos né de la tentation de Focion, elle-même transformée chez lui en enthousiasme réceptif et en lucidité démente, il sera capable de léguer tout cela à Cemi. Car celui qui est apte à la surabondance, à la réception de la réalité seconde, est le seul préparé à procréer la pluralité sans sacrifier l'unité. Le visage de l'homme est unique, dit Lezama Lima, mais chaque visage de l'homme est différent.

8. LE SEUIL TRAGIQUE

A travers les mouvements extrêmement complexes de la parole, du temps et du corps, Lezama atteint trois objectifs dans *Paradiso*.

En premier lieu, il réintègre le catholicisme latino-américain à l'art, il l'arrache à son piétisme saint-sulpicien décadent et à ses images d'Épinal. Il ne s'agit plus du catholicisme bébête de la petite sainte Thérèse de l'Enfant Jésus, mais d'une pénétration profonde dans le problème de la culture catholique, de ses contradictions entre foi et pratique, de son association délétère avec les ennemis politiques et économiques du Saint Esprit, de son assimilation aux idéologies qui le sécularisent par le biais de l'optimisme à court terme et de la négation de la tragédie. Pour Lezama, tout cela cache le véritable problème de la foi : de *visible elle doit devenir invisible*, ou il n'y a pas de foi.

La phrase de Tertulien, « c'est certain parce que c'est impossible », est la devise du croyant et Lezama en fait également la devise du poète : loin du rationalisme positiviste sous toutes ses formes, le poète associe la foi à l'opération poétique analogue, qui consiste à découvrir le rapport entre les réalités invisibles, cachées, qui composent la réalité véritable.

Le poème est vrai même s'il n'est pas réaliste.

Et l'invisible n'est pas l'irréel.

En second lieu, Lezama insuffle au roman hispano-américain un mouvement poétique doté de lois propres, un mouvement nourri par une voracité qui englobe les formes protéiques, syncrétiques, heureuse, mutantes et inachevées — toujours inachevées — du baroque (le corps-l'espace-le temps-le verbe) en jouant avec les figures, en les recomposant, en se prenant plus ou moins pour Copernic : « Je vais formuler le lois des choses égarées ou submergées par un hasard obscur... »

Et en troisième lieu, en recherchant cette restauration héroïque de tout ce qui a été perdu ou englouti par un hasard obscur, Lezama place pour la première fois notre roman au seuil de la tragédie. Restauration puissante de tout ce qui a été oublié, l'œuvre de Lezama implique la décision de nous connaître nous-mêmes, pas uniquement à travers l'individualisation socratique dans laquelle Nietzsche voit la mort de la tragédie, mais dans la totalité collective, la somme des ères imaginaires, qui renvoient à cette « ode, élégie, épitaphe surgies d'une amère réserve de non-défaite » dont nous parle Faulkner.

La connaissance tragique n'esquive pas les contradictions que la logique ne tolère pas. La logique tient à avoir raison ; la tragédie est attachée à ce que nous ayons un destin. Sachons, comme le veut Hegel, que la connaissance du moi est celle d'un moi ennemi. Le tragique, remarque Max Scheler, est le conflit entre une valeur positive et le sujet même qui en est le détenteur. Ce conflit et cette reconnaissance culminent dans une réconciliation des valeurs en conflit. Dans la tragédie, affirme Hegel, la nécessité apparaît comme une médiation. Non pas comme l'ennemie de la liberté, mais comme sa médiatrice. Le conflit est souffrance, toute action est souffrance, et Clytemnestre s'exclame dans l'*Orestie* : « Quelle joie, si nous pouvions mettre fin à la souffrance ! Le sabot brutal de l'esprit a piétiné notre cœur. Peux-tu accepter la vérité ? »

C'est là la vérité qu'Ivan Karamazov ne voudra pas accepter : que la vérité puisse passer par la souffrance. C'est pourquoi il préfère la justice à la vérité et il ouvre la voie à la tragédie moderne, celle qui n'ose pas dire ses noms : nihilisme et totalitarisme.

Lezama n'est pas Dostoïevski, mais il n'est plus Colomb, ni le Copernic auquel il se compare, ni un Locke du tropique, ni un Rousseau de la plaine, ni un Comte des hauts plateaux, ni un Marx de la pampa. Son conflit entre la foi chrétienne et la sensualité païenne, entre ce que nous savons et ce que nous oublions, entre la nature et la surnature, est un conflit de valeurs qui renvoie à l'affrontement hautement tragique entre deux nécessités également justes, mais antagonistes. La tragédie est la médiation entre deux valeurs en conflit afin de restaurer une réalité, une collectivité plus libre et plus harmonieuse, ne sacrifiant aucune de ses parties. On ne retrouve certes pas chez Lezama le conflit élémentaire entre le bien et le mal, le progrès et le retard, la justice et l'injustice. Mais s'il n'insiste pas sur ces oppositions, il ne les oublie pas pour autant : comme dans la tragédie analysée par Nietzsche, le conflit lézamien contient et intègre toutes les formes que nous avons étudiées ici, dans une modalité nouvelle et supérieure, mais sans les abolir.

Dans *Paradiso* parle le poète qui est *un* nous et parle *un* nous qui est le poète. La connaissance contradictoire de nous-mêmes, tragique et chrétienne, que Lezama oppose à notre obstination utopique et à notre foi dans la modernité afin de les intégrer à notre continuité historique, se place dans le cadre de la réalité concrète d'une culture, d'un parler, d'une façon de marcher, d'une cuisine, d'un lit. *Paradiso* renvoie également à une existence latino-américaine, havanaise, mais en profondeur et en extension : c'est un véritable tableau, mais pas un tableau réaliste. C'est aussi un tableau triste.

L'amitié se perd. La promesse de la jeunesse se dissipe. La trinité Fronesis-Focion-Cemi se disperse. Cemi, le héros du roman, sera un intellectuel bureaucrate de plus, dans l'administration patrimonialiste des descendants de Machiavel en Amérique et la culmination symbolique du roman survient quand Focion, au cours d'une grande pavane baroque, la pavane de la Havane pour trois infants défunts, dirait Guillermo Cabrera Infante, tourne autour d'un arbre qui est Fronesis à jamais absent.

Cemi le sait car il est le maître de l'absence.

La dispersion est la nuit obscure de l'âme de saint Jean, qu'arpentent les trois amis. Mais subitement, à la fin du roman, une maison s'éclaire dans le centre obscur de La Havane. Cemi, ébloui, est surpris par la globalité de cette illumination.

La surnature l'illumine.

Le feu tragique l'illumine : l'unité est assurée dans cette maison par une sympathie universelle où tout mal et tout bien occupent leurs places comme autant d'éléments nécessaires du grand ordonnancement et du grand chaos de l'univers.

La maison s'illumine du sanglot de Cassandre sur les corps absents, invisibles, des trois amis, sur leur grâce fraternelle et leur mortelle destinée :

« Nous mourrons », dit la sœur visionnaire de l'*Orestie*.

« Nous mourrons mais non sans avoir reçu quelque hommage des Dieux. »

9. PARADISO : RETOUR ET RÉSUMÉ

Dans une main nous avons le livre de Plotin et dans l'autre celui de Nietzsche : où mettrons-nous celui de Lezama ? Certainement sur un somptueux lutrin baroque, où ses pages seront tournées par le vent de ces temps doubles, multiples, simultanés, dont les mains tachées d'or et de boue laissent à chaque paragraphe une empreinte digitale : celle du « premier Américain » qui apparaît comme « maître de sa fortune » et qu'on appelle Notre Seigneur le Baroque.

Dans cet art de la contre-conquête, Notre Seigneur le Baroque s'incarne dans le constructeur anonyme et le décorateur de la chapelle de Tonantzintla au Mexique et de la cathédrale de Puno au Pérou. C'est aussi, cette fois avec un nom, l'Indien aujourd'hui appelé Kondori, auteur de « cette masse de pierre opiniâtre qu'est la Compañía » à Potosi. C'est, surtout, le métis au visage voilé, l'artiste qui a piqueté la pierre baroque en dissimulant ses traits car, comme le rappelle Lezama, le Brésil progresse de nuit, tandis que dorment les Brésiliens et l'Aleijadinho, « culmination du baroque américain », a besoin de la nuit de l'âme pour sculpter les merveilles d'Ouro Preto, en secret, déguisé, en utilisant le langage baroque de l'abondance et de la parodie, de la substitution et de la condensation et, finalement, de l'érotisme. Mulâtre, lépreux et manchot, la nuit est son alliée et le baroque son miroir, sa santé, sa clarté.

Un érotisme soutenu par cette voracité intellectuelle baroque qui est celle de l'Amérique ibérique : tout savoir, tout accumuler, profiter jusqu'à la mort de la grande concession de la Contre-Réforme au monde des sens pour les enivrer de savoir et de formes disséminées : le baroque en vient à s'assimiler, à un moment donné, à notre liberté. Il a été la grande soupape de sécurité du monde colonial américain. Mais il est également le reflet de l'économie hispanique de gaspillage. Le baroque : nom de la richesse de la pauvreté. Le protestantisme : nom de la pauvreté de la richesse.

L'érotisme baroque appartient à l'histoire du gaspillage ; il est cette fusée millionnaire qui transforme en cendres lumineuses du ciel les misérables économies d'un hameau paysan de la Sierra Madre ou de la Cordillère des Andes. Si Luther et Calvin condamnent l'image, le décor, la profusion dans la moindre des églises réformistes, la Contre-Réforme exalte jusqu'au délire la décoration, la machinerie, l'abondance, la prodigalité.

La prodigalité du baroque : si le protestantisme est la religion de l'épargne et son art celui des murs blancs des églises du nord de l'Europe et des murs nus des églises de la Nouvelle-Angleterre, le catholicisme sera la religion de la dilapidation, de la dépense somptuaire, de la prodigalité. Concession de l'Église à la Renaissance, en Amérique le baroque est, en outre, une concession de la conquête à la contre-conquête, et la prolifération baroque nous permet non seulement de cacher les idoles derrière les autels, mais de procéder à une substitution de langages en faisant place, dans le castillan, au silence indigène et à la psalmodie nègre, à l'accouplement de Quetzalcóatl et du Christ, de Tonantzin et de la Vierge de Guadalupe. Parodie de l'histoire des vainqueurs et des vaincus aux masques blancs et souriants recouvrant des visages sombres et tristes. Cannibaliser et carnavaliser l'histoire, en transformant la douleur en fête, en créant des formes littéraires et artistiques incongrues, entremêlées les unes aux autres, comme c'est le cas chez Borges, Neruda et Cortázar, sans aucun respect pour les règles et les genres. Littérature de textes empruntés, intervertis, simiesques, clownesques, comme c'est le cas chez Cabrera Infante, Manuel Puig, Luis Rafael Sánchez, Severo Sarduy ou Gustavo Sainz ; textes en blanc, sidérés devant le défi lancé par l'espace de la page, langage qui parle du langage, comme chez Sor Juana et Sandoval y Zapata, chez José Gorostiza et José Lezama Lima.

Paradiso participe de ce vaste remue-ménage. Même si personne peut-être comme le romancier cubain n'a poussé la dialectique américaine du baroque dans des retranchements aussi affirmés, aussi terribles et aussi contradictoires. Art dévorateur, désespéré dans sa virginité naturelle, dans son rêve utopique, dans sa corruption épique à force de tout vouloir savoir, de se dire *je suis temps et histoire et pas seulement extension et violence*, le baroque de Lezama ressemble à celui qu'il décrit lui-même chez Sor Juana, dans *L'expression américaine* : « Les cinq cents volumes polémiques que Sor Juana accumule dans sa cellule, les nombreux "précieux et exquis instruments mathématiques et musicaux", le profit qu'elle tire pour son "Premier Songe" de la cinquième partie du *Discours de la méthode*, sa connaissance de l'*Ars Magna* (1671) de Kirchner où il revient aux anciens éléments premiers du savoir d'une époque, tout cela marque le baroque de Sor Juana au coin d'une soif de connaissance universelle... »

Mais cette universalité va de pair avec une autre forme de l'abondance et de la prolifération : celle de l'érotisme baroque, dilapidation apposée à l'économie productive, plaisir prodigue mais stérile que Lezama résume par cette exclamation :

Encore un ange ! Quel travail inutile !

Dans le célèbre chapitre VIII de *Paradiso*, toutes les formes du plaisir et du coït sexuels que Lezama accumule sont improductives. La semence se répand comme les cornes d'abondance dorées d'une église coloniale, de même que la liqueur du languide et serpentin Farraluque se déverse, au cours d'une scène d'homosexualité non consommée, sur la poitrine du jeune Adolfito, « en l'inondant d'une sève sans but ».

La fertilité érotique se manifeste immédiatement, elle ne saurait attendre neuf mois. Négation de la frugalité capitaliste et de la simplicité protestante, le baroque est un instant éternel, une goutte de semence arrêtée à mi-chemin entre l'or et l'urine, s'écoulant d'un membre viril que Lezama, dans un délire de substitution baroque dont Faulkner lui-même n'approche pas, appelle « l'aiguillon du leptosome macrogénital ».

Je ne connais pas de plus parfait résumé de la culture

hispano-américaine que la scène de ce chapitre VIII où le paysan Leregas, propriétaire de l'attribut germinatif le plus tonitruant de la classe, fait osciller sur son cylindre de chair trois volumes *in-octavo* : toute une encyclopédie, tout le savoir accumulé du monde porté en équilibre par le phallus puissant d'un paysan cubain. Symboliquement, on ne peut pas dire grand-chose de plus sur l'Amérique hispanique.

Julio Cortázar et le sourire d'Érasme

I

A la Renaissance, qui est une des clés profondes de la gestation du roman ibéro-américain, s'est affirmée une liberté d'agir sur le réel, traditionnellement associée à la philosophie politique de Machiavel, mais revalorisée, à notre époque, par l'interprétation d'Antonio Gramsci : Machiavel est le philosophe de l'Utopie active, qui vise à la création d'un État moderne. En contrepoint à cette liberté, s'est affirmée celle d'agir sur ce qui devrait être : c'est l'Utopie de Thomas More, revalorisée à son tour par la pratique politique de notre siècle, qui a voulu imposer la félicité citadine par la coercition ou la glorification.

Souriante, une troisième liberté renaissante nous invite à considérer ce qui peut être. C'est le sourire d'Érasme de Rotterdam dont une vaste progéniture littéraire est issue, à commencer par l'influence d'Érasme en Espagne et sur Cervantès, chez qui les figures du Quichotte et de Sancho représentent les deux visages de l'érasmisme : croire et douter, universaliser et particulariser ; l'illusion des apparences, la dualité de toute vérité et l'éloge de la folie.

Moriae Encomium : l'éloge de la folie est l'éloge de More, l'ami d'Érasme ; c'est l'éloge ironique d'Utopie, et de Topie aussi, car toutes deux — le devoir être et l'être — doivent se soumettre au crible de la raison ; mais la raison, pour être raisonnable, doit se contempler elle-même avec les yeux d'une folie ironique. Érasme propose cette opération relative à la croisée de deux époques d'absolus. Il critique l'absolu médiéval de la Foi. Mais aussi l'absolu humaniste de la Raison. La folie d'Érasme s'installe au cœur de la Foi et au cœur de la Raison et elle leur dit : si la Raison doit être raisonnable, elle a besoin d'un complément critique, ce qu'Érasme appelle l'éloge de la folie, pour ne pas tomber dans le dogmatisme qui a perverti la Foi. Folie aux yeux des absolus de la Foi ou de la Raison, elle devient par la grâce de l'ironie questionnement de l'homme par l'homme et de la raison par la raison. Relativisé par la folie critique et ironique, l'homme se libère de la fatalité dogmatique de la Foi, mais ne devient pas le maître absolu de la Raison.

Sur le plan politique, la pensée d'Érasme s'est traduite par un appel à un réformisme raisonnable, au cœur même de la société et de l'église chrétiennes. Car le sage de Rotterdam n'a pas seulement adressé son message à l'Église de Rome, mais aussi à la culture éthique de la chrétienté, à l'État catholique et à sa violence. Son énorme influence sur l'Espagne des prémices impériales, sur la cour du jeune Charles Quint, est attestée par le secrétaire de l'empereur en personne, Alfonso de Valdés, disciple d'Érasme, qui appelle à la cohérence entre la foi et la pratique. Il n'est pas possible que la chrétienté professe une foi et la nie dans ses pratiques. Pour Valdés, si cette contradiction ne peut être résolue, mieux vaut renoncer d'un coup à la foi et se convertir à l'islam ou à l'animalité.

Dire cela au moment où l'Espagne inaugurait son immense empire d'outre-mer en conquérant des cultures *différentes*, après avoir expulsé les juifs et vaincu les maures, était assez important. Le dire quand le pouvoir monarchique se figeait en structures verticales, marquées par l'intolérance de l'Église et de l'État, était plus qu'important : intolérable. L'Église catholique et l'État espagnol n'allaient tolérer aucune théorie de la double vérité : seulement l'unité de l'orthodoxie ; aucune réforme de l'intérieur : seulement la Contre-Réforme militante ; aucune foi raisonnable : l'Inquisition ; et aucune raison ironique : le Saint-Office.

La popularité d'Érasme dans l'Espagne impériale fit progressivement place au soupçon, d'abord, puis à l'interdiction et enfin au silence. Mais en ce qui concerne le Nouveau Monde, ce processus traîna en longueur par rapport à la popularité de l'écrivain en terre américaine. Des Antilles au Mexique et au Río de la Plata, Érasme fut interdit mais lu, comme le montre Marcel Bataillon dans *Érasme et l'Espagne*. L'historien français ajoute que l'interdiction elle-même prouve à quel point ses ouvrages étaient estimés et soigneusement cachés à l'Inquisition. Ils étaient *importants*.

Érasme a été introduit dans la culture américaine par des hommes tels que Diego Méndez de Segura, le greffier principal de l'expédition de Christophe Colomb ; à sa mort en 1536, à Saint-Domingue, il laissait à ses enfants dix livres dont cinq écrits par Érasme ; c'est Cristóbal de Pedraza, chantre de la cathédrale de Mexico et futur évêque du Honduras, qui a introduit Érasme en Nouvelle-Espagne ; et le célèbre Pedro de Mendoza, fondateur de Buenos Aires, a laissé un inventaire de ses biens, daté de 1538, qui inclut « un livre signé d'Érasme, moyen, relié en cuir ». Bataillon, à la fin de son livre, dresse un catalogue complet et attrayant de la présence d'Érasme en Amérique.

Érasme comptait tellement que nous pouvons aller

jusqu'à dire que son esprit, l'esprit de l'ironie, du pluralisme et du relativisme a survécu comme l'une des valeurs les plus exigeantes de la civilisation ibéro-américaine, même si ses fruits politiques sont moins évidents. Si le gouverneur Pedro de Mendoza lisait déjà Érasme à Buenos Aires en 1538, comment s'étonner que dans la même ville Julio Cortázar l'ait lu quatre siècles plus tard.

Dans l'œuvre de Cortázar on ne compte plus ce que l'écrivain argentin aimait appeler « les fous sereins ». C'est bien la généalogie d'Érasme. Les hommes, écrit-il dans l'*Éloge de la folie*, sont les seuls êtres qui outrepassent leurs limites : « Les autres animaux se contentent de leurs limitations naturelles. Seul l'homme tente de faire un pas de plus ». C'est pourquoi il est fou. Aussi fou que Don Quichotte qui essaie de vivre ponctuellement tout ce qu'il a lu, ou que Pierre Ménard, dans le conte de Borges, qui tente de réécrire, en toute fidélité, le texte de Cervantès. Aussi fous que les Buendía réinventant l'alchimie dans *Cent ans de solitude* ou que Talita et Traveler se promenant sur les planches de la clinique psychiatrique dans *Marelle*.

Car il est bien des façons d'être fou et toutes ne sont pas une calamité. Il y a la folie sereine d'un Grec évoqué par Horace dans une de ses épîtres et par Érasme dans *Moriae Encomium*. Cet homme était si fou qu'il passait ses journées dans un théâtre, à rire, à applaudir et à s'amuser, parce qu'il pensait qu'on jouait une œuvre sur la scène vide. Une fois le théâtre fermé et le fou expulsé, celui-ci protesta : « Vous n'avez pas guéri ma folie ; vous avez seulement gâché mon plaisir et l'illusion de mon bonheur. »

Un fou rit d'un autre fou, dit Érasme, et chacun met l'autre en joie. Mais si on y regarde de près, on constate que le plus fou est celui qui rit le plus. Et, peut-être, celui qui rit le dernier.

Les enfants d'Érasme vont ainsi du Quichotte de Cervantès à Pierre Ménard, auteur du *Quichotte* chez Borges. En chemin, nous reconnaissons d'autres victimes d'une fascinante folie qui finissent par tromper un monde fasciné. L'oncle Toby de Tristram Shandy, qui dans le roman de Laurence Sterne reproduit les campagnes du duc de Marlborough dans son jardin potager, comme si la miniature de deux rangées de choux-fleurs était seule à pouvoir évoquer une folie politique et militaire qui, autrement, serait intolérable. Jacques le Fataliste de Diderot, et son Maître, affairés à parcourir les auberges de France sans jamais pouvoir commencer ou terminer une histoire, condamnés à s'offrir et à nous offrir un éventail de possibilités sans fin pour chaque épisode, ce qui les rend plus libres que la conscience de leur fatalité. Nous avons aussi les petites filles de Don Quichotte, la Catherine Moorlan de Jane Austen et l'Emma Bovary de Gustave Flaubert, condamnées, comme Don Quichotte, à croire tout ce qu'elles lisent : les romans de chevalerie dans la Manche, les romans gothiques à Bath, les romans romantiques à Yonville. Nous reconnaissons le Mr Micawber de Dickens, qui confond ses grandes espérances et les réalités d'une vie prodigue ; le prince Mnichkine de Dostoïevski, cet idiot qui croit au meilleur de l'homme ; et le curé itinérant de Pérez Galdós, Nazarín, fou de croire que dans sa vie quotidienne chaque homme peut être le Christ, et qui n'est autre que le fou de saint Paul : « Laissez celui d'entre vous qui paraît sage devenir fou, afin qu'il devienne réellement sage », dit l'apôtre dans l'une des Epîtres aux Corinthiens. Car la folie de Dieu est plus sage que toute la sagesse des hommes. Dieu serait-il le fou qui rit le plus et qui rit le dernier ?

Les enfants d'Érasme deviennent, en Espagne et en Amérique espagnole, les enfants de la Manche, les enfants d'un monde syncrétique, baroque, corrompu, animés du désir d'être au prix de la salissure, d'assimiler au prix de la contagion, de multiplier apparences et réalités, de redoubler les vérités et d'empêcher l'avènement d'un monde orthodoxe, qu'il s'agisse de la foi ou de la raison, ou d'un monde pur éliminant les variantes culturelles ou nationales. Les armes de l'ironie, de l'humour et de l'imagination ont été, sont et seront celles de l'érasmisme en contrepoint au monde mythique, épique et utopique de la tradition hispano-américaine.

Dualité du vrai, illusion des apparences, éloges de la folie. Le correctif qu'apporte la Renaissance à l'orthodoxie de la foi et à l'unité du langage, ainsi qu'à la dictature de la raison et à son expression logique, a contribué, dans la tradition romanesque européenne, de Cervantès à Joyce en passant par Sterne, Gogol, Dickens, Balzac et Dostoïevski, à préserver les valeurs de l'humanisme critique d'Érasme de Rotterdam. Mais cette critique humaniste a coïncidé, naturellement, avec l'apogée du personnage romanesque, dépeint jusqu'au moindre détail par Dickens, fouillé jusqu'au tréfonds par Flaubert, décrit jusqu'à la dernière traite par Balzac et jusqu'au dernier verre par Zola. Le problème qui se pose radicalement à partir de Kafka est celui de la mort du personnage traditionnel de roman, épuisé par le sociologisme, le naturalisme, le psychologisme et autres excès réalistes. Mais épuisé surtout par l'histoire de notre temps : une histoire de crimes commis au nom du bonheur et du progrès, qui a vidé de tout contenu les promesses de l'humanisme renaissant, de l'optimisme du XVIIIᵉ, et du progrès matériel des siècles industriel et post-industriel.

Dickens connaît Micawber dans ses moindres détails. Flaubert sait qu'il est Madame Bovary, même si nous supposons que Madame Bovary ignore qu'elle est Flaubert.

Mais Samsa ne sait qu'une chose : qu'un matin il se retrouve métamorphosé en insecte. L'homme de Kafka se regarde dans le miroir et découvre qu'il a perdu son visage. Nul ne s'en soucie. Mais il peut être exécuté parce qu'il est inconnu, parce qu'il est un autre. Il est la victime de la dialectique du bonheur, de la perfectibilité et du progrès, fondements de la modernité.

Au cœur de la modernité européenne, un grand romancier postérieur à Kafka, Milan Kundera, assume avec lucidité l'héritage de son compatriote. Il s'interroge : « Quelles sont encore les possibilités de l'homme dans un monde où les agents extérieurs sont devenus si déterminants que les mobiles intimes ont perdu toute importance ? » Chez Proust, il s'agit encore, selon Kundera, de donner « le maximum d'information sur un personnage », de connaître son passé et de lui conférer « une indépendance totale vis-à-vis de l'auteur ». Après Kafka, rien de tout cela n'a de validité : dans *Le château* ou *Le procès*, le monde ne ressemble à aucune réalité familière ; ce n'est qu'« une possibilité extrême et non réalisée du monde humain ». C'est cela qui compte, et non le passé, l'aspect physique ou les motivations psychologiques des multiples K. de Kafka, qui sont dépourvus de tous les attributs réalistes du roman du passé.

Certes, il y a une phrase particulièrement suggestive de Kundera dans son *Art du roman* selon laquelle « Don Quichotte est presque inimaginable comme être vivant ». Pourtant, demande Kundera, existe-t-il un personnage plus vivant que lui ? Il a raison. En réalité, avec le temps, la figure de Don Quichotte est devenue un archétype, porteur, dans la perspective de Jung, de la mémoire et de l'imagination de la tribu, incarnation imaginaire du subconscient collectif. Mais il n'en a pas toujours été ainsi. Être inimaginable, au dire de Kundera. Qu'était Don Quichotte avant de devenir un archétype ? C'était une figure, comme les anti-héros de Kafka ou les non-personnages de Beckett ; c'était une détresse surprise, une entreprise, une possibilité. Les innombrables, selon la formule de Beckett ; les « figures », selon celle de Novalis : « Les hommes empruntent des routes différentes. Quiconque les suit et contemple cette diversité des chemins verra surgir de merveilleuses images ; ce sont les figures qui semblent appartenir au grand manuscrit du dessin... »

Nous avons le sentiment d'avoir épuisé le personnage sur le plan psychologique et descriptif. Nous aspirons à de nouveaux archétypes pour notre monde qui a perdu les illusions majeures du progrès et se retrouve condamné au crime, mais sans être sauvé par la tragédie. Et nous nous retrouvons, dans tous les domaines artistiques, face à ce que nous avons oublié ou que nous ne savons pas encore nommer, les figures de ce « grand manuscrit du dessin » que nul n'a jamais lu en entier : l'envers de la trame, l'image — Henry James — du tapis.

Ce pressentiment de la figure mystérieuse, inachevée, née de la rupture du personnage et de ses signes traditionnels, cette figure en état de gestation ou de métamorphose est une des réalités de la littérature contemporaine. Je me contenterai de la contempler dans l'œuvre de l'écrivain hispano-américain qui, le plus clairement, a lié son œuvre à l'exploration du personnage usé (en bout de course) et de la figure évasive. Je veux parler de Julio Cortázar et de ses fictions où nous observons sans cesse la façon dont les archétypes traduisent les figures selon de nouvelles modalités de la mémoire et de l'imagination.

Parmi toutes les merveilleuses histoires de Julio Cortázar — où les maisons sont investies, lentement et inexorablement, par des figures oubliées ou inanimées ; où les gens oublient leur destination, à peine se sont-ils présentés pour acheter leurs billets de train dans les gares ; où une galerie marchande de Buenos Aires ouvre sur une galerie marchande parisienne à double circulation ; où un personnage a un accident de voiture dans une ville européenne et se retrouve ensuite sur une table d'opération qui s'avère être une pierre sacrificielle du Mexique ; et où une victime des Aztèques se découvre elle-même comme une nouvelle figure dans un incroyable espace blanc, entourée d'hommes masqués porteurs de couteaux étincelants : parmi toutes ces histoires, je choisis délibérément celle qui s'intitule *Instructions pour John Howell.*

On y voit un innocent spectateur londonien découvrir qu'il n'existe pas de spectateur innocent. Howell est contraint de s'introduire dans la pièce de théâtre qu'il regarde parce que l'héroïne lui murmure à l'oreille : « Aide-moi ; ils vont me tuer. » Howell comprend le message comme un appel à se mêler de la vie de la femme. Mais ce n'est possible que s'il se mêle au scénario.

L'appel de la femme devient ainsi une injonction — une indication scénique qui va décider de la vie et de la mort de John Howell.

Je choisis cette histoire parce qu'elle m'apparaît comme la contrepartie la plus nette de l'histoire du fou dans le théâtre racontée par Horace et reprise par Érasme. Mais dans ce cas, personne n'oserait traiter John Howell de « fou ». Oublié, séparé, exclu du texte traditionnel, désemparé, oui : figure naissante, mais ni personnage achevé, ni archétype assimilé. Figure nouvelle qui, comme toutes celles de Julio Cortázar, nous interpelle, tout comme Érasme au seuil de *sa* modernité, sur les insuffisances, les dangers, les drôleries de la *nôtre*.

II

Le professeur mexicain Frank Loveland a noté que les projets pour le monde naturel de l'Amérique ibérique, le monde rural, la pampa, la forêt vierge, la montagne, comble d'ironie, ont gagné la ville. Ils ont été imposés par le monde urbain moderne à un monde rural perçu comme un univers primitif. Cela est vrai de l'écrivain et homme d'état Domingo F. Sarmiento, mais aussi de romanciers contemporains comme Rómulo Gallegos, Alejo Carpentier et Mariano Azuela, tous porteurs, qu'ils soient convaincus comme le Vénézuélien, sceptiques comme le Cubain, frustrés comme le Mexicain, de projets de modernisation. Comme je l'ai dit à propos de Gallegos, tous sont cependant de grands écrivains — et pas seulement des idéologues — qui admettent l'opération dialogique à partir de laquelle leurs thèses sont anéanties. C'est encore plus vrai de Rulfo et de García Márquez, puisque leurs visions des « profondeurs » sont nées de l'empathie poétique. Par contre, chez Cortázar, il n'y a pas lieu d'établir la moindre distance, car il s'agit d'un écrivain pleinement urbain surpris à critiquer, de l'intérieur, nos sociétés modernes.

Ce que Cortázar partage avec tous les écrivains que je viens de citer, c'est le besoin de nommer et de donner une voix. C'est un besoin qui naît du rapport entre pouvoir et langage, de la nécessité de ravir la parole au pouvoir (le Tlatoani, le Maître de la Grande Voix : Moctezuma) et de la confier à la femme, à la mère de ses enfants (Malinche et sa descendance). C'est un besoin imposé par les limites dont l'épopée, porteuse du pouvoir, entoure le mythe, porteur du langage. Nous avons vu comment, à l'époque coloniale, les poèmes baroques de Sor Juana et les chroniques de l'Inca Garcilaso ont reconquis les voix du silence. Mais la révolution dans la littérature moderne, spécialement dans le roman du XXe siècle, a également permis aux écrivains de l'Amérique espagnole et portugaise de découvrir et d'appliquer des techniques de langage qui ont accéléré le processus visant à donner plus de noms et plus de voix à un continent largement anonyme et silencieux. Inutile d'ajouter que, loin d'être une imitation gratuite des techniques de la fiction contemporaine, ce sont celles-ci qui, après avoir exploré bien des temps, des cultures et des mythes sous-jacents en Europe et aux États-Unis, ont découvert ce que les peuples de l'Amérique ibérique ont toujours su, mais que les écrivains, orientés (occidentalisés) vers les modalités du réalisme narratif, n'avaient pas encore découvert comme notre réalité universelle : le mythe, l'épopée, le baroque, ainsi que l'ironie, l'humour, le sourire érasmiens devant les virtualités humaines. Cultures multiples porteuses de temps différents.

Cette imagination critique de la modernité n'a pas de meilleur représentant parmi nos romanciers que l'Argentin Julio Cortázar.

La conjonction de textes traditionnels (les mythes préhispaniques, les chroniques des Indes) et de nouveautés techniques occidentales post-réalistes (Joyce, Faulkner, Kafka, Broch, Woolf) a permis de dynamiser comme jamais le discours narratif de l'Amérique ibérique, en intégrant son passé, son présent, ses aspirations, ses traditions multiples, son *hétéroglossie* : les langages en conflit — européens, indigènes, noirs, métis — sur le continent. Tout cela nous a permis d'élargir et de révéler une foule de réalités qui n'avaient pas leur place dans le canal étroit du réalisme, et de les englober dans une vision historique inséparable des usages langagiers. Le roman de l'Occident est passé du discours linéaire, tourné vers le futur et énoncé à la première personne (le roman comme chronique du Moi, de l'Ego, même : Stendhal ; et pas seulement du Nom mais du Re-Nom : Montaigne ; la fiction de la Confession personnelle : de saint Augustin à

Rousseau) à une perspective plus collective, plurielle, grâce à James Joyce et à sa récupération, dans *Ulysse* et *Finnegans Wake*, de la philosophie de Vico, avec son ample vision du langage en tant qu'entreprise populaire, commune, dont l'origine se confond avec celle des civilisations. Civilisation signifie avant tout langage, et le langage est une création sociale.

Par la nature même de son hyperbole physique et de sa charge historique, le roman ibéro-américain moderne inclut la voix unique mais pour la dépasser inlassablement. La *fusion* des voix est un procédé constant chez García Márquez et chez Vargas Llosa ; les dimensions collectives de la mémoire et de la mort sont les véritables protagonistes de bien des récits de Rulfo ; la dimension culturelle des personnages est essentielle dans *Paradiso* de Lezama Lima, tout comme sont essentielles la force épique, historique, chez Azuela, ou la vaste impersonnalité des forêts et des fleuves chez toute une pléiade de romanciers, de Rivera à Carpentier en passant par Gallegos.

Mais les deux Argentins, Borges et Cortázar, sont ceux qui dévoilent le mieux l'universalité du dilemme. Borges le dépasse en donnant à ses récits les visages de civilisations entières, de vastes *sommes* de savoir et de franchissements instantanés dans le temps et dans l'espace. Quant à Cortázar, il lui donne sa dimension la plus humaine et la plus dynamique. Cortázar sait parfaitement que le psychopersonnage du réalisme est mort, mais il se refuse à éliminer le personnage sans visage que nous contemplons à cette heure, à la fois horrifiés et apitoyés. Cortázar anime des figures, pas des personnages ni des archétypes, mais il donne à ses figures leur vrai pouvoir, qui est le pouvoir de devenir, d'exister, de ne pas s'évanouir. C'est la définition même de la figure, en voie de métamorphose, qui vit, qui est, mais privée de configuration traditionnelle.

Cortázar sait, comme aucun autre narrateur contemporain dans notre langue, donner vie à des personnages avec une vénération sans égale, semblable à celle qu'exigent pour croître les délicates pousses d'un jardin.

Les maisons, dans les récits mythiques de Cortázar, sont investies ; il y a des escaliers qui ne servent qu'à monter et d'autres escaliers qui ne servent qu'à descendre, des fenêtres pour regarder à l'extérieur et d'autres exclusivement pour regarder à l'intérieur ; dans un conte de Cortázar, nous pouvons contempler notre propre visage dans un aquarium, reconquis par la nature, se moquant de nous — ou nous pouvons nous rendre dans un théâtre londonien, assister au premier acte bien carrés dans notre fauteuil, faire quelques pas pendant l'entracte, puis entrer avec désinvolture dans le second acte en nous demandant quelles seront nos répliques dans le dialogue...

Pour être raconté, tout ceci exige un langage extraordinairement créatif et flexible. Cortázar en a conscience, comme il le démontre dans un roman qui est, peut-être, le répertoire le plus critique et le plus suggestif de la modernité urbaine de l'Amérique espagnole, parce qu'il est fondé sur le besoin d'inventer un langage pour nos vies actuelles. Un langage qui soit fidèle à la prémisse cortazarienne telle que l'énonce Lezama Lima dans son grand essai sur *Marelle* : l'homme est créé inlassablement et il est créateur inlassablement.

III

La structure littéraire de *Marelle*, divisée entre un là-bas, Paris, et un ici, Buenos Aires, dessine un jeu d'utopies qui est à l'origine de notre culture. Si au XVIe siècle l'Amérique a été l'utopie de l'Europe, au XIXe siècle l'Amérique lui a rendu la pareille et a fait de l'Europe notre utopie. Pas n'importe quelle Europe, toutefois : l'Europe progressiste, démocratique, libérale, qui était déjà, dans nos illusions, ce que nous-mêmes, à partir de l'Indépendance, allions devenir. Ce fait, comme l'ont bien fait comprendre Domingo Faustino Sarmiento, Esteban Echeverría et Victorino Lastarria, excluait l'Espagne, représentante d'un passé obscurantiste. L'Europe moderne, en revanche, est l'utopie que de nombreux Ibéro-américains opposent à la « barbarie » rurale (Sarmiento) ou au « noir hiver » colonial (Lastarria). Et bien que le rejet du passé indien, agraire et espagnol, s'étende de Mexico à Buenos Aires, l'Argentine est le pays qui se lance avec le plus grand enthousiasme dans l'identification salvatrice à l'utopie européenne.

Le fait que dans le Cône Sud les gouvernements républicains indépendants rejettent la présence indigène et encouragent l'immigration européenne y contribue aussi. Les campagnes du général Bulnes au Chili et du général Roca en Argentine ont pour but d'exterminer ou de parquer les Indiens. Elles sont parallèles aux campagnes contre les Indiens du Far West nord-américain. « Gouverner, c'est peupler » : on connaît la formule célèbre de l'idéologue libéral argentin, Juan Bautista Alberdi. Mais d'abord il faut dépeupler les régions indigènes, pour les ouvrir ensuite à l'immigration blanche. En 1869, la population de l'Argentine ne dépassait pas deux millions. Entre 1880 et 1905, presque trois millions d'immigrants sont entrés dans le pays.

Ces va-et-vient de l'Utopie américaine et européenne forment la toile de fond humoristique de *Marelle*. Deux mouvements traversent ses pages et se commentent l'un l'autre avec ironie. L'un est le mouvement du roman défini comme errance, abandon du foyer, mythe de l'orphelin, entrée épique dans le monde et retour tragique au bercail. Le commentaire et les nuances autour de ce voyage classique forment, nous l'avons vu, le périple incontournable du roman moderne, en quête de la circularité perdue, en rébellion contre l'intégration au temps prévisible et progressiste de la modernité : urinant dans son berceau. D'Ulysse à *Ulysse*, de Don Quichotte à Lolita, le roman bouge, se déplace, part à la recherche d'autre chose : de la toison d'or de Jason à la toison pubienne de la nymphette de Nabokov. Roman signifie insatisfaction, recherche de ce qui est ailleurs (l'or de Stevenson et de Dumas, la société et la gloire de Stendhal, l'absolu de Balzac, le temps de Proust, la reconnaissance de Kafka, les espaces de Borges, le roman de Faulkner, le langage de Joyce). Pour atteindre l'objet de sa quête, le roman donne à son déplacement tous les tours imaginables : distorsion, changement de l'objet du désir, regroupement de la matière, échange de gratifications, déguisement du rêve érotique en rêve social, triomphe de l'allusion remplacée, transfert de l'immédiat au médiat. Déplacement : abandonner la place, quitter le foyer à la recherche d'une autre réalité : invention de l'Amérique par l'Europe mais aussi de l'Europe par l'Amérique.

Marelle s'inscrit, avec une jouissance destructive toute particulière, dans cette même tradition qui est sa source. C'est une épopée décidée à se moquer de l'impossible circularité tragique et à la remplacer par une circularité comique.

Épopée burlesque de quelques Argentins qui cherchent en Europe leur utopie, la circularité de *Marelle* se dessine comme un jeu d'enfant, à la fois quête du ciel ludique et, au-delà du jeu sans pour autant le quitter, quête d'une utopie : l'Ile Finale, le Kibboutz du Désir, selon les expressions de l'auteur. La meneuse de jeu est une femme, la Sibylle. Mais elle-même est une absence ; le roman débute sur cette absence questionnée : « Allais-je rencontrer la Sibylle [1] ? » La femme désirée, cherchée, absente, justifie aussi bien la pérégrination romanesque que la pérégrination érotique. La Sibylle conduit l'esprit du déplacement, littéral et métaphorique, sur les ponts de la Seine (elle y est présente) ou sur des planches entre deux fenêtres dans une clinique de Buenos Aires (elle en est absente). Absence et présence du personnage conducteur. Lezama Lima a fait remarquer que, dans *Marelle*, Cortázar éclaire la façon dont deux personnages, sans se connaître, peuvent bâtir le contrepoint — c'est-à-dire la dynamique — d'un roman. Cette dynamique est celle d'une série d'allée et venues, réalisées par deux couples d'expatriés : Oliveira et la Sibylle, Argentins exilés à Paris, et à Buenos Aires Talita et Traveler (qui enrage de porter ce nom, lui qui ne voyage jamais), veilleurs d'asile, exilés intérieurs, et doubles de la Sibylle et d'Oliveira, qu'ils ne connaissent pas. Mais quand ils se connaissent, ils entrent en rébellion contre le roman qui les réunit : ils se refusent à en faire partie.

Cette rébellion à partir de la rencontre des personnages est, d'une certaine manière, une célébration de leur *méconnaissance* antérieure : mais elle est aussi une *reconnaissance* de leur appartenance à un univers verbal et du rejet qu'il suscite en eux. L'essence culturelle, sociale, historique, disons, de *Marelle* est l'histoire d'un échec. Ni Oliveira et la Sibylle à Paris, ni Traveler et Talita à Buenos Aires ne vont trouver l'utopie, le ciel de la marelle.

A Buenos Aires, l'utopie de l'immigrant, le paradoxe révélé par la littérature, c'est que l'authenticité de l'Argentine est son manque d'authenticité ; la réalité de l'Argentine est une fiction et l'essence nationale de l'Argentine

1. Les citations sont extraites de *Marelle*, trad. Laure Guille-Bataillon et Françoise Rosset, Gallimard, 1966 *(N.d.T.)*.

est l'imitation de l'Europe. Mais si l'Europe est l'utopie, alors chez Cortázar, l'Occident apparaît comme une brocante d'idées défraîchies ; la raison européenne n'est qu'un bordel de vierges, si l'on peut dire ; la société européenne est « une impasse au service de la Grande-Prétention-Idéaliste-Réaliste-Spiritualiste-Matérialiste de l'Occident, S.R.L. ». De l'histoire, Oliveira *dit* qu'il y aura peut-être un règne millénaire mais que si d'aventure nous y parvenons, nous ne pourrons l'*appeler* ainsi ; de l'intelligence, il *dit* que le seul fait de *parler* d'une chose au lieu de la faire démontre qu'on est dans l'erreur ; de l'amour, Oliveira *dit* qu'il ne peut être vécu parce qu'il doit d'abord être *nommé*.

Histoire, raison, intelligence, amour, ce sont toutes non seulement des réalités mais des réalités verbales dites, en premier lieu, par le protagoniste d'un roman, Oliveira. Qui voudra le rejoindre dans l'impitoyable refus d'une réalité qui est impossible parce qu'elle l'est aussi dans le langage dont elle dépend pour se manifester ? Rendre visible *d'une autre manière* : sans doute est-ce l'objet du déplacement de *Marelle*, mais son auteur est pris dans ce même cercle vicieux qu'il dénonce, dans cette même impasse du langage correspondant à une civilisation en faillite. Que peut faire d'autre le narrateur de *Marelle* que se déclarer, ainsi qu'il le fait, « en guerre avec le mot, en guerre, tout ce qu'il faudra même s'il faut renoncer à l'intelligence... » ?

Il renonce d'abord au dépotoir des mots, au profit des actes. Mais écrire, n'est-ce pas aussi agir ? Cesser d'écrire cesserait d'être, pour Oliveira, une in-action ? Et comme l'*écrit* Italo Calvino, le culte de l'action n'est-il pas, en tout premier lieu, un très vieux mythe littéraire ? Accordé : Oliveira devra écrire pour que ses actes soient décrits. Mais il pousse très loin la description et la change en désécriture. S'il ne peut renoncer à l'heur et au malheur de dire, au moins le fera-t-il en dés-écrivant sous nos yeux un nouveau roman qui sera porteur d'un contre-langage et d'une contre-utopie. Comment ? En portant le langage au delà des personnages psychologiques, du réalisme, du vérisme psychologique, de la fidélité historique et de toutes les autres conventions d'une tradition épuisée, celle de la réalité dénoncée dans *Marelle*. Comment ? En permettant que dans un roman, au lieu de compter sur toutes les gratifications du réalisme social et du psychologisme compensatoire, nous nous contemplions dans la détresse radicale des figures en voie de constitution.

D'où, pour en revenir à mon point de départ, la brillante division formelle de *Marelle*. La première partie, « De l'autre côté », Paris, c'est la vraie patrie, le modèle original, bon !, mais sans les défauts de l'original argentin ; la deuxième partie, bon !, mais sans les perfections de l'original français. Entre les deux rives du pont, entre les deux fenêtres de la clinique reliées par les planches, il y a un exil, pas seulement une exclusion de l'espace, mais aussi des temps. Peu de temps en Europe, qui en a eu tant. Tout le temps du monde en Argentine, qui a une si courte histoire et qui, par contre, abonde en « horaires généreux, maison ouverte, temps à jeter par les fenêtres, tout le futur devant soi, ouf, ouf, ouf... ».

Avoir tout le temps du monde est la plus pauvre des richesses ; mais ne pas avoir de temps parce que nous l'avons déjà dépensé, déjà gâché, c'est aussi une détresse.

Dans cette double déportation, qui est aussi un double déphasage, les figures inconnues de *Marelle* commencent à s'esquisser. Leur présence dans le roman se charge peu à peu de tout ce qu'ils ont été et de tout ce qu'ils ont dit. Mais à la fin, Oliveira, la Sibylle, Talita, Traveler ne seront viables que s'ils comprennent que, comme le veut Cortázar, mis à part nos destins, nous faisons partie de figures que nous ignorons encore. Cortázar, selon les termes de Lezama Lima, détruit un espace pour construire un espace ; il décapite le temps pour que le temps resurgisse avec une autre tête. Une fois ceci accompli, il considère qu'il a sans doute rempli son rôle, et il peut inciter ses deux couples, celui de là-bas et celui d'ici, à entrer dans le roman à la condition de ne pas être des personnages traditionnels, mais des éléments de figures « que nous ignorons encore ».

Comment participons-nous aux figures inconnues, encore en genèse, nous qui sommes des captifs de l'histoire, de la raison, de l'amour, de l'action et de la passivité, du langage des deux utopies malades ? Comment, captifs, irions-nous d'un côté ou de l'autre, ici ou là-bas ? Comment, malgré tout, nous retrouver fraternellement dans notre exil — c'est là la conscience tragique de la comédie de *Marelle* —, dans cette même histoire, cette même raison, cet amour… ? Comment ?

Cortázar propose deux chemins. Le premier est plus triste que l'autre, puisque c'est la voie verbale : reconnaître que seul le langage, moqué, critiqué, insuffisant, mensonger, peut nous permettre de créer un *autre* langage, un anti-langage, un contre-langage. J'ai parlé, en citant Lezama, de la rencontre féconde des deux rives, le côté de là-bas et le côté d'ici, l'Europe et l'Amérique, après la conquête. Lezama l'appelle la contre-conquête. A propos de *Marelle*, l'écrivain cubain, si proche de Cortázar, nous fait voir aussi que le roman est parcouru par « une langue ancestrale, qui contient les balbutiements du chef de la tribu ». Ce langage tribal solennise, *ancestralise*, il appartient à l'autre famille, celle qui presse par le bas le tube de dentifrice. Mais l'intuition géniale de Lezama est que ce langage de la tradition, consacré, honoré, peut être figé dans la perfection du marbre que Lezama lui-même invoque pour personnifier la perfection, la fixité, l'immobilité, la mort, et qu'il doit, comme dans *Paradiso*, se jeter dans la vie comme on se jette à l'eau, et se révéler comme un simple « balbutiement » face à l'autre langage, celui de la nouvelle famille, celle qui a conscience de sa terrible détresse philologique et qui répond aux lois de la tribu par le langage de la raillerie débridée et du grotesque, désacralisant toute situation, tout dialogue.

Deux familles verbales, la solennelle et la railleuse, l'ancestrale et l'embryonnaire. Lezama a raison de dire que Cortázar a la sûreté requise pour maîtriser les conversations dans les deux langues, « entre le chef de la tribu et l'amiral naufragé ». Marin à terre comme dirait ce cher Alberti, mais cette fois c'est une terre singulière entre toutes : la pampa, portrait de l'horizon, visage sans visage, absence de traits, espace en recul continuel sous le regard, espace — Tantale de l'Argentine. C'est là que s'effondre, tête de pioche, Oliveira, Buster Keaton de la pampa, Colomb sans océan, à plat ventre sur la plus plate des terres, fou serein de la tradition érasmiste. Qu'en pense le fou serein ? Comment fera-t-il, à la fin du deuxième millénaire, l'éloge de la folie ?

Peut-être Oliveira, porteur du premier langage qui l'a laissé ramant en terre ferme, inonde-t-il aujourd'hui la pampa de l'océan verbal du second langage. Son drame est de ne pouvoir renoncer aux mots, même quand il se dispose à dés-écrire, à être dés-écrivain. Il n'est pas le premier « écrivain » à partager ce prédicat. Dans son célèbre essai sur Rabelais, Bakhtine décrit le *second* langage comme un langage comique, parodique carnavalesque, une forme de mascarade verbale, un requestionnement comique de tous les niveaux du langage. Mais l'apparition de ce second langage comique exigeait, comme l'a écrit Victor Chklovski à propos de *Tristram Shandy* de Sterne, que son propre artifice soit révélé, que la technique, l'architecture, le squelette, la machinerie du roman se détachent clairement. En dévoilant la technique romanesque elle-même, contre tous les bons conseils des nounous littéraires, le romancier expose son texte : il en fait un texte sans protection, aussi livré aux intempéries que les figures ou leur langage balbutiant : « Amiraux naufragés ». Mais ce n'est que de cette fragilisation radicale que peuvent finalement naître les nouvelles figures, leur nouveau langage et leur nouveau texte.

La leçon de Chklovski est celle de Cortázar dans *Marelle*. Son langage de rythmes, d'onomatopées, de calembours, de néologismes et d'hétéroglossie totale s'inscrit contre toutes les formes du bon goût littéraire. A la source, un appétit multiple, pressant. Cortázar croyait que pour défier la société il fallait d'abord défier la réalité. Et on ne pouvait y parvenir qu'en révélant les insatisfactions de mauvais aloi, en projetant les désirs informulés, en admettant les blagues les plus scandaleuses, en retirant les passerelles, en ré-écrivant et en ré-ordonnant le monde, en le représentant dans son squelette fonctionnel, en restant farouchement indifférent à la fiction ancestrale du beau parler, de l'escamotage de la machinerie, et de la narration captivante. A la Sarah García du bon goût d'autrefois, Cortázar oppose une Schéhérazade nue, fascinante, racontant désespérément pour échapper à la mort. Première romancière, conteuse publique, comme je l'ai appelée dans *Christophe et son œuf*, Schéhérazade est la Sibylle, elle trouve dans *Marelle* son calife sans *galette*, son amiral à terre, Oliveira : à eux deux, pour échapper à la mort commune qui les guette, avec cette vie qui « se tapit comme une bête offrant ses reins interminables à la caresse » (Lezama), avec ce crocodile qui au réveil *est encore là*, selon le très court récit d'Augusto Monterroso, ils inventent ce roman et l'offrent au monde, nu, exposé, matière à de nombreuses lectures et non à une seule : un texte qui peut se lire, comme l'indique son mode d'emploi, de mille façons.

Oliveira, là-bas ou ici, désemparé, gagne son texte en révélant que c'est un texte, une fiction, la trame verbale d'où peut-être naîtront de nouvelles figures, tendant la main pour toucher des émotions et des paroles qui restent encore à fixer. Et tout cela en collaboration avec le Lecteur. La qualité elliptique des narrations cortazariennes réside dans leur façon d'indiquer que nous sommes maîtres de l'éventualité de réordonner l'histoire ; elle invite le lecteur, comme l'actrice des *Instructions pour John Howell*, à entrer dans l'histoire, à la créer avec moi, à être coresponsable de l'histoire. Entrer, finalement, dans le temps, inviter les autres à entrer dans mon temps. Entrer dans le temps de l'autre, plus que dans son espace, c'est la meilleure manière de connaître réellement l'autre. La maison est peut-être investie ; mais au dehors nous pouvons, sans abri, partager le temps dans la rue. Ce n'est qu'en connaissant l'autre que nous pouvons tous — Européens et Ibéro-Américains — finir par nous connaître nous-mêmes. Nous ne pouvons être nous qu'avec les autres. Nous gagnons à la Marelle : nous triomphons de l'utopie.

Si *Marelle* est une invitation à re-créer le langage de notre modernité, derrière son texte, malgré tout, se dresse le spectre de tout ce que nous avons été. Texte du contre-langage de l'Amérique espagnole, il procède de la contre-conquête qui à son tour répond à la conquête, depuis la première génération américaine, avec des architectes, des peintres, des poètes, des artisans, des mémorialistes et des utopistes ; des cuisiniers, des danseuses, des chanteurs, des amants...

Cortázar couronne, en quelque sorte, le projet de la

contre-conquête en créant ce contre-langage capable d'écrire, de re-écrire et même de dés-écrire notre histoire. Sa conception férocement exigeante d'une modernité ibéro-américaine s'appuie sur le langage parce que nous avons été fondés, puis corrompus par le langage du XVIe siècle — l'Amérique vue d'abord comme une utopie, ensuite comme un négoce — et à présent nous devrons élargir notre langage, le libérer des orthodoxies et le changer en temps et espace d'une métaphore englobante, qui donne droit de cité à toutes les formes verbales, parce que, pas plus que Don Quichotte, nous ne savons *où* se trouve la *vérité*.

Mais si cette entreprise de la modernité doit être *plus véridique*, finalement, que les précédentes entreprises de notre histoire, ce ne sera possible que si, tout compte fait, nous admettons en son sein la tradition érasmiste, afin que le projet modernisateur ne tourne pas à un nouvel absolu, à un totalitarisme de gauche ou de droite, à la dévotion de l'État ou de l'entreprise, modèle servile de telle ou telle « grande puissance », mais qu'il reste un jaillissement relativiste, attentif à la présence de multiples cultures dans un nouveau monde multipolaire.

Érasme est toujours, dans des sens divers, le père intellectuel de la démocratie en Espagne et en Amérique hispanique. Il est le lien entre l'idéalisme de More et le réalisme de Machiavel. Il admet, avec Machiavel, que réel et idéal coïncident rarement ou plutôt qu'ils divergent obstinément. Pour l'utopie, cette divergence est intolérable. Mais Érasme n'est pas un utopiste. Il admet la divergence ; il veut seulement la réduire un peu pour que la vie soit plus vivable. Les écrivains comprennent bien Érasme. Il est impossible de parvenir à une identité parfaite entre les mots et les choses. Et peut-être une telle identité n'est-elle même pas souhaitable. Mais cela vaut la peine d'essayer. L'effort pour réunir les mots et les choses, même s'il est toujours voué à l'échec, crée une nouvelle et merveilleuse réalité dans le monde : l'œuvre littéraire.

C'est pourquoi j'assimile Julio Cortázar à la troisième grande tradition fondatrice de notre culture : celle d'Érasme de Rotterdam. Lezama note ensuite le divorce que Cortázar fait sien : la « scission grotesque et irréparable entre ce qui est dit et ce qu'on voulait dire, entre le souffle inspiré au mot et sa configuration dans le visible ». C'est la différence entre Machiavel et More, entre Topie et Utopie. Pour éviter les pièges des absolus — ceci *est*, ceci *doit être* — Cortázar nous présente un témoin de son opération intellectuelle : le fou serein, le narrateur ironique, l'observateur de la folie de Topie et d'Utopie qui à leur tour le voient comme un fou. Érasme/Cortázar invite le lecteur, comme le dit Lezama, à sauter sur l'auteur pour former un nouveau centaure. Le lecteur, « puni et récompensé par deux dieux à la fois, reste aveugle, mais il reçoit la vision prophétique ». Les narrations (et les narrateurs) de Cortázar, les plus radicalement modernes de l'Amérique espagnole, se rattachent toutefois, par le sentier d'Érasme, aux proses de notre fondation. Étrangères à l'épopée, elles rejoignent et enrichissent cette « vision prophétique » qui s'est exprimée, dès le départ, comme un « bestiaire des Indes ». *Bestiaire*, en effet, est le titre d'un des beaux livres de contes de Cortázar et nous y trouvons la descendance la plus actuelle de ce que virent, entendirent ou rêvèrent Fernández de Oviedo, Pierre Martyr, Juan de Cárdenas, Gutiérrez de Santa Clara, López de Gómara et autres chroniqueurs des Indes : des léviathans et des sirènes, des loups marins, des lamantins aux seins de femme et des requins à double verge...

Le bestiaire fantastique de Cortázar inclut des petits lapins blancs vomis hors de propos ; des axolotls qui nous regardent, avec notre propre visage, dans les aquariums municipaux ; et même des animations bestiales comme un pull que nous ne pouvons jamais ôter, ou un compagnon innommable qui peut être indifféremment une personne, une chose ou un animal...

La caractéristique de ce bestiaire est que nous savons qu'il nous regarde. Il nous observe et s'apparente en cela aux présences les plus significatives du récit cortazarien : les fous sereins, de souche érasmienne, qui sont là pour questionner tous les projets de la raison, de l'histoire et surtout du langage dès qu'ils se sentent satisfaits d'eux-mêmes et stimulés par le désir de s'imposer aux autres comme la Vérité.

Le Licenciado Juan Cuevas, Don Ceferino Piris le célèbre dément uruguayen, la nymphomane, pianiste et pudibonde, Berthe Trépat, ce terrible vieillard qui caresse une colombe en descendant à la *morgue*... Tous ces fous solitaires et sereins contemplent les aventures de la logique et de son vecteur, le langage, et ils émettent des signaux d'avertissement. Ils interrompent l'action, ils la multiplient avec leur déraison ironique, leur éloge de la folie, leur insatisfaction permanente, leur quête de ce qui est ailleurs, ils nous conduisent au dénouement apparent de *Marelle*, l'odyssée de la quête de la Sibylle par Oliveira et la rencontre avec Talita, le double de la Sibylle à Buenos Aires. Mais le double de la Sibylle — « logiquement » — est accompagné du double d'Oliveira, le sédentaire Traveler, qui n'était sorti d'Argentine que « pour traverser Montevideo ». Les figures qui auparavant ne se connaissaient pas se connaissent et mettent échec et mat l'existence même du livre qui les contient : *Marelle*. Quand ils s'ignoraient, ils lançaient la dynamique initiale du roman. Dès lors qu'ils se connaissent, ils menacent de le précipiter vers ce qui l'annule, c'est-à-dire la conclusion, inacceptable dans le roman ouvert que Cortázar écrit sous nos yeux. En rencontrant son double, Oliveira doit *agir* : ses choix sont l'assassinat ou la folie. Sans cela, il faudrait admettre que notre vie, par son manque de singularité, est dépourvue de valeur et de sens ; qu'un autre, qui est moi, pense, aime et meurt à ma place et que sans doute je suis le double de mon double et je vis simplement sa vie.

Oliveira essaie l'assassinat par la terreur. Pas un véritable assassinat, car tuer le double reviendrait à se suicider, mais un attentat qui ouvre les portes de la folie. Ou du moins qui fasse croire aux autres qu'on est devenu fou et qu'on est donc dispensé d'agir, y compris de cet acte déguisé qu'est l'écriture. Mort pour les autres, nous cessons d'être le double de quiconque ou d'avoir quelque double que ce soit. La folie, dans la mesure où elle est une dés-apparition, une in-visibilité, tue aussi le double, privé de son modèle. Là, à la clinique, on peut croire que les fous sereins, Juan Cuevas ou Ceferino Piris, sont aussi dignes d'attention intellectuelle qu'Aristote ou Heidegger : que font-ils, finalement, si ce n'est multiplier le réel en inventant tout ce qui leur paraît manquer au monde ? Et qu'a fait le roman ? Et qu'a fait le romancier qui a fait le roman qui a fait Oliveira qui a fait son double qui a fait d'Oliveira un fou ?

Allait-il trouver la Sibylle ? Oliveira, convaincu qu'« une rencontre fortuite était l'acte le moins fortuit de nos vies », a décidé de parcourir cet immense périple, de Paris à Buenos Aires, d'une marelle à l'autre, en quête de ce que lui-même finit par appeler « une concrétion de nébuleuse » : la Sibylle. La nébuleuse concrète, bien évidemment, c'est le roman lui-même, le brouillard, la *nivola* ou *nubela* d'Unamuno : « Allais-je rencontrer la Sibylle ? » : la magie de la nuée, la Magicienne de la nébuleuse, c'est la quête de la Sibylle, c'est-à-dire la quête du roman. Incapable de le clore, puisqu'il n'a pas trouvé la Sibylle et que sans elle il n'y a pas de roman, Oliveira, depuis sa clinique argentine nous renvoie au mode d'emploi qui à son tour nous renvoie à une re-prise du roman, quête, multiplication de la réalité et insatisfaction perpétuelle, par le raccourci d'un chapitre 62 où l'*alter ego* de Cortázar, Morelli, théorise sur le roman et ouvre deux voies : ou bien accompagner pour toujours Oliveira dans sa quête de la Sibylle ; ou écrire le roman ouvert suivant : 62, *Maquette à monter.*

Et au milieu, juste quelques instants de tendresse légère, à écouter les yeux fermés un disque de jazz, à entendre « le fracas de la lune en appuyant contre son oreille la paume d'une petite main légèrement moite à cause de l'amour ou d'une tasse de thé ». *Il faut tenter de vivre* [1].

Julio Cortázar et *Marelle* placent le roman hispano-américain au seuil même du roman virtuel : le roman à venir d'un monde culturellement insatisfait et multiple.

1. En français dans le texte *(N.d.T.)*.

Connaissances et reconnaissances

I

Tout écrivain nomme le monde. Mais l'écrivain indo-afro-ibéro-américain a été pris de la fièvre du découvreur : si je ne nomme pas, personne ne nommera ; si je n'écris pas, tout sera oublié ; si tout est oublié, nous cesserons d'être.

Dans nos pays, cette crainte a poussé l'écrivain à obéir souvent à l'appel de l'action : comme législateur, dirigeant ouvrier, homme d'État, journaliste, porte-parole, voire rédempteur de sa société. Cela est dû aussi à la carence, permanente ou périodique, de toutes les fonctions mentionnées dans nos frêles sociétés civiles.

Une telle exigence a donné naissance à une abondante et friable littérature sociale en Amérique hispanique. Bien des romans écrits pour sauver le mineur ou le paysan n'ont sauvé ni eux ni la littérature. Le salut était et sera politique. La littérature, par contre, a compris que sa fonction politique ne prendrait effet, en termes purement politiques, que dans la mesure où l'écrivain peut affecter les valeurs sociales au niveau de la communicabilité de l'imagination et de la consolidation du langage.

Ainsi, notre littérature moderne a créé une tradition :

unir, au lieu de les séparer, les composantes esthétiques et politiques, s'occuper simultanément de l'*état de l'art* et de l'*état de la cité*.

A l'état critique de la *polis*, l'écrivain ne peut plus répondre en assumant des fonctions que la société, sans cesse plus forte, s'est chargée de remplir : l'écrivain apparaît alors comme un citoyen, avec ses choix civils ni plus ni moins que d'autres professionnels ou d'autres travailleurs de la société. La spécificité de l'écrivain est que son travail concerne directement l'imagination verbale, et dans ce domaine, sa tâche n'est pas différente de celle des écrivains relevant d'autres cultures.

Sans doute, la crise a créé des conditions matérielles particulières, difficiles pour l'écrivain et pour le livre en Amérique ibérique. Les lecteurs de la littérature ibéro-américaine sont surtout des jeunes de quinze à vingt ans (la moitié de notre population a moins de seize ans) qui accèdent à la culture pour la première fois en lisant Asturias, Neruda ou Borges. La cherté et l'inaccessibilité actuelles des livres menacent de rompre ce lien fondamental de notre culture, qui s'intègre à un cercle créé à grand peine au cours des cinquante dernières années, le cercle qui va de l'écrivain à l'éditeur, de l'éditeur au libraire, du libraire au lecteur et qui revient à l'auteur lui-même. Les lecteurs sont là, de plus en plus nombreux et assoiffés d'identification et de stimulation littéraires. On ne peut les abandonner.

Mais comme dans le reste du monde, l'écrivain ibéro-américain est aussi soumis à la compétition des moyens de loisir et d'information, qui ont arraché à la littérature d'anciens territoires.

Il y a là un problème universel de la littérature ; mais une culture de la crise comme la nôtre peut dynamiser ce défi en se demandant précisément : Que peut dire la littérature qui ne puisse être dit d'aucune autre façon ? et qu'apporte la littérature qu'aucun autre media ne peut apporter ?

II

En Indo-Afro-Ibéro-Amérique, le roman a rivalisé avec une histoire plus fantastique que n'importe lequel des contes de Borges ; nous autres, enfants de Don Quichotte, sommes réellement devenus les enfants de la Manche, rejetons d'un monde impur, syncrétique, baroque, excroissant.

Conscients d'être orphelins — nous sommes tous fils du patriarche rural de Juan Rulfo, Pedro Páramo ; nous sommes tous fils d'Hernan Cortés, le père qui porte un nom, et de la femme anonyme, indienne ou noire.

Faisant face à une nature impénétrable et gigantesque — *Canaima* — et à une histoire de violence impunie — *Doña Bărbara.*

Partagés entre la nation légale et la nation réelle, entre l'intellectuel, Sarmiento, et le chef barbare, Facundo, et tentant de combler tous ces vides historiques, non pas avec la figure du pouvoir — *Monsieur le Président* d'Asturias, *Moi le Suprême* de Roa Bastos — mais avec la figure verbale.

Essayant de créer une autre réalité, une réalité meilleure — un nouveau monde dans un nouveau roman — grâce aux idées et au langage au coude à coude avec l'action politique.

Et attribuant une fonction spécifique à l'art de nommer et à l'art de donner une voix, donnant un nom et une voix à notre continent multiracial et polyculturel : grâce à tout cela, dans le Nouveau Monde, la littérature devient un fait vital et urgent, producteur de vie et producteur de culture, verbe dénominateur.

Nom et voix : comment t'appelles-tu, qui sont tes parents, comment s'appelait autrefois cette montagne et comment s'appelle à présent cet oiseau, quels sont tes mots, comment parles-tu, qui parle pour toi, pour qui travailles-tu, que te rappelles-tu, à qui appartiennent les fruits de ton travail, que désires-tu ?

Toutes ces questions d'une brûlante actualité dans la réalité latino-américaine sont aussi les questions du passé et elles seront celles de l'avenir, tant que nos plus vieux problèmes resteront sans solution.

La littérature ibéro-américaine apporte à ces interrogations une formulation verbale et une projection imaginative ; elle approfondit la compréhension de notre crise actuelle et l'éclaire de la permanence de notre activité culturelle.

Par elle, le pays du passé, le pays à la fois mythique et réel derrière les façades du pays légal, le pays de Miguel Angel Asturias et de Juan Rulfo, d'Alejo Carpentier et d'Augusto Roa Bastos, tend la main au pays urbain, moderne, informé, internationalement engagé, de Jorge Luis Borges, Juan Carlos Onetti, Julio Cortázar et Mario Vargas Llosa. Entre les deux, formant un pont, Gabriel García Márquez offre sa version de la contemporanéité de tous les temps et José Lezama Lima propose une contre-conquête permanente de valeurs — pas de vertus — sur lesquelles édifier la cité latino-américaine.

Avec toutes ces œuvres, fidèle à sa continuité culturelle, consciente de sa fragmentation politique, plongée dans la culture de la crise, la littérature latino-américaine tente d'élargir l'horizon de notre faculté humaine dans l'histoire.

Elle le fait avec une fidélité historique profonde parce qu'elle sait, en premier lieu, que l'histoire est mémoire et imagination avant d'être statistique poussiéreuse ; qu'elle est moins un fait mesurable qu'un événement continuel ; la littérature rend contemporain ce qui ne l'est pas ; et elle ne garde sa fidélité au lecteur comme à l'histoire que lorsqu'elle transgresse les formes esthétiques reconnues et qu'elle élabore de nouvelles formes dans lesquelles il se peut qu'aujourd'hui nous ne nous reconnaissions pas immédiatement mais où, demain, nous verrons apparaître un nouveau visage : celui de notre capacité créatrice inédite.

La création et la tradition littéraires se soutiennent mutuellement ; chacune dépend de l'autre. La leçon permanente de Cervantès est que la création a besoin de la tradition pour exister : Don Quichotte naît de ses lectures préalables ; mais la tradition ne peut se poursuivre sans la création : Don Quichotte n'est réel que parce qu'il ne se trouve pas dans la réalité. C'est pourquoi, parce qu'il *ajoute* quelque chose à la réalité, il est une *réalité* plus forte que toute autre.

Dans le but de soutenir toute une expérience historique, la littérature ibéro-américaine a dû dévorer de grands pans d'histoire, opérer par bonds, consommer de gigantesques synthèses qui ont pour nom *Marelle, Paradiso, Cent ans de solitude, La guerre de la fin du monde, Le siècle des Lumières, L'obscène oiseau de la nuit, Moi le Suprême, Diadorim, La république des songes*... Cette expérience nous situe à la fois dans la conscience du passé et face au défi de l'avenir : c'est dire qu'elle nous replace dans ce présent qui est souvenir du passé et désir du futur.

Au XXIe siècle, notre littérature à venir aura appris les leçons du passé et les aura actualisées : la littérature ne s'épuise pas dans son contexte politique et historique, mais elle ouvre sans cesse de nouveaux horizons de lecture pour des lecteurs qui n'étaient pas nés au moment où l'œuvre s'est écrite. Ainsi la littérature ne s'écrit-elle pas seulement pour le futur, mais aussi pour le passé qu'elle révèle aujourd'hui dans une actualité différente de celle qu'il a pu avoir hier.

Libérés de privilèges et de charges qui reviennent à la société civile toute entière, les écrivains ibéro-américains, qui font partie de cette société, tentent de donner une expression verbale et une force imaginative à tout ce qui n'est pas écrit. Zone infiniment plus vaste que l'écrit, nous y trouvons finalement le monde, l'Occident surtout, l'Europe, mais débarrassée du poids de l'utopie qui a déformé nos relations et nos perceptions entre le XVe et le XIXe siècle.

III

Dans le monde contemporain, l'utopie peut seulement constituer un impossible retour à une unité indésirable ou l'impossible projection d'une unité future. La première utopie, Adorno la voit comme une fantaisie rétrograde et romantique ; la deuxième, il ne la voit concevable qu'à partir d'un modèle de « réconciliation forcée ». En aucun cas, l'« humanité libérée » ne constituerait une « totalité ».

Ce que Bakhtine appelle la polyphonie narrative n'est pas étranger à la conviction qu'au XXIe siècle, quel que soit le niveau de notre activité culturelle, nous devrons comprendre que nous entrons dans ce que Max Weber a appelé un « polythéisme des valeurs ».

Tout — les communications, l'économie, l'idée que nous nous faisons du temps et de l'espace, les révolutions dans la science et dans la technologie — nous indique que la variété et non la monotonie, la diversité plutôt que l'unité définiront la culture du siècle prochain.

Cela signifie que nous autres Ibéro-Américains, tout en préservant nos identités nationales et régionales, nous devrons constamment les soumettre à l'épreuve de la rencontre avec l'autre, du défi de ce que nous ne sommes pas.

Une identité isolée finit par mourir. La culture isolée peut dégénérer rapidement en folklore, en manie ou en théâtre spéculaire. Pis : elle peut nous fragiliser en supprimant l'émulation et les points de comparaison.

Nous sommes au monde, nous vivons avec d'autres, nous vivons dans l'histoire et nous devrons répondre à tout ceci au nom de la continuité de la vie.

Nous ne pouvons vivre plus longtemps du capital exigu du sous-développement nostalgique ; au contraire nous devons affronter les défis d'un développement culturel plus intense, avec tous les risques, certes, que cela implique, mais en comprenant qu'à travers le « polythéisme des valeurs » dont parle Weber, les valeurs de la société civile, qui sont centrifuges, décentralisatrices, créatives, seront renforcées — en même temps qu'elles la renforcent — par la création culturelle.

Cela dit, une idée qui transcende l'utopie, régressive ou agressive, nous lie à l'autre.

Depuis l'antiquité la plus lointaine, le sentiment tragique nous a éclairés sur la capacité qu'a l'homme à s'autodétruire.

Mais, même si les hommes et les femmes s'anéantissaient, la Nature survivrait, fût-ce simplement pour témoigner de notre orgueil aveugle, de notre folie.

La nouveauté du temps qui est le nôtre est que, pour la première fois, nous sommes capables de détruire la Nature en nous détruisant nous-mêmes.

Incapables de nous réconcilier avec ce que nous exploitons pour survivre, serons-nous alors capables d'assassiner notre altérité physique — la Nature elle-même — pour qu'il ne reste aucun témoin : pour qu'il n'y ait plus de Futur ?

Nous avons tous vécu l'histoire contemporaine comme un épisode de la violence.

Nous nous sommes tous reconnus en elle.

Dans la violence, il n'existe pas de temps privilégié, de temps destiné fatalement au progrès et au bonheur.

L'histoire de la violence nous impose le devoir de chercher à nouveau le temps : de le créer et de le recréer afin de connaître un temps que nous puissions dire nôtre, même si c'est un temps tragique.

Car sans doute il n'est pas d'autre façon de laisser derrière nous « le temps des assassins » annoncé par Rimbaud que de recréer le temps tragique où les valeurs en conflit ne se détruisent pas l'une l'autre, mais par la catharsis se résolvent l'une par l'autre. La littérature moderne a été le vecteur le plus conscient de cette recréation, en termes contemporain, d'un temps tragique capable de transcender le temps du crime.

Les temps autosatisfaits du progrès sans tache, annoncés par Condorcet à l'ombre de la guillotine, ne sont plus les temps perdus et retrouvés par Proust, les temps mythiques et oubliés par Kafka, les temps latents de Virginia Woolf, ni la spirale, mouvante et récurrente, *vícolo* de la circulation, de Joyce. Ces temps romanesques, qui culminent peut-être avec le temps omniprésent de William Faulkner (« Tout est présent, comprends-tu ? Hier finira seulement demain, et demain a commencé il y a dix mille ans »), affirment l'idée de la variété du temps, créent le sentiment qu'il y a d'autres temps que ceux de l'Occident. Cette révolution a coïncidé avec la récupération du temps et de la culture dans l'Amérique indienne, africaine, métisse et européenne.

Mais aujourd'hui nous nous demandons tous, avec

Samuel Beckett, si « cette terre pourrait être désertifiée » : *jamais plus de temps.*

La présence du temps se manifeste avec urgence dans nos cultures, établissant une reconnaissance mutuelle sans précédent entre l'Amérique ibérique et l'Occident :

Aujourd'hui, enfin, nous nous reconnaissons tous dans l'universalité de la violence.

Tous nous avons subi et imposé la violence aux faibles et aux innocents.

La violence a cessé d'être une particularité déplorable des peuples attardés et, naturellement, basanés. Les enfants de Beethoven, de Jefferson et de Montaigne l'ont portée au plus haut degré de perfection technique.

La violence est le passeport le plus représentatif du XXe siècle.

La violence et sa manifestation finale, l'holocauste nucléaire, ont fait de toutes les cultures des excentricités : il n'y a plus de cultures centrales. Mais si nous sommes capables de faire entendre nos valeurs culturelles et de les partager, alors tous nous constituerons des centres : New York et Mexico, Paris et Buenos Aires, Caracas et Madrid, Londres et Panama.

La connaissance de la littérature rend plus probable la possibilité de nous reconnaître dans les autres.

L'imagination et la langue, la mémoire et le désir, sont les lieux de rencontre de notre humanité incomplète : la littérature nous enseigne que les plus hautes valeurs sont partagées et que nous nous reconnaissons nous-mêmes quand nous reconnaissons l'autre, et aussi que nous nous nions et nous isolons quand nous nions ou isolons les valeurs de l'autre.

Écrivains ibéro-américains, nous nous reconnaissons vraiment dans l'autre occidental, qui s'assimile à nous lorsque avec les mots d'Italo Calvino, il répète que la littérature est un modèle de valeurs, capable de projeter des schémas de langage, de vision, d'imagination et de corrélation de faits.

Nous nous reconnaissons en Hans Robert Jaus quand il nous dit que la littérature anticipe des virtualités encore en devenir, élargit l'espace limité de la conduite sociale et trace des chemins pour des désirs, des propos et des impératifs nouveaux.

Nous nous reconnaissons enfin en Milan Kundera quand il écrit que la littérature est une perpétuelle redéfinition de l'être humain en tant que problème.

Tout ceci implique que la littérature se définisse elle-même comme un conflit incessant, afin de découvrir ce qui n'a pas encore été découvert, de nommer l'anonyme, de rappeler l'oublié, de donner une voix au silence, et de désirer ce qu'interdisent l'injustice, l'indifférence, le préjugé, l'ignorance ou la haine.

Ceci implique que nous nous voyions et que nous voyions le monde comme des données inachevées, comme des personnalités à jamais incomplètes, comme des voix qui n'ont pas dit leur dernier mot.

Ceci implique de construire sans cesse une tradition et de développer sans cesse la possibilité humaine dans l'histoire.

Telles sont les réponses, permanentes elles aussi, de la littérature à la crise.

L'Amérique ibérique, cette Amérique ibérique qui est à nous et qui est en mutation, propose-t-elle autre chose que cette redéfinition de ses hommes et de ses femmes en tant que problèmes, peut-être en tant qu'énigmes, mais jamais en tant que réponses dogmatiques ou réalités achevées ?

Mais d'autre part, n'est-ce pas là le propre de la littérature moderne et, en particulier, le propre du roman ?

La littérature gagne son droit à critiquer le monde en démontrant d'abord sa capacité à se critiquer elle-même. C'est la remise en question de l'œuvre littéraire par l'œuvre littéraire elle-même qui constitue à la fois l'œuvre d'art et ses dimensions sociales.

La littérature propose la possibilité de l'imagination verbale comme une réalité qui n'est pas moins réelle que celle du récit historique. Ainsi la littérature se rénove-t-elle constamment tout en annonçant un monde nouveau : un monde imminent. Après les incertitudes et les violences terribles de notre siècle, l'histoire a cessé d'être une certitude pour devenir une simple éventualité.

Il en va de même pour la littérature, vis-à-vis de l'histoire, dans l'histoire, contre l'histoire, la littérature comme contretemps et seconde lecture de ce qui est historique.

Ceci est particulièrement vrai du roman du nouveau monde ibérique.

Violation narrative des certitudes réalistes et de leurs codes par l'hyperbole, le délire et le songe, le roman ibéro-américain est la création d'une autre histoire, qui se manifeste dans l'écriture individuelle mais qui propose elle aussi la mémoire et le projet de notre communauté en crise.

IV

C'est en cela que résident à la fois la modernité de notre écriture et notre réponse à deux réalités parallèles : la crise actuelle et notre présence potentielle dans le monde du XXIe siècle.

Une présence qui réunisse toutes les facettes que j'ai évoquées précédemment à partir d'une idée d'Ortega y

Gasset : la vie est avant tout un ensemble de problèmes auxquels nous répondons par un ensemble de solutions qui s'appellent la culture.

Le philosophe ajoute que puisque bien des solutions sont possibles, il s'ensuit que bien des cultures ont existé et existeront. Ce qui n'a jamais existé, c'est une culture absolue, c'est-à-dire une culture qui puisse répondre de façon satisfaisante à toutes les objections.

Et de même qu'il n'est pas de culture absolue, il n'est pas de politique absolue. Ce qui existe, ce sont de nombreuses cultures — de nombreuses vérités — qui se manifestent à travers diverses politiques.

La pluralité des cultures du monde organisées comme des présences reconnues dans un monde multipolaire est la meilleure garantie que nous aurons un futur.

L'Amérique indo-afro-ibérique sera une des voix de ce chœur multipolaire. Sa culture est ancienne, architecturée, pluraliste, moderne. L'Amérique ibérique est une aire polyculturelle dont la mission est de compléter le monde, comme l'avait prévu Jean Bodin au XVIe siècle Surgi comme un haut fait de l'imagination de la Renaissance, le nouveau monde doit imaginer à nouveau le monde, le désirer, l'inventer et le ré-inventer. Imaginer l'Amérique : dire le Nouveau Monde. Dire que le monde ne touche pas à sa fin parce que c'est non seulement un espace immense, quoiqu'en somme limité, mais aussi un temps illimité.

Nom et voix, état de l'art et état de la cité : le mouvement de la littérature ibéro-américaine a été parallèle à celui de notre histoire, à laquelle il a donné sa continuité.

Aujourd'hui, c'est une littérature immergée dans une Amérique latine en crise, mais une crise qui annonce l'apparition de sociétés critiques, sur le plan social et sur le plan culturel, et de sociétés en crise à cause d'une croissance excessive et désordonnée, à cause de réformes parfois précipitées et parfois différées, mais des sociétés qui conservent leur énergie dans la crise, qui créent une nouvelle économie, une nouvelle politique, de nouvelles institutions forgées dans l'évolution ou dans la révolution. Tout ceci imprègne la réalité actuelle de nos pays et les écrivains, quels que soient leurs points de vue, participent, une fois de plus, à ce mouvement qui devra définir notre place pour le siècle prochain.

C'est à ces sociétés nouvelles, qui occupent actuellement des espaces croissants dans nos républiques, en les transformant, en démultipliant les centres traditionnels du pouvoir, que répond la littérature de nos pays ; elle contribue à ordonner le chaos, à offrir des alternatives au désespoir et un sens aux idées, elle confère communicabilité, vérité et beauté au véhicule de la forme, de la pensée et de l'espoir : c'est-à-dire au langage même.

San Jerónimo, Mexico,
décembre 1989.

Composition Nord Compo.
Impression S.E.P.C.
à Saint-Amand (Cher), le 5 novembre 1992.
Dépôt légal : novembre 1992.
Numéro d'imprimeur : 2290.
ISBN 2-07-072823-4. / Imprimé en France.

57352